劉君祖易經世界

身處變動的時代，易經教你掌握知機應變，隨時創新的能力。

〔從易經看〕

鬼谷子

GUIGUZI THROUGH THE LENS OF THE I CHING

劉君祖——著

目錄

蕭序

《鬼谷子》以捭闔為主，不僅有理論，有旨歸，更重術用。宋代高似孫《子略》卷三評其書為：「窮天之用，賊人之私。」陰謀詭秘，「盡得而泄之」。筆者曾在一九八二年撰成《鬼谷子研究》一書，當時關於《鬼谷子》的單篇論文甚少，亦無專著，難以掌握原意，因而筆者著重由版本校對及章句訓詁等入手，來闡述鬼谷子之思想及影響。其後二十餘年來，陸續有不少專書及論文出現，其中如房立中主編《新編鬼谷子全書》（北京：學苑出版社，一九九五年），許富宏撰《鬼谷子集校集注》（北京：中華書局，二〇一〇年）等。而台灣亦開始有學生以《鬼谷子》為題來撰寫碩士、博士論文。此外，台灣混元禪師以闡揚鬼谷子之陰陽風水等術用為主，由宗教信仰入手，建立唯心宗，在禪機山仙佛寺等處，尊鬼谷子為主神，成立鬼谷子學術研究會，並在河南淇縣雲夢山建八卦城，以王禪老祖殿為主殿，依八卦圖形方位，形成一個完整的廟宇群組，以作為鬼谷子之總廟，把鬼谷子推向宗教化。

今日《鬼谷子》漸為世人所重視。而一些學者或從軍事，或從外交謀略，或從媒體傳播等角度論述此書。君祖先生《從易經看鬼谷子》一書，則參以易學來解譯《鬼谷子》之術用，開啟《鬼谷子》研究之另一方向。君祖先生之書，擺除文字章句訓詁之執著，重在義理之發揮及引證，淺明易懂，且所引證者，又大多為當代各國間所發生之重大事件。而當今世界各強權之明爭暗鬥，實則猶如戰國時期列國之紛爭。宜以《鬼谷子》書，佐以《孫子兵法》，參以《易經》之陰陽生克，來謀國論政，此君祖書之要旨。

君祖先生是台灣易學名家，其易學師承清末皇室遺老愛新覺羅毓鋆先生。君祖先生好《易》，也好《鬼谷子》、《陰符經》等縱橫謀略之書，喜窺探天地之秘奧，參究造化之機謀，和我有同好。我曾為此三書作注，並發表相關論文多篇，因而曾蒙君祖先生之邀請，為其易學班作演講，得以相識。十餘年來雖常有賀卡及電郵往來，但彼此則各自忙碌，難有相會之期。今喜見其大作《從易經看鬼谷子》一書即將出版，而囑託我為序，謹略誌所感，並述讀書心得。

蕭登福謹序於台中大里

楊序

春秋戰國是中華文化最為生機勃勃，百花齊放，百家爭鳴的大時代，諸子百家各有所擅，各立其說，創造中華文化輝煌燦爛的新時代，但是從表面上看到的諸子百家，學說各異，但又都有一門學識是他們的共同必修，那就是「易經」。《易經》表現了中國人原本對宇宙的觀察歸納和通透的理解，是中國最早的哲學書，對於中國知識份子而言，可以說「不學易，不知道」；孔子學易至於韋編三絕，他自述「加我數年，五、十以學易，可以無大過矣。」（述而篇）（按此語存有爭議，亦有他解，個人以為此種段句較合理）。古人云「夫易，聖人所以崇德而廣業也」，它的影響遍及中國的哲學、宗教、政治、經濟、醫學、天文、算術、文學、音樂、藝術、軍事和武術等各方面，是一部無所不包的巨著。所以在討論春秋戰國時代百家學說，均不能不注意到他們的一家之言與易經的關係，台灣易學大師劉君祖先生是師承世稱「毓老」的前清遺老愛新覺羅毓鋆先生，君祖先生遍讀群經典籍，精通諸子百家。故而游走經史，縱橫子集，博采旁徵，通古博今，每有創見，承他抬舉，記得數月之前，才授命評薦其巨著《從易經看孫子兵法：劉君祖以易演兵》，如今又得抬愛命序《從易經看鬼谷子》。

鬼谷子是諸子百家中最為神秘的人物，在正史上沒有立傳，甚至有人認為是杜撰人物，不過在《戰國策》、《史記》、《資治通鑑》都有提到過他，而且長期以來，坊間確實流傳《鬼谷子》乙部，按中國社會主流的儒家指導思想看，《鬼谷子》一書是側重於權謀策略及言談辯論技巧，是一部頗有爭議的書。

不過，正如君祖先生在本書的導讀中所說：「王道思想是儒家特有的思想資源，但是施行王道需要具備足以稱霸的實力，沒有足以稱霸的實力，王道完全是空中樓閣。」用當前國際關係學的流行術語來說，就是沒有以現實實力為基礎的理想主義只是政治浪漫。而鬼谷子的縱橫術，就是支撐王道主義的理想的實力之一。

特別值於當今的兩岸關係格局之中，台灣的執政者想做的就是一種「政治浪漫」的理想主義，且台灣的「政治浪漫」是一種既無軍事實力，亦無外交實力的幼稚型「政治浪漫」。此種「政治浪漫」既麻醉了相當的台灣民眾，又裹脅了台灣政治精英，以致於使台灣陷入封閉的、激情的政治內亂之中，台灣的內耗已不是十年、二十年，而今仍然繼續，劉君祖先生在二〇一九年卜出「訟卦」，顧名思義代表訴訟、爭辯、爭吵，紛擾不安，問題是全球的變化，世局的變化是不停的，如今的台灣內耗正是對變局的冷漠和疏離，就是實力的內耗；外昧於勢，內熵其能，能無「終凶」之憂乎。

反觀大陸在面對當下，處理數百年未有之變局的思考和作為，則正是從自己的實力入手，那麼劉君祖先生的《從易經看孫子兵法：劉君祖以易演兵》和《從易經看鬼谷子》，正好點出了中國大陸這樣的作為；而二十一世紀的時局中，外交肯定比軍事重要，我們看看中國大陸近幾年的崛起，主要也是在國際外交中體現其影響力，而《鬼谷子》正是中國外交理論思想的鼻祖，因此，理解中國外交技巧就必須從《鬼谷子》入手。

台灣的精英必認清，當今的兩岸關係格局中，中共的「反獨」是有實力的霸道思想，而「一國兩制」是有實力的王道主義；對台灣而言，不可能選擇軍事對抗，不過不能「用兵」，也需要「知兵」，那麼重新認真地學學《鬼谷子》，學習劉君祖先生《從易經看孫子兵法》，尤其是這本論著，也許在未來的兩岸談判中，可以找到對台灣有益的啟發，有助尋找出兩岸的平衡點，為各取所需的兩岸關係新局，找到新可能。

楊開煌序於台北士林
乙亥清明之後

自序

谷神不死

二〇〇三年秋及二〇〇六年春，我曾兩度赴河南淇縣雲夢山所謂的鬼谷觀覽，據稱這裡是戰國時代神秘高士鬼谷子的教學道場，還掛上「中國古代第一所軍事院校」的招牌，有鬼谷先師所居的水簾洞，蘇秦與張儀、孫臏和龐涓的石室，等等。這些說法多半與觀光創收有關，無須也無法深究，倒是當地山奇谷闊，景色清幽，確是不錯的修煉所在，也顯示鬼谷子的傳說事蹟深入人心，千載之下仍魅力無窮。

《鬼谷子》一書行文奇詭險僻，篇名立意即與眾不同，包括〈捭闔〉、〈反應〉、〈內揵〉、〈抵巇〉、〈飛箝〉、〈忤合〉、〈揣〉、〈摩〉、〈權〉、〈謀〉、〈決〉、〈符言〉、〈轉丸〉、〈胠亂〉十四篇。附錄還有〈本經陰符七術〉，取名「盛神法五龍」、「養志法靈龜」、「實意法騰蛇」、「分威法伏熊」、「散勢法鷙鳥」、「轉圓法猛獸」、「損兌法靈蓍」，最後結以〈持樞〉、〈中經〉二篇。有志事功者依此修習，可在人生劇烈的競爭中脫穎而出，成就不世之業。

鬥力不如鬥智，武術再高是一人敵，兵法佈陣為萬人敵，運籌帷幄，決勝千里，調和鼎鼐，定國安邦更需絕頂智慧。《孫子兵法．謀攻篇》有云：「百戰百勝，非善之善者也；不戰而屈人之兵，善之善者也。上兵伐謀，其次伐交，其次伐兵，其下攻城。」外交斡旋必在軍事攤牌之先，或和或戰都得服從於國政的全盤謀劃，談談打打，打打談談，伐交與伐兵又是交相為用。鬼谷子的思想主要用於合縱連橫的外交說服，卻又不離兵機戰策，其門下既有蘇秦、張儀等外交梟雄，又有孫臏、龐涓這種頂級的兵法家，都曾引領戰國時代風騷。外交戰的勝負取決於對國際大形勢的精準判斷以及對關鍵對象真正意圖的深入掌握，還有動人心弦的辯才話術與談判技巧。小人動手不如君子動口。孔門四科中有言語一科，宰我、子貢為箇中翹楚，子貢在當時的國際外交上也確有精彩、完勝的表現。

《易經》為中華文化最深的根源，諸子百家無不受其啟發影響。六十四卦中排序第七、第八的師、比二卦，勞師動眾為軍事對抗，比附結盟為外交談判，相綜一體，交互運用。排序第五十七、五十八的巽、兌二卦，巽為深入揣摩內情，兌為言談取悅、談判說服。〈繫辭傳〉稱：「夫《易》，聖人之所以極深而研機也。唯深也，故能通天下之志；唯機也，故能成天下之務。」六十四卦三百八十四爻，能變換、激蕩出四千零九十六種變化，可謂曲盡人情，通達事理。本書援《易》解析鬼谷子縱橫捭闔之術，頗有得心應手、迎刃而解之樂，希望讀者於此能有慧悟與卓識。方今之世，硬碰硬的對立抗爭已越來越難實際解決問題，無論個人、企業乃至國家間的紛爭，耐心溝通、談判才是更好的選項。《鬼谷子》一書在這方面可謂集大成，值得有心有志者問津。

感謝蕭登福教授為本書作序，他對《鬼谷子》、《黃帝陰符經》等《道藏》名籍夙有專研，卓然成家，他的專著闡幽發微、考證嚴謹，對有志斯學者大有裨益。我們同好同道，竭誠歡迎天下各方的讀者品賞分享。老子有稱：「谷神不死，是謂玄牝。玄牝之門，是謂天地根。綿綿若存，用之不勤。」鬼谷深智，其若是乎！

感謝楊開煌教授精心撰寫的推薦序，他是深研中國大陸與兩岸關係的專家，分析時勢每中肯綮，素為士林所重。當今世局混亂，鬼谷縱橫天下的談判術益發重要，化解危機，弭平戰禍，應為仁人志士念茲在茲不可旁貸的責任。

導讀

鬼谷子，傳說姓王，名詡，又名王禪、王通。一說為春秋戰國時期衛國朝歌（今河南淇縣）人，一說為戰國時期魏國鄴（今河北臨漳縣）人。

鬼谷子是春秋戰國時期縱橫家的鼻祖，也是中國歷史上一位極具神秘色彩的人物，被譽為千古奇人。他長於修身養性，精於心理揣摩，深明剛柔之勢，通曉縱橫捭闔之術。可以毫不誇張地說，鬼谷子具備通天之智。

鬼谷子常入山採藥修道，因隱居於鬼谷，故自稱鬼谷先生，是先秦諸子之一。鬼谷子為縱橫家之鼻祖，蘇秦與張儀為其最傑出的兩個弟子，另有孫臏與龐涓亦為其弟子之說。

鬼谷子生於戰國時期，比老子、孔子稍晚。鬼谷子生平博學多藝，既通曉宇宙自然，又精於算術陰陽八卦，培養出多位奇才。孔子門人三千，但真正有名可查的只有七十二賢人，其中為人所熟知者亦屈指可數，而真正有大作為或大貢獻者也不過二、三人。然而鬼谷子的徒弟，在戰國時期屢屢登上歷史的舞台，左右著歷史的方向，如龐涓、孫臏、蘇秦、張儀、商鞅等弟子，對中國歷史的發展起到了推波助瀾的作用。關於縱橫家的代表人物蘇秦和張儀，司馬遷就曾在其《史記》中鄭重寫道：「此二人真乃傾危之士也！」孟子也評價兩人：「一怒而諸侯懼，安居則天下熄」，由此可見一斑！

王道與霸道

中國的王道思想，近年來逐漸發出聲音，主要針對的是政治、商業領域。在過去和現在的爭霸、競爭輪迴中，人們面對的是很艱苦、很慘烈的鬥爭。中國的王道思想，是傳統文化中儒家特有的思想資源。孟子在先秦諸子之中比較明確地標榜王道，但是他終生無成。在戰國時期七國稱雄、生死相爭的狀況下，王道肯定是沒有辦法落實的。

王道與霸道之間的關係是很重要的，王道思想的淵源是《易經》和《春秋》這兩部中國重要的經典。在《孟子》裡面也不是專門談王道與霸道，他只是在遊說諸侯的時候提出來。孟子不是口才不好，也不是文采不佳，但就是沒有辦法說服任何人，因為他的想法跟那個時代的節奏完全不協調。另外，孟子也可能受那個時代的刺激，他在特別標榜王道的同時，也非常地貶損霸道，甚至像齊桓公、晉文公這種對安定天下有很大功勳的王者，他也不怎麼認同，他覺得春秋五霸是社會往低端方向發展的推動者。而且，孟子還認為，真正的仲尼之門人弟子，要羞言五霸，應該談王道。這樣的看法就有點不合時宜了，所以他的說法也帶來很多的後遺症：一是他當時沒有辦法跟社會接軌，二是放言高論的態度對後世造成了不好的影響。其實，根據常識都可以判斷，施行王道需要具備足以稱霸的實力，是國家實力強大之後的一種選擇。沒有足以稱霸的實力，王道完全是空中樓閣。

當然，孟子從人性出發，確實檢討得很到位：人確實是如此，由內聖到外王，會遭遇很多沒有辦法解決的問題。讀過《易經》的都知道，從第七卦師卦（䷆）到第八卦比卦（䷇），再往下推衍發展，就會看出霸道的局限，然後才有可能發展成同人卦（䷌）、大有卦（䷍）的王道，才會實現世界大同。一個企業要講王道，一定要有強大的、絕對的生存競爭實力，然後行有餘力，才有機會回饋社會，才有機會去推動王道思想。對於國家來說，就更是如此。

如果專在文史科系、院校去談所謂的王道，或者研究《易經》、《春秋》，因為是關在學院的象牙塔裡面，跟社會完全不通氣，影響是微乎其微的。《易經》、《春秋》展現了內聖的境界，而外王也很重要，王就是王道、平天下。王道政治要落實，沒有比實力更重要的了，沒有實力統統都是空談。

我們先用比較熟悉的《易經》密碼來闡述王道思想，沒有比這個更完美的了。

第一個當然是師卦和比卦。要實現王道，必掌握師卦、比卦中打打談談、談談打打的策略，有時候鬥爭，有時候合作，既鬥爭又合作在這兩個卦中體現得很充分了。師卦的卦辭、爻辭沒多少字，但是兵法中一些重大的原則都涵括其中。依此類推，比卦也是一樣。你可千萬不要小看比卦，所有外交談判、縱橫捭闔的重大原則都高度濃縮在比卦的卦辭、卦象、爻辭及《易傳》中。其中包含著精簡的、可以運用到無窮的外交智慧。師、比的關係，我們要徹底掌握，而師、比二卦六爻全變的錯卦就是同人卦、大有卦代表的王道理想。所以師、比、同人、大有這四個卦錯綜交互的關係就很重要了（欲知上述四卦的詳解，請參看拙著《易經密碼——易經六十四卦的全方位導覽》）。假定我們把這些關係琢磨透了，再切入《鬼谷子》、切入《戰國策》、切入縱橫家，就一點也不困難了。

師、比二卦相綜一體，同人、大有二卦也是相綜一體，師、比二卦跟同人、大有二卦又相錯。師、比二卦在同人、大有二卦之前，以對霸道的瞭解作為鋪墊，然後才談王道。當然，中間發展的過程，熟悉《易經》卦序的就知道，師、比二卦經過小畜（䷈）、履（䷉）二卦，經過天旋地轉大環境變動的泰（䷊）、否（䷋）二卦，然後才能進入同人、大有二卦的境界。

師、比、同人、大有這四個卦裡，突顯的就是比卦。所有的外交活動、縱橫天下之術的運用，跟打仗的師卦一樣，兩個卦都有坎險。「險之時用大矣哉」（《易經‧坎卦》），兵行險招，外交也是行險，而且是一波未平、一波又起。所以不僅是打仗險，外交戰也是險得不得了。舉例來說，我們小老百姓出去跟人家接觸，一談話，三句話不投機，談得不愉快不說，而且還有可能終身結仇，根本就不知道什麼地方得罪了人家。不過，話又說回來，雖然外交是有風險的，但是利益也藏在其中。風險與利益是恆存的，只要你能夠克服險阻，冒險犯難，談判也能夠獲得大成功。好的資源既代表風險，也代表利益，這是一定的。兵無常勢，水無常形，面對形勢的虛實無常就要機變靈活。外交談判也是因時因地制宜，依據不同的對象，要靈活得像水一樣無常形。戰爭是無常勢、無常形的，變化萬千，唯變所適；外交更是如此，察言觀色，談不攏時馬上話鋒一轉，又換一套說辭，所以它也是多變的，就像水無常形一樣。象徵人生最後成功的水火既濟卦和火水未濟卦，裡面都是水、火的交融，即坎險跟智慧光明的較量，最後決定人生是「既濟」還是「未濟」。

坤代表地，是以柔克剛、以小博大、順勢用柔的，而且一定涉及廣土眾民，所以比卦的外交要有坤卦（䷁）的本事，該忍耐時要忍耐，該含蓄時要含蓄，這裡面一不小心就會迷失，路線錯誤，判斷就錯誤。我們還要廣結善緣，要厚德載物。坤卦的〈彖傳〉裡面講了三個「無疆」（行地無疆、應地無疆、德合無疆），說明外交沒有任何疆域、國界的限制，要廣結善緣，搞好周邊關係。

外交與戰爭

鬼谷子的學問之一就是說服別人，也就是縱橫學。《易經》中的師卦和比卦是我們瞭解兵法學與縱橫學的兩個卦。所有爭霸的核心實力，一個是軍事行動，一個是外交談判。它們是一體的兩面，息息相關，絕對不能只知道一面。《孫子兵法》中，就論述了軍事與政治、外交、經濟、情報等之間的關係，非常全面。春秋、戰國時期，有過無數的戰爭和媾和，兵法隨之產生，外交也隨之產生。所以《易經》的卦序從第七卦的師卦到第八卦的比卦，基本也符合中國歷史發展的進程。鬼谷子算是縱橫學的祖師爺了，也是一個神秘人物，但是他是在孫子之後，孫子才是集兵法之大成者。師卦教我們如何打仗、如何不戰而屈人之兵。外交是師卦後面的比卦。「建萬國，親諸侯」，那個時候有很多國家。天下共主的周天子沒落，天子王權完全虛化，大家為了生存，不能只靠打仗，所以由師卦自然而然就到比卦了，就要較勁，要進行外交談判。各種縱橫捭闔的手段，就是師、比二卦的運用，這都是在霸道的領域之中。也就是說，光打仗不見得能夠解決問題，而且會破壞經濟，自古至今都是如此。外交談判的費用再高也高不過戰爭費用。動口也可能解決問題，三寸不爛之舌，講起來也是功德無量，比起殺人盈野好多了。

到了戰國時代，外交和戰爭的作用更明顯了，那些精於軍事、遊說諸侯的人大發利市，在那個時代特別受重用。作為兵家代表的孫臏、龐涓，和作為縱橫家代表的蘇秦、張儀，都號稱出自鬼谷子門下。所以，我們要研究鬼谷子的思想，瞭解他的學術源頭。

鬼谷子的書在古代談不上是禁書，但是當政者不希望人們讀他的書，更不會去提倡，因為老百姓越單純越好。假定人們學了鬼谷子深沉的心機、心術，對當局者來說是不利的。鬼谷子的學說從理論到實踐都影響了那個動盪的時代。從周初的封建到春秋五霸、戰國七雄，大國併吞小國，最後還是要靠霸道（靠殺戮、靠合縱連橫）統一天下，所以其思想、學說完全是應運而生的。中國建立君主專制後，鬼谷子的思想、學說變成了很冷門的東西。其中一個原因就是對當政者不利。宋朝時《武經七書》中《孫子兵法》領銜，但沒有專門研究外交談判的書，說明鬼谷子的思想為當政者所忌。當年那些說客，如蘇秦、張儀之流，他們是朝秦暮楚的，對任何一個國家都沒有絕對的忠誠。在分封諸侯的時代，這樣的情況不鮮見。秦統一中國後，當時的世界，中國之外還有很多國家，可是周邊的國家不是附庸，就是邊陲小國，只有向天朝朝貢的份，根本談不上國與國之間的平等往來。鬼谷子的思想、學說一度沉寂，是因為沒有了戰國那種時代背景。戰國時對國家的忠誠不那麼重要，大家認為朝秦暮楚是理所當然。有才華的人，看得上哪一國就去哪一國。商鞅剛開始在魏國，魏國不用，他就跑到秦國去。當時很多了不起的人才，常常在這個國家幹一段時間，又跑到另外一個國家。可以說，《鬼谷子》是戰國時代的產物。如果說，《戰國策》是實際的案例，《鬼谷子》就是理論總結，談得很深。我們要瞭解戰國時代各國之間外交談判、維持均勢的歷史故事，即列國的大事與縱橫家的言行，可以把《鬼谷子》的理論跟《戰國策》的案例結合起來參看。

鬼谷子思想的重要性

鬼谷子的思想、學說在戰國時代大放異彩，之後直到明清之前都沒有盛行。為什麼現在又為世人關注？因為現在又是天下萬國了。鴉片戰爭伊始，清朝的統治者發現地球上有很多強大的國家，又有開展國際外交的需要了。以前那些不太受重視的子書類研究開始活躍起來，因為要解決問題，要救亡圖存，要跟那些高鼻子、藍眼睛的人打交道。有些人意識到中國不再是「天朝大國」，需要專門的涉外單位來進行外交。關於外交，中國有現成的理論，跟西方的不完全一樣。先秦諸子的學問慢慢又得到重視，又開始被研究。現在是多元化時代，對於閱讀，沒有人限制，所以《鬼谷子》又重見天日，而且變得非常重要。二十一世紀的時局中，外交肯定比軍事重要，大國與大國之間的衝突時時有，但是不敢輕易發動戰爭。美蘇幾十年的冷戰，都是在打代言戰爭，不敢直接觸碰。現在的世界大國，更加不用說了。怎麼可能打？兩場聲名狼藉的戰爭（海灣戰爭和阿富汗戰爭），就讓美國頭疼不斷。歐盟更不用講。所以這時外交談判就無比地重要。至於「必要時訴諸一戰」，那是籌碼，最重要的還是外交戰場。這就是《易經》中比卦的運用。《鬼谷子》是中國外交理論思想的鼻祖，在戰國時期發揮了巨大作用，現在不止是在中國，在全世界，其應用也將更為廣泛。比卦也是比較的意思，以師卦對抗的實力作為根柢。但是它真正著重的是不動手，動口就把問題解決。這是一門藝術。西方的外交理論、案例當然有很多，但是中國傳統的外交思想、謀略，西方人要搞清楚並不容易。在日寇侵華時期，日本特務頭子土肥原賢二，以及戰後的大橋武夫，都成立了專門研究鬼谷子的機構。鬼谷子的思想、學說在公關場合，小到商戰，大到外交，都有極大的用處。

鬼谷子的神秘性不亞於道家的老子，中國的民間有時候把他作為一個宗教人物來崇拜。我們今天講解《鬼谷子》，再配合《孫子兵法》、《戰國策》裡面的案例，就是為了將古人的智慧運用到二十一世紀。現在的世界問題層出不窮，恐怖事件不時發生。天災人禍、慘絕人寰的事情一件接一件地發生。恐怖襲擊完全是非理性的，再強大的軍警力量、太空衛星一天到晚的監控都沒有用，要從根本上解決，還得靠政府、社會的傳播、溝通和談判。我們面對的這個時代不管是大事、小事，只要有人際接觸，都會面臨說服、溝通、談判、傳播、企劃的問題，這些領域比兵法的領域要廣得多，兵法主要解決的就是衝突。東方兵法以《孫子兵法》為首，主要還是化解衝突，不戰而屈人之兵，但也不是那麼容易做到，連孫武本身都沒有辦法做到。外交的手段是用講的方式，只要瞭解人的特殊心理，甚至包括集體的心理，就可以說服一個實力雄厚的人，化解很多的爭端。這種方法和理論當然值得我們去瞭解，也值得我們去開發。而且，我們講《鬼谷子》、講兵法比其他民族要多一個工具，那就是《易經》。

美國、歐洲談公關、外交、管理、傳播、企劃的話術，不夠精到。歐美一些商學院講得很火的課程，都是大牌教授主講，吸引不少中國大中型企業的CEO去修習，可是我覺得其中並沒有什麼高論，那些案例我們也不感覺親切，而且反映的是歐美社會，與我們何干？美國社會的企業發展理論，並不一定適應中國企業發展的實際需要，能夠吸收的其實有限。

和平之道

中國一本重要的經書《周禮》，即《周官》，對王道進行了制度化的設計。《周禮》是對當時的政治、經濟、社會、文化的制度設計，但這種制度恐怕沒有在周朝出現，只是一個理想，就像《春秋》中「新王」革命的理想。任何理想要發揮實際效用一定要制度化，到最後一定要歸結成「制數度、議德行」（《易經・節卦》）才能圓滿。沒有制度保障，理想就是空架子。很多人認為《周禮》依據《易經》、《春秋》的王道思想，進行了制度化的設計。《周禮》不只談政治，裡面有「六官」，天、地二官，還有春、夏、秋、冬四官。在《周禮・秋官》中就有外交官的事蹟。以前的外交官稱「行人」，有小行人、大行人之分，就像後來的使節、外交官。行人一天到晚出差，進行外交活動。〈秋官〉對於這些外事活動，也設立了具體的規範。我們如果有主權意識、獨立自主的空間，不管是個人、小團體，還是整個社會國家，一定要有門禁，不可以隨便讓行人來去自如。《易經》中无妄卦的無妄之災怎麼來的？就是因為行人來去自如。他要走，你留不下來；他要來，你也不知道他什麼時候來。行人進來，他佔了便宜就走了，他造成的後遺症、災禍，就得由本國人承擔。換句話說，在這個世界還沒有完全大同、和平之前，在邦國林立、組織林立的狀態下，一定要有內控管理，外人不可以隨便進來出去。國人的權益是要受保障的，行人沒有身份證，沒有居留權，不可以來去自如，需要徵求同意才可以進來，不能像國人一樣一視同仁。另外，我們對於行人，對於這種從外地跑來跟我們談判或者做生意的人，要有一定的戒心，不要對他有太高的期望，因為他代表的是不同的利益集團。就像井卦（䷯）第三爻（原文為：「井渫不食，為我心惻，可用汲。王明並受其福。」）一樣，大家開發出一個好的東西來，可是賣不掉。如果賣不出去就暴殄天物，那就要懂得行銷。行銷要找誰？如果找過路人，他怎麼會幫你忙呢？這就叫「築室道謀」，你家裡蓋房子，與過路的人商量，豈不是開玩笑？跟他有什麼關係？就像賣房子一樣，一個路過的人就是肯定你產品的品質，也不代表他能夠幫你推銷，你還得靠自己。既然對自己的產品有信心，就要說服人家，這就需要說服術。怎麼可以把希望寄託在一個過路人對你的讚美呢？當然，一旦找到好的支持者，千萬要注意，是「並受其福」，千萬不要自己獨拿，他也受福，你也受福。但是行人絕對幫不上忙，你唯一能夠得到的只是一個陌生人對你產品的肯定，其他都得靠自己，如此而已。

一個企業，在像旅卦（䷷）一樣到處漂的時候，它一定要想辦法落地生根，不然就是失時、失勢、失位：好不容易租到一個房子暫住又被燒掉，跟班的也完蛋。必須落地生根，融入當地。不要像旅卦一樣四處亂跑，一定要找到一個最適合發展的東西，安定下來，這就是巽卦（䷸）的工夫，要下工夫。蘇秦離開鬼谷子之後，傳說他遊說列國時到處碰壁，尤其是在秦國。後來他潦倒回家，老婆不下機，嫂嫂不下廚。最後他不得不獨居茅屋，懸樑刺股地苦讀，深入瞭解了縱橫之道後，馬上就脫胎換骨。下面就是兌卦的工夫施展：他的話術提到了一個更高的境界，可以讓死人回魂說話，讓活人忘勞忘死，還可以合縱六國，一爭天下，與張儀一起建立以外交為主的體制，開創一個縱橫家主宰的戰國時代。

先秦的時候有所謂的九流十家，列名在十家之中的就有縱橫家。中國的縱橫家就是來自行人之官，也就是外交官，這是他們的源頭。這些縱橫家開始都是民間的人，一朝說服成功，就可以為布衣卿相。我們熟悉的兵家反而沒有列在十家之中，看起來比卦還是比師卦重要，能談就不要打。戰國時期，和平是最寶貴的，因為和平才能換來國家富國強兵的寶貴時間。

說服話術——柔性兵法

《鬼谷子》一書共十四篇，傳下來的只有十二篇，再加上〈本經陰符七術〉、〈持樞〉、〈中經〉，共八千多字，比《孫子兵法》篇幅多一點。

我們常說「動手不如動口」，兵家是動手，縱橫家則是動口；「鬥力不如鬥智」，兵家既鬥力又鬥智，縱橫家則是鬥智。我們都知道孔門裡面有一個特強的外交人才，就是子貢。《史記·仲尼弟子列傳》中記載，為了救魯國，孔老夫子派子貢出使齊國、吳國。子貢走了一趟，所有目的都達成了。他保全了魯國，使其不受齊國的威脅。春秋末年的國際形勢因子貢的外交斡旋整個都變了，司馬遷評價說：「子貢一出，存魯，亂齊，破吳，強晉而霸越。子貢一使，使勢相破，十年之中，五國各有變。」換句話說，子貢動口的本事確實不一般。他的本領就是預測行情、揣摩人心特別準。孔子評價他說「億則屢中」（《論語·先進篇》），預測屢屢正確。對於揣摩人家的心思、鑽形勢的空子，他都很精通，而且先拜訪誰，再拜訪誰，都有其考量。

《論語》中屢次談及外交活動，孔老夫子認為紙上談外交是不可行的，他說：「誦《詩》

三百，授之以政，不達；使於四方，不能專對；雖多，亦奚以為？」如果派你去處理內政，搞不好，派你去做外交使節，也不能獨當一面，三百篇的《詩經》都會背了也沒有用。外交使節有時就像作戰的大將，不能事事請示，尤其是以前交通不方便的時候，必須要隨著外交談判的形勢臨機應變，那就叫「專對」。「將在外，君命有所不受」，外交官在外面，也是「君命有所不受」。國君只能給你一個底線和大致的原則，你不能事事請示，很多事情需要自己做主。

在《易經》中，兌卦（䷹）是最能代表動口的。兌卦的經文是最少的，很精簡，卦辭只有「亨利貞」三個字，這樣談能不能談得大家都滿意呢？「亨者，嘉之會也」，沒有偏離大原則。爻辭才二十六個字。兌卦講那麼少，居然可以感動那麼多人。我們有時囉哩囉唆講一大堆，也沒有感動任何人，傷元氣不說，還白賠了笑臉。人家用最精簡的言詞，得到了最好的說服效果。兌卦這種話術是怎麼來的呢？經過前面巽卦深入揣摩的工夫而來，巽卦「隨風，巽。君子以申命行事」，懂得隨機應變。戰場是瞬息萬變的，外交的溝通也是瞬息萬變的。只有下了巽的工夫，對天命、對人事、對藏得很深的人的心思掌握了，你才能脫胎換骨，下面才能有兌卦精確的話術。

領導人的心思超難揣測，兌卦的領導人「九五」偏偏沒有兌了，很難說服，而且他不真正相信你，你也不敢隨便就相信他，故曰「孚于剝，有厲」，風險極高，一不小心就被砍頭，所以君位是很難說服、取悅的，可謂是陰陽不測。戰國時期那些縱橫家，主要說服的對象都是君主，兌卦的君位就告訴你「孚于剝」，不能隨便推心置腹，不研究清楚，就不要輕易與君王見面。《韓非子．說難》稱：「故諫說談論之士，不可不察愛憎之主而後說焉。夫龍之為蟲也，柔可狎而騎也，然其喉下有逆鱗徑尺，若人有嬰之者則必殺人。人主亦有逆鱗，說者能無嬰人主之逆鱗，則幾矣。」人君就像龍一樣，你要順著鱗摸，大家都相親相愛，可是你要批了逆鱗，他馬上就跳起來殺人。「逆鱗」，就是君王的罩門、痛點。任何人都有忌諱，君王也不例外，你不要輕易觸碰。平常你可以騎在龍的頭上，若它突然變臉殺人，一定是你碰到不能碰的東西了。這就有無上的風險。從《易經》來講，不講批逆鱗，而是談「履虎尾」，尾巴是老虎最敏感的痛點，只要你不踩到老虎尾巴就沒事。兌卦的君位就有這麼高的風險，「孚于剝」是信任的基礎太低。要知道古代居於最高權位的人，大部分精神不正常，但是他「位正當也」，你沒有辦法說服，就沒有辦法達到你的目的。君王是最重要的人，最重要的人偏偏最難面對，所以你能不能說服他，就看你的本事。面對這種人尤其不能急，你要是急了，就是死路一條，因為兌卦第五爻一變就是歸妹卦（䷵），最後可能魚死網破一場空。

縱橫家們對付這樣的人，膽子要夠大，要把對象徹頭徹尾的研究透徹。光是研究透徹還不行，還得看臨場表現。韓非就是臨場表現不好，說話不利索，旁邊就有人說他壞話，所以思想再活躍，準備再周到，說得結結巴巴也不行。從兌卦來看，怎麼對付「孚于剝，有厲」呢？那就是跟兌卦第五爻相應的第二爻。第二爻「孚兌」，就是要絕對地展現你的孚，千萬不能撒謊欺騙。「九五」有「孚于剝」的特權，「九二」可沒有，就要用孚去兌、去說，就有可能「吉，悔亡」。兌卦第二爻爻變就是隨機應變的隨卦（䷐），靈活得很，一看風向不對，馬上就轉。隨卦也是一個說服術很高的境界，上卦是兌，滿臉堆歡，展現溫暖，下卦是震，心中有主張，但主張絕不干擾到外面的兌，懂得隨。

兌卦第四爻是經營管理階層，也很重要，第五爻終端決策者如果同意了，最後還是靠第四爻來執行。執行的團隊本身不能拍板定案，但是影響很大，他們誰也不敢擅自做決定，一定要大家商量討論，這就是「商兌」。在沒有建立共識、消除不確定的風險前，它們都是「未寧」的狀態，還沒有定案，都很焦躁。下面就告訴你，還是要討論出一個結果——「介疾有喜」。第五爻可能就是第四爻的疾，老闆難伺候，君威不可測，也可能是共同討論的政策有很多沒想通，就得一次又一次的商量討論，最後把疾治好，並且能夠預防，進行有效隔離，這樣才有喜。兌卦第四爻爻變為節卦（䷻），「制數度，議德行」，一切恰到好處，制度合理，能夠很好地實施政策。所以任何一個施政的單位、管理的階層，一定要經過「商兌，未寧」這個程式。假如兌卦的政府階層、經營管理階層開會討論是必經的一關，那麼跟它相對的就是初爻，初爻就得和顏悅色，故曰「和兌，吉」。「和兌」去面對「商兌」，中間沒有疙瘩，不會招致懷疑。談事情就得以和為貴，如果基層抗爭，始終沒有辦法「和兌」，四爻就不會跟你「商兌」。很多的衝突都是這樣，所以「和」很重要。換句話說，「和」這個字也是我們想要說服別人的第一個工夫，你是來求和的，是要雙方都可以得到好處。從和為貴的原則出發，對方就能感覺到你的誠意、善意，他才會「商兌」。初爻不可能很快就通天，得通過第四爻，所以我們要說服人家，第一要和，第二要展現誠意，雙方在一個很好的氛圍之中，才可以談具體的內容。

還有兌卦上爻的「引兌」，我以前提過，真正影響王的人，是在上爻，因為那是上卦兌的開口，有無窮的、不可抗拒的魅力，對大人物來講這就是他的弱點。對於一般君王來說，可以跟他講體己話、無拘無束談問題的人不是那麼多，絕不是第四爻，而是上爻。他可以是各種身份或者可以是某種事物，能突破君王的心防。真正能夠產生效力的，就是「引兌」。「引兌」這一爻變為履卦（䷉），履就是付諸實際行動。如果能夠說服上爻，大致來講，就能夠說服第五爻，因為投其所好。找到能夠影響他的人，這是在遊說君王時永遠都不會變的有利條件，一旦那一關過了，馬上就可以付諸實行。由第六爻和第三爻呼應的關係，成敗對照就出來了。「引兌」到底是誰，或者代表什麼，千萬不能判斷錯。如果你判斷失誤，那就變成了第三爻，就非死不可。第三爻「來兌，凶」，急著想逼人家簽約，馬上凶。「引兌」是「未光」的，不容易發現。「來兌」是直接攤牌，必敗。

可見，整個說服的過程，除非你們真的有緣，第一次見面就達到目的，一般來說是不容易的。事前的準備工作要全面徹底，臨場的表現要恰到好處，在有限的時間中，打動人家的心坎，突破人家的心防，是一個循序漸進的過程。不知道要繞多久，才可以判斷準確，才能夠達到目的、滿足需求。這也像需卦（䷄）經過「需于郊」（準備階段）、「需于沙」（確定大方向）、「需于泥」（小心）、「需于血」（更小心）、「需于酒食」，最後才「不速之客三人來」。每個人心中都有所需，你要說服他，你有你的需要，他有他的需要，看你們能不能找到一個平衡點，各取所需。

我們從《易經》這些卦象來看，兌卦、比卦，有坎、有坤、有兌，要說服人家、圓滿解決難題的話，是不是女生比較合適？像兌是少女，人家看著就賞心悅目。以兌和坤的性質來說，基本上不是逞強鬥狠，大部分是順勢用柔、以柔克剛，也有人稱之為柔性兵法，以說服為目的的比卦亦復如是。隨著大趨勢的發展，可能女人越來越抬頭，男人越來越沒落。在外交這個領域，女性還可以發揮溝通的長才。沒有人希望看到一張撲克臉，動不動就要教訓人。

概述

《鬼谷子》第一篇稱為〈捭闔篇〉，縱橫捭闔就是這麼來的。為什麼不叫「開合」，而叫「捭闔」呢？因為「捭」比「開」更值得玩味。任何東西都是一開一合的，像門戶一樣。人家願意說，心門打開，嘴巴也打開，跟你溝通交流是開放的；對你有戒心、敵意了，就把它關起來。闔的時候就像坤卦的陰柔發揮作用，開的時候就像乾卦的陽剛暢所欲言。「捭」字，就不止是開的意思，還有想辦法讓它開的意思。你想保密，不想跟我談，但是到時候你不知不覺地跟我談了。「捭」就有撥動人家心弦的意思，是用手操作的。很多人保護自己，甚至連自己都不敢面對，這樣的人是不會輕易跟你交心的，但是只要你能夠創造某種氛圍，在不知不覺中，他就會放鬆，打開心防，跟你講很多的心裡話。原先關閉的心門，在我「捭」的操作下，它居然開了。這就叫誘之使開。大部分人不見得會和你處在一個完全開放交流的狀態，但是通過「捭」就可以打開僵局。當然，〈捭闔篇〉不講這個，它講的是一些大原則，整個世界就是一陰一陽，一開一合。

〈捭闔第一〉之後，第二篇就是〈反應篇〉（也有的叫〈反覆篇〉），這一篇強調的是知彼知己。任何說服的過程一定是有雙方的互動，兵法講知彼也要知己，要通過溝通交流的過程、對方可能的反應，檢討自己原先的計畫是不是要修正，這是一個動態互動的過程，故稱為「反應」或「反覆」。在敵我雙方互動交流的時候，有很多隨機的調整，不能悶著頭往前衝。機智的人，能夠體會到說服過程充滿了變化。有很多事情不給你時間考慮，需要馬上想通，立刻調整話鋒。

所以，說服是一個動態的過程，不斷在進行變化。尤其是在你的身份和對方不平等，對方地位比你高很多的情況下，你想說服他，有時只有幾分鐘時間，就要打動對方。大老闆絕不會等你扯半天，還在唧唧歪歪、吞吞吐吐，這就需要事前的準備工夫，也就是〈捭闔篇〉所說的先要想辦法讓人家「開」，掌握那些必要的資訊。讓他開就開，讓他關就關，有時候把自己關起來讓對方開，我暗敵明。所有這些都是在動態中進行的，也就是「反應」，要不斷地隨機應變。

第三篇叫〈內揵〉，針對的是重要的對象，把你們的關係套得牢牢的，讓他對你深感興趣，然後雙方能夠固結交情，而這個揵是早就下了工夫的，外人都不知道。你們交情很好，可是外人看不出來，不知道你已經下了這麼久的工夫。這樣的局面要有本事才能搞定。有一些人外表關係很疏遠，幾天也不見一面，但是交情深得很，早就是一家人。交淺不能言深，一定要交深，才有機會深入談話。這就看你平常怎麼下工夫，研究你所要結交的對象。

第四篇〈抵巇〉，「巇」就是山溝，等於一段地勢、地形突然陷落下去，有一條大的縫，那就是間隙。人跟人之間是有間的，任何組織都有組織結構連接最脆弱的地方，這些都是瑕疵，統統叫巇。人跟人之間表面看著是和，其實是互相嫉妒、互相鬥爭，你想要進去，就要利用那個裂縫，在裂縫中運作。「抵」就是一定要有縫，才能下工夫。就像戰國時期一些國家面臨複雜的攻守形勢，如何化解、處理那個危機？於是就需要人去談判，補上那個危機的大破洞，用各種方法把危機化解。《易經》的姤卦就是專講危機防治的，其卦象就是五陽下一陰生（䷫），那個一陰就是脆弱點，把它填實、穩固了，就可以化解危機。但是，危機發展很快，或者危機超過想像，萬一補不上了，怎麼辦呢？另外一種「抵巇」的方法就是不補了，順便把它摧毀，取而代之。

這就是縱橫家，他沒有說要愚忠愚孝，能救就救，不能救，那就乾脆讓它減少痛苦，一刀斃命。俗話說，「藥醫不死病，佛度有緣人」，如果是絕症，你救他是虛耗資源，為什麼要救？所以，〈抵巇篇〉沒有說一定要替哪一個集團奮鬥到底，能救就救，不能救，還不如痛快一點結束，不要填補無底洞。就像管仲可以歸降政敵，當政敵的宰相，而沒有說要自殺殉主。也就是說，任何事物結構上一旦有弱點了，我們能救就救，救不了時，乾脆就讓它撞牆，讓它毀了之後再造新生。鬼谷子的理論就是這樣，他所教的學生，奔走遊說於列國，這些國家的君王看到他們也挺頭疼的：要是把問題都告訴他，不嚴重的還可以幫助君王改正，如果發現是不治之症，那就只有滅國了。我們這個時代，人心也有很多破洞，能不能補？補不上的話，與其去補，還不如統統拆掉重建，可能還快一點。人總是要有一個未來，「抵巇」不會死心眼的，人際關係有時候要破鏡重圓，要縫補那個破洞，如果縫不了，為什麼還要縫呢？

「抵巇」完了，另外一招就很損，那就是第五篇〈飛箝〉，「箝」就是鉗子的鉗，拿一個東西夾死你，讓你動不了，受制於人，居然還是用「飛」過去的箝。不像發射導彈，而是有時候給你戴高帽，把你抬得高高的，說你是大師，如何如何，弄得你飄飄然的時候，你就有很多弱點可供利用了。喜歡被人戴高帽子的毛病，連關羽都躲不過。據說，關羽死後成了天上的神。一次，他正在天庭散步，突然看到一個挑著一擔帽子的散仙走過來。關羽喝道：「你是幹什麼的？」這人答道：「小的是去凡間賣高帽子的。」關羽怒斥道：「你們這種人最可恨，許多人就是因為喜歡戴高帽子才犯了致命的錯誤。」這人恭敬地答道：「關老爺您說得沒錯，世上有幾個人能像您一樣剛正不阿，對這種高帽子深惡痛絕呢？」關羽心中大喜，便放他走了。走遠後，這人回頭看了下擔子，發現上面的高帽子少了一頂。你看，關羽說對戴高帽深惡痛絕，但是當別人給他戴高帽時他還是很高興，不自覺地接受了。「飛箝」就是這樣，用各種推崇或者打壓你的手段，把你從原來應該在的位置打開來，如此一來，你就會失去重心，那就好對付你了。所以，當很多人稱讚你時，即拍馬屁、灌迷魂湯，可能會要你的命。「飛箝」就是這樣讓人忘乎所以，失去原有的重心。有些人不太喜歡柴米油鹽的事情，你要是跟他談一些雲山霧罩的事情，他就特別喜歡聽，這種人就是《易經》升卦（䷭）所說的「升虛邑」。海市蜃樓他喜歡，談得特別爽，誰知談的人後面有很毒辣的招式在準備著。這就叫「飛箝」，讓人防不勝防。他運用自如的時候，你根本不知道他在「飛箝」。真正會拍馬屁的人，拍完人家也不知道他在拍馬屁，還滿心溫暖、桃花滿臉。

第六篇〈忤合〉，「忤」就是有牴觸，「合」就是沒有牴觸。對說服者、傳播者跟聽的一方的關係要隨時考察，一有不對，馬上調整。第七篇〈揣篇〉，第八篇〈摩篇〉，就是揣摩上意。「揣」跟「摩」還不同，一定得先「揣」再「摩」。揣摩人家的心意是最難的，知人知面不知心。下面就設權衡，定謀略。這都是細密工夫，先揣，試探，再定位，用「摩」把裡面的彎彎繞繞統統搞清楚。接著就是第九篇〈權篇〉，權衡一下。再謀，也就是第十篇〈謀篇〉。然後可以下決斷了，到底應該怎麼做，就進入第十一篇〈決篇〉。前面下的基本工夫都有了，第十二篇〈符言〉就是對君主的要求了，這一篇與《管子．九守篇》很多是重複的。後面的十三、十四兩篇只有篇名，沒有內容了。附錄中是〈本經陰符七術〉和〈持樞〉〈中經〉。

綜觀《鬼谷子》一書，其結構也是循序漸進，從宏觀講到微觀，但是大部分偏於「術」的層面，就是話術，講表達的重要性，並沒有涉及宏觀的政治經濟的分析，跟《管子》是不一樣的。

捭闔第一

〈捭闔篇〉特別長，幾乎就是鬼谷子外交縱橫思想的濃縮。

「闔」這個字好理解，就是關起來，徹底封閉起來，不讓資訊顯露出去。我們平常講話，希望溝通交流的對象能夠對我們開放，如果不開放，我們沒有辦法瞭解對方到底懷著什麼想法，那麼談判就沒有底了。

「捭」就是想辦法引誘對方把心門打開，你就可以知道對方的心意，以及對方的喜怒哀懼愛惡欲。「捭」的動作，可以令對方不想開放也得開放。一般人要保護自己，都想儘量探知別人的最真實的狀態，希望自己是關起來的，人家是打開的。這樣一來，敵明我暗，就可以處於一個有利的地位。別人藏得很深，不對我們打開心門，我們可以想辦法做一些動作，測試他的反應，或者不知不覺誘導他把心門打開，這就叫「捭」。撥動人家的心弦，讓他不知不覺開放，於是很多藏得很深的內在資訊就流露出來了，我們就可以掌握對方的想法、做法，對付他就容易了。這就是誘之使開。也就是說，不做「捭」的動作，對方是不會被撥動心弦的。一旦引起他共鳴，他想關也關不起來，就把你引為知己，什麼都告訴你了。「捭」就是充分掌握主動性，別人想在我們面前守秘密也辦不到，最後自然而然有辦法讓他自己打開。對方是開還是關，跟我們的態度、掌控全局的能力是有關的：有時我們把自己關起來，卻可以引誘對方打開，完全對我們暴露；有時是我們要開，做一個試探，放出一些資訊，引誘對方打開。《易經．繫辭傳》說「一闔一辟謂之變，往來不窮謂之通」，不管是開是關，都是在不斷變換。

在談判、討論、開會、決策時，溝通就是開關，有時候保持沉默，有時候雄辯滔滔，就是希望最後有一個好的溝通結果。這種話術，一定是希望自己的心思不要被人家那麼容易看到，但是我們又想完全看破對方的心思，爭取到談判的最佳條件、最佳平衡點，使他開口講話，或者他不講話，通過他的一些肢體動作掌握一些資訊。有的人開口講話，努力保持鎮定，四平八穩，可是細看會發現他的手指在顫抖，那也是一個徵兆，流露出他心裡的不安，或者他是在講謊話，等等。「捭闔」，誘之使開，要他開他就開，從而掌握談判的主動權。

好，我們進入〈捭闔篇〉的內文。

（一）

粵若稽古，聖人之在天地間也，為眾生之先。觀陰陽之開闔以名命物，知存亡之門戶，籌策萬類之終始，達人心之理，見變化之朕焉，而守司其門戶。故聖人之在天下也，自古至今，其道一也。變化無窮，各有所歸，或陰或陽，或柔或剛，或開或閉，或弛或張。

〈捭闔篇〉的第一段，讀來有點韻文的味道。「粵若稽古」，這個發語詞看似很奇怪，其實一點也不奇怪。《尚書．堯典》一開始的文字就是「粵若稽古帝堯」，講了堯的偉大事業、光輝的生命人格。因為修《尚書》的時候距離堯、舜已經很遠，所以要經過辛苦的考證，當時人才能說得上來堯一生做了什麼事情。介紹堯出場的時候就說「粵若稽古帝堯」，「稽」就是稽核，像考古一樣考察。根據地下文物或者經典文獻，探討很久以前的事情。要考證，不能胡說八道。考古求證，確實有這個人。這就叫「稽古」。「粵若」是什麼呢？有人說就是發語詞，還有人認為「若」有順從的意思，即順著那些證據的指向去還原歷史的真相，不能夠逆著。明明鐵證如山或者證據不足，硬要瞎掰，都是不可以的。一定要順著實際的證據去找，要嚴謹。如果這樣的話，「粵」作為發語詞就更精簡，「若」還有順的意思。「粵若稽古」，就是我們看有哪一些資料文獻，然後去查證、考核很久以前的事情。「粵若稽古帝堯」就是針對堯的傳說，我們要去看看堯到底有什麼了不起的表現，為什麼幾千年都以他作為一個天下為公的政治典範。

換句話說，鬼谷子的創作絕對受到《尚書》的影響。鬼谷子覺得他的道行很深，其外交縱橫術有很深的思想哲學來源，他就說「粵若稽古」，即我們經過了詳密的考察和非常審慎的考證。「聖人之在天地間也」，聖人再了不起，也是在天地間降生、生長、發展，沒有例外。鬼谷子是縱橫在戰國時期的人物，距今已有兩千多年，但是中國文化歷史悠久、博大精深，他的理論不可能無中生有，他也是一個集大成者。也就是說，他是從那些表現很傑出的古聖先賢留下的文化寶藏中汲取精華。「為眾生之先」，聖人們特別優秀，出類拔萃，領先我們太多，是我們的表率，是我們學習的典範。「先」，說明聖人遙遙領先於我們，他有先見之明，他是時代的先知，如果他沒有給我們樹立一個好的典範，開拓我們的思維，我們都不知道人生要怎麼走。古聖為什麼會有這麼深厚的智慧呢？是因為觀天、觀人。伏羲就是仰觀天象、俯察地理，「鳥獸之文，與地之宜，近取諸身，遠取諸物」（《易經．繫辭傳》）。

「觀陰陽之開闔以名命物」，「命」就是給自然界的萬事萬物命名，以資辨別。就像夫妻兩個生小孩，要給他命名，以後就這樣叫他一輩子。因此我們在給子女命名的時候，希望他平順成長；聖人也是一樣，他對眾生有悲憫心，於是要「命物」。但是命名不是一個簡單的學問，就像自然界日月星辰的運行，萬事萬物就是一陰一陽，陰陽之間還會開闔、演變。對於動態的、千變萬化的、一直在轉換形態的萬事萬物（包括人在內），我們要仔細觀察，像看人的對談，要在他們種種的密切互動中，看戲一樣地欣賞。寒來暑往是陰陽的開闔，《易經》中的十二消息卦是陰陽的開闔，人與人之間的鬥智是陰陽的開闔，天地風雲之變也是陰陽開闔，人突然莫名其妙的情緒變化，必有原因，還是陰陽開闔。一個人早上對你很熱情，差一點就掏心掏肺了，下午突然冷若冰霜，這是怎麼回事？什麼地方得罪他了，還是什麼地方踩到痛腳了？這一開一闔之間都充滿了無限的變化，我們就要去研究那個變化的徵兆。聖人就是這樣「觀陰陽之開闔以名命物」，他憑著先知先覺的能力和觀測的敏感度，看到種種陰陽開闔的現象，從而給它一個描述——「命物」。這種描述可不容易，動物是怎樣開闔的，植物是怎樣開闔的，人是怎樣開闔的，這種陰陽的互動，變化錯綜，無限複雜，可謂「陰陽不測之謂神」，但聖人能觀測到。

「知存亡之門戶」，從開闔之中就瞭解了生死存亡的門戶。我們知道中國的經典中到處都是門戶的概念，像老子講「玄牝之門」，佛教講「不二法門」，《易經》講門戶，乾坤就是《易》之門，還有節卦的「不出戶庭、不出門庭」。門戶這一通道特別重要，能影響到生死存亡。處理不當，沒看懂，可能就有殺身之禍，尤其在帝王面前講話，隨時都有不可測的風險。一句話講對了，富貴榮華加身；講錯了，失掉自己性命不要緊，還會禍及家人。可見，「知存亡之門戶」是何等重要。作為國家的談判代表，一兩句話講不好，可能就影響國家的存亡。孫子說：「兵者，國之大事，死生之地，存亡之道，不可不察也。」軍事如此，外交也一樣，該開的時候有沒有開，該關的時候有沒有關，門戶有沒有不知不覺洩漏，都事關存亡的問題，所以要審慎對待。有時看到對方門戶好不容易打開了，一剎那要關，就得乘虛而入，趕快衝進去，不然被擋在門外，就沒有機會了。

「籌策萬類之終始」，「籌」本來就是以前籌算的工具，「策」就是占卦的蓍草，「籌策」，就是判斷、分析形勢，以預測未來，作動詞用。也就是說，不止人類，包括種種事類、物類，一切事情的開始到結束，結束再開始，從始到終，終而復始，每一個階段都可以料算到。為什麼會如此料事如神呢？因為前面懂得「觀陰陽之開闔」，然後「命物」，知道「存亡之門戶」，故可以「籌策萬類之終始」，讓它結束就可以結束，結束之後還能夠生出新的開始，一切始終都不脫離你精確的觀察、預測、掌控。

「達人心之理」，打仗重要，外交重要，一般的談判、公關也重要，想要贏得勝利，就要懂得人心、人情，要瞭解對方心裡想什麼。很多情況下是「誠於中，形於外」（《大學》），這還好說，但也有「誠於中，不形於外」，有很多的假面具，對於其中的道理，我們就要瞭解、通達。人心是最難瞭解的，也很容易失控，但是不管外面有怎樣的表象、怎樣的活動、怎樣的說辭，他心裡的反應，我們還是要掌握，瞭解其真正的企圖。「見變化之朕焉」，「朕」就是徵兆。履霜時，要曉得堅冰將至。如果「臣弒其君，子弒其父」（《易經．坤卦．文言傳》），要小心國破家亡。這些都非一朝一夕之故，是有徵兆在先的。只有先知先覺的人，才能夠敏銳地感知，能及時處理他就處理了，不能處理時，至少有警覺並做好準備。絕大多數人是後知後覺、不知不覺，完全蒙在鼓裡，大禍臨頭了都還不知道。這就是因為我們看不到變化的徵兆，或者徵兆已經看到了，就是感覺不到其重要性和危險性。聖人就能完全掌握。一旦他看到徵兆，是吉或者是凶，就開始審慎了，這直接影響到他的思想、行為，他會採取行動。如果是好的事情，準備好迎接它的到來；如果是糟糕的災禍要來臨，就趕快調整部署，努力化解危機。這就是「而守司其門戶」。「而」就是能，「門戶」是必經之地，看好你的門戶，門禁要森嚴，不要讓不良分子混進來，裡面的也不可以隨便亂跑出去，就像不能講的話不要亂講。人多少要有這種看門的本領，事業小有基礎的時候，一定要精挑細選，不要讓那些不對勁的混進來，要把壞分子擋在外面，千萬不可為了擴張，以致「撿到籃裡都是菜」，良莠不齊。《易經》家人卦（䷤）就說，我們要成為一家人，一定要經過嚴格的資格鑒定，那就是「閑有家，悔亡」，要嚴格把關，才不會有懊惱的事情發生。我們要培養人才，要造就千里駒，就要養一身的本領，出去才不會出錯，所以嚴格把關是必要的。組織界限分明，這才是「守司其門戶」。自己謹言慎行，也是「守司其門戶」。有些話敏感，有些話容易引起誤解，就算你沒有那個意思也會造成不得了的傷害，尤其是面對重要人物，一定要察言觀色看其變化。對方臉色變了，聲調變了，心情變了，都是徵兆。言為心聲，一定要謹言慎行。只有「守司其門戶」，才能滴水不漏。

「故聖人之在天下也，自古至今，其道一也」，聖人對天下事，最基本的智慧，包括他的做法，自古以來沒有什麼差別。像知機應變，「潛龍」（《易經．乾卦》初爻「潛龍勿用」）的時候就要看出未來有「飛龍」(《易經・乾卦》五爻「飛龍在天」)的可能，這個潛在的因素不要小看，要趕快準備。履霜的時候，自然而然就要想到更嚴重的堅冰即將到來，那就趕快除霜吧，等到霜變成冰就沒救了。自古至今，這些聖人都是領先跑在前面，很多事情早就看到了，早就化解了，我們還不知道，有時被他救了幾次都不知道。其實他的道一點也不繁複，就是「一」。儒、釋、道也有「其道一」的地方，各種不同的法門，不同的方法基本都是這樣。可見，面對智慧不及的、後知後覺的眾生，聖人發悲憫心，用其深刻、領先的智慧，幫助我們看清楚形勢，巧妙地化解危機或者創造新的機會，就是「其道一也」，並沒有什麼不同。老子說：「天得一以清，地得一以寧……侯王得一以為天下貞」，「道生一，一生二，二生三，三生萬物。萬物負陰而抱陽，沖氣以為和」。這種最好的方法、不二法門，掌握事情的整體性，肯定管用的就叫「一」。

「變化無窮，各有所歸」，事物的千變萬化，一定會有一個歸屬。以不變應萬變，化繁為簡，以簡馭繁，事物往哪裡發展，都能進行恰當的回應，怎麼變都不怕，知道它最後會怎樣。「或陰或陽，或柔或剛」，陰陽是比較形而上的，柔剛是非常具體的，在觸感上都感覺得出來。「立天之道曰陰與陽，立地之道曰柔與剛」(《易經・說卦傳》)，地之道就比天之道要具體了，可接觸、可落實。由陰陽發展到剛柔，剛柔相推而生變化，這是我們很熟悉的。同一個事物，有時候呈現陰態，有時候呈現陽態，一直在變，因此我們一定要與時俱進。「或開或閉，或弛或張」，有時打開，有時緊閉。有時鬆弛、輕鬆、節奏放慢，人不能一天到晚繃得那麼緊。但有的時候絕對要緊張，要劍拔弩張、高度戒備，充滿了張力。該緊張的時候緊張，該放鬆的時候放鬆。像《易經》中的蠱卦（䷑），在面對撥亂反正的時候，就必須緊張、嚴肅，而隨卦（䷐）就要儘量放鬆、隨和。隨、蠱兩卦相錯相綜，就是一弛一張。做事情有時要加把勁，有時反而要放鬆，都是看當時的情況而定，因時因地制宜。隨、蠱兩卦就是一弛一張的代表。像蠱卦的「幹父之蠱」，抓貪腐，就不要管他是誰，老虎、蒼蠅一起打，這就是張，把弓箭拉開，隨時準備抓人，對貪腐零容忍。當然，這是政府，對於腐敗問題不能放鬆。從個人的事情來講，也不能一天到晚這麼全神戒備，有時候也得適度放鬆，那就叫隨。一星期上班五天，第六天、第七天就得休息，休息是為了走更長遠的路。所以，人生不能永遠那麼緊張，也不能永遠那麼散漫，要看節奏、對象而「或弛或張」。你的功力不錯，智慧足夠，對手太弱，就不需要太張了，閉著眼睛就可以跟他玩。人不能永遠繃那麼緊，會出問題的；也不能永遠那麼散漫，該張的時候就張，該弛的時候就弛。

一個高手，面對對手，張弛有度，就像《老子》所云：「善數不用籌策。」善於計算的，不必使用籌策。這就是高手，什麼都能算得到，完全不用任何工具。也就是說，智慧到了一定境界，何必還要去占卦、問卜、求籤呢？他的智慧足以瞭解天地變化的數了。一般人腦袋想破了也想不到，高手用膝蓋想一想就想通了。「善數不用籌策」，用籌策，檔次就比較低。人家來請教你對這個問題有什麼看法，還得回家算一卦。高手一掐指，心思一轉，就知道該怎麼做了。有時候沉默不言，人家完全看不出來，還對你很敬畏。《老子》講：「善結無繩約而不可解。」要跟人結交，要發展縱橫交織的人脈關係，就要做到讓人生死相隨，不會叛離。就像隨卦的上爻「拘係之，乃從維之」，周朝八百年的基業就在於維繫人心的力量特別強，老百姓生死相隨。這就叫

「善結」。不是要結交朋友，而是要永結同心。善結的無繩約，沒有任何契約、約定，也沒有拿繩子把大家綁在一起，但是我們之間誰也不會出賣誰，我們的緣分怎麼解都解不開，你中有我，我中有你。沒有有形的約束，沒簽賣身契，也沒上手銬，卻永不分離，不可解。這都是老子講的處世的工夫。「善結無繩約而不可解」之前還有「善閉無關楗而不可開」，一旦他決定不理你了，覺得你這個人亂講話、居心叵測，他就什麼話也不跟你講了，他根本沒有那個關門的動作，但是你絕對打不開了。「善數不用籌策，善閉無關楗而不可開，善結無繩約而不可解」，修為夠、智慧深的人，可以達到那樣的境界，完全不落形跡。我們一般人太依賴籌策，沒有籌策，簡直不會思維了。一定要依靠什麼東西才可以怎樣，都不是高手。而聖人是對任何事情發展的每一個階段，從始到終、終而復始，都可以全面掌握。他不靠工具，就可以料算未來，觀人善惡，瞭解人性人情，瞭解人心的變動，看到變化的徵兆，然後立刻採取防範措施，把必經之途的門戶完全看住。

(二)

是故聖人一守司其門戶，審察其所先後，度權量能，校其伎巧短長。

「聖人一守司其門戶」，「一」就是守一、貞一，「同歸而殊途，一致而百慮」的「一」，「致一」的一。以專注、整體性、純然不雜的態度，才能把門戶看好。「審察其所先後」，要嚴謹審察一件事情先後發展次序的原因。例如，為什麼是春夏秋冬？為什麼是元亨利貞？其先後順序為什麼不能顛倒呢？像《易經》的卦序，前面講完一個什麼卦，然後「受之以」，後面一定跟著什麼卦。我們一定要去瞭解這個先後順序是誰排定的，這個因果關係到底是怎麼回事，那就要下很深的工夫，這就是「審察其所先後」。《大學》也說：「物有本末，事有終始，知所先後，則近道矣。」還不是道，但是很接近道了。任何事情有的先發生，而且先發生的必然帶來後面發生的事情，這個前因後果我們一定要研究透徹。我一直強調《易經》的占卦，演卦容易斷卦難，斷卦必須要具備卦序、爻序的知識，不能夠斷章取義，要搞清楚其變化的時間的準確落點。也就是說，現在清楚了，過去清楚了，未來自然就清楚了。「審察其所先後」有一個時間的因素，不是平面、靜態的，A＋B不保證等於B＋A，代數裡面的交換律在這裡絕對行不通，A在前與B在前，結果天差地遠。就像下棋，先下哪一手，再下哪一手，順序無比重要。古代那些說客要去說服國君時，先去見誰都是要慎重的，而且那是第一關，絕不能失敗，非成功不可。一旦談妥了，你就有籌碼了，然後就可以再去見誰，這樣才更有把握，一切都好談。如果你選了一個最難的下手，絕對談不攏，那就沒有任何籌碼了，後面的就無從進行了。所以先做什麼，後做什麼，本末、終始非常重要。《易經》中的蹇卦（䷦），這麼艱難的一個局面，如何整合，如何風雨同舟，化解困難，蹇卦的上爻就懂得先做什麼、後做什麼，絕對不會糊裡糊塗，他一定要幫「九五」去除心腹大患——內部派系的紛爭，即蹇卦的第三爻——化解內部的阻礙。如果能夠說服三爻配合中央，帶著上爻跟三爻的關係，說服三爻，幫五爻解決了問題，再去見五爻，這時五爻一定給你一個熱烈的擁抱。如果你不幫他解決第三爻窩裡反的問題，直接跟他擺龍門陣，他的氣不打一處來，你就慘了。蹇卦的上爻就特別懂得這一點，要帶著見面禮，其爻變為漸卦

（䷴），既代表一個雁行團隊，又曉得循序漸進，懂得沒有寸功不能隨便去見國君。可見，前面不打下深厚的基礎，後面期待有什麼樣的發展，那是不可能的事情。諸如施政、做學問、搞創作，都有先後的問題，沒有先就不會有後，時間的次序千萬不能搞錯。

「度權量能」，度，要有一把客觀的量尺去算，哪一個時間點合適，哪一個位置合適，要很科學，很精確。我們去忖度人家的心意，瞭解人情，就像《大學》所說的「絜矩之道」，前後、左右、上下所有的人際關係，要得到平衡。不能動不動「事無不可對人言」，有很多事情對左右副手完全要保密，對下面講的東西不見得對上面也可以這麼講，要有所權衡。這就是「度權」。權也是力量，你有權會不會用呢？總統有權，但是不會用也沒用。用權的人就要懂得權衡事理，不能死板地背法條。《易經．繫辭傳》所說的憂患九卦中，工夫最高的就是巽卦。「巽以行權」，不管你用哪一招，反正結果好，人家也看不到；「稱而隱」，最後就做得很圓滿。這樣才算能夠掌控全局的節奏，可以決定很多事情的最終結果。戰國時期的縱橫家，往來於大國之間。他們去跟國君談的時候，對這個國家的資源、地理位置，以及鄰國的形勢，都清清楚楚地做過地毯式的研究。「量能」，每一個國家的權不一樣，每一個國家的能也不一樣，都要經過度量。大國小國不一樣，它們之間相處的關係如何，也得量。權、能，都得度量。

還有「校其伎巧短長」，校就是比較、較量。「校其伎巧」，不只是對一些資源進行概括評估，還包括運用那些資源的方法技巧，如外交辭令、作戰技巧等都在內。用力少而成功多，是因為懂得運用槓桿的支點，這就是技巧。技巧是短還是長，決定輸贏成敗。外交也稱「長短術」：哪一些地方是你所短，就要避其短；哪一些地方是你的長處，就要用其長。而且長短是相對的，不是絕對的，跟對手較量或者跟合作的夥伴配合時，我們要以己之長，戰勝敵人之短，絕對不能倒過來，用自己的短處去跟人家的長處拚。有一部書叫《長短經》，原理也是如此。《易經》中的兌卦是專門講話術的，文辭簡短，沒有長篇大論，但是它完全把意思表達出來了。

這裡的「校其伎巧短長」，是要較量列國之間的實力短長、度權量能，一定要通過比較之後，才能夠看出優劣，決定是要合作，還是要結盟，還是要打仗。這跟《孫子兵法·始計第一》很像：「故校之以計，而索其情，曰：主孰有道？將孰有能？天地孰得？法令孰行？兵眾孰強？士卒孰練？賞罰孰明？吾以此知勝負矣。」所以，《孫子兵法》是「始計第一」，《鬼谷子》是「捭闔第一」。

（三）

夫賢不肖、智愚、勇怯有差。乃可捭，乃可闔；乃可進，乃可退；乃可賤，乃可貴；無為以牧之。審定有無，與其實虛，隨其嗜欲以見其志意。微排其所言而捭反之，以求其實，貴得其指。闔而捭之，以求其利。

「夫賢不肖」，人天生就是這樣，一定有一些人賢，有一些人不肖。「智愚」，有些人就超級聰明，有些人就笨。「勇怯」，有些人天不怕地不怕，勇氣十足；有人就怯弱，什麼都怕。天生萬物，自然而然就有差別，這是沒有辦法的事情。

沒有辦法要求完全平等，正是因為有差距，「乃可捭，乃可闔；乃可進，乃可退；乃可賤，乃可貴」。有差距才可以捭闔，沒有差距還不知道怎麼操作呢。有智慧的人鬥智的時候，就可以把愚笨的人搞得團團轉，因為他們的智慧有差距。勇敢的靠著一股勇氣，勇往直前，光氣勢就贏了怯弱的人幾分，因為他們有差別。賢、不肖、智、愚、勇、怯，這種天生必然有的差別，使得我們面臨諸如國力的差距、聰明才智的差距、資源發展的差距時，可捭可闔，可進可退，可賤可貴。王羲之〈蘭亭集序〉說：「天下之大，品類之眾」，萬事萬物太多了，怎麼可能沒有差別呢？有差別才熱鬧。「乾道變化，各正性命。保合太和，乃利貞」（《易經．乾卦》），每一種資源不一樣，形形色色，要讓它們能夠和諧相處，合起來能產生很大的正能量。

「無為以牧之」，無為不是沒有作為，而是什麼都能做，就像老子所說的「為學日益，為道日損，損之又損，以至於無為，無為而無不為」。因為嗜欲淺，天機深，親近自然，看到了天下眾生的差距。這個差距掌握在手，你要幫誰，或者希望有怎樣的結果，你就可以操作：想要闔就闔，想要開就開；也可以讓他進、讓他退。然後自己不會隨著貴賤、進退、開闔受影響，而是主導整個形勢的發展，要「無為以牧之」。「牧」就是像牧羊人一樣，這些都是羊，驅而往，驅而來。《孫子兵法》講「若驅群羊」，要他去哪兒就去哪兒，完全聽你調動，絲毫不能反抗。這一切都因你創造出這樣的形勢，你是主導，像牧羊人一樣。基督教的牧師在臺上講道，他要控制全場，要讓下面的人都覺得歡欣，最後還要唱聖歌。牧師的譯法從中國的文化脈絡中來，是很美的一個詞。牧師者，羔羊之牧，道義者師，所有的羊一隻都不能跑掉，要把迷失的羊全找回來。《易經》中的謙卦就說，謙謙君子，用最低調、最謙和的態度，成功渡彼岸，靠的就是「卑以自牧也」，自己養自己，管得住自己。有時候，我們人生出現狀況，就是牧得不好。「無為以牧之」，好像什麼也沒做，但是那個東西絕跑不掉。他看到世間萬事萬物的差別，就可以去操作運用，可捭可闔，可進可退，可賤可貴，隨心所欲，而自己不會隨波逐流，跟著失控。

「審定有無，與其實虛」，陰陽剛柔，虛實有無，有時候要無中生有，有時候明明有，也要假裝成沒有，這些操作，我們要審定。比如，給人一個永遠不可能真正圓滿實現的夢想，也有可能激發很多人追逐那個夢想，產生很大的能量。那個夢想可能沒有辦法落實，但是達到了我們階段性的目的。一般人都是不滿足於現實的，所以提出一個跟現實不一樣的夢想，望梅止渴，畫餅充饑，有時反而能激發出意想不到的大能量。《易經》升卦第三爻稱「升虛邑，无所疑也」，人只要相信一個東西，就算是假的也想變成真的，這就是「虛」的利用。有時是實的利用，有時是虛的利用，虛虛實實，讓人捉摸不定。《孫子兵法》不是有〈虛實篇〉嗎？我們要知道虛實，還要懂得操作運用。「隨其嗜欲以見其志意」，人與生俱來都有嗜好，都有欲望，莊子就說：「其嗜欲深者，其天機淺。」這是百分之百的真理，任何國家、任何公司、任何個人都有嗜欲。無為的聖人審定有無、虛實之後，順著他人的嗜好、欲望，瞭解他心中的主張，他的起心動念全掌握在手。對方的意志表現在外，常常是嗜欲在發揮作用，除非他是有道之士或者修為非常高。人一定是受制於他的嗜欲，嗜欲就顯現出他的企圖，那是一個人致命的弱點。喜歡錢的，只要碰到金錢的事情，馬上暴露出很多破綻、弱點，你就可以操縱利用，做明確的辨別。一旦對方有致命的嗜欲，我們順著他的嗜好和欲望，就可以知道他真正的企圖，對付他就很容易了。所以，我們要想知道對手想幹什麼，一定要讓他的意志曝光。莊子說人的嗜欲要淺，《易經》損卦（䷨）要「懲忿窒欲」，就是因為嗜欲太重時，你與別人的對抗、較量，就很可能失敗。一個人嗜欲越淺，天機、商機、兵機就越深，他做什麼都有高境界，沒有多少弱點，就不容易被對手利用，別人當然無從對付。

下面就講到與別人此來彼往言詞交鋒的狀況，這是鬼谷子的實際人生經驗：「微排其所言而捭反之，以求其實，貴得其指。」世界是鉤心鬥角的，雙方過招，你一言我一語，不管在會議場上，還是在談判場所，我們講的話恐怕真的東西不多。而人家跟我們講話時，好像完全沒有私心，但你不要馬上就相信，這個人不可能這麼大公無私，不可能那麼偉大，但你也不要直接揭穿他。「排」就是不接受，對方冠冕堂皇，講了這個又講那個，你並不是馬上就無條件接受，可是也不要用很大的動作去拒絕對方，否則對方更深的用意就顯現不出來。這就是「微排其所言」。你不講，就一副懷疑的樣子，讓他感覺到他說的沒有取信於你。既然他沒講真話，那要如何引誘他講出真話呢？「捭反之」，他講的不是心裡話，不是他真正的企圖，對我們來說他是設防的，心門是關起來的，那麼，我們要聽真話，瞭解他的真正企圖，就要想辦法引誘他不知不覺地把心門打開。我們沒點頭接受，但是並沒有激怒他，假如他想要說服我們，發現說假話沒用，我們把他擋回去，他就要考慮換一個說法或者把原先還沒說的內容透露一些出來，那就是我們的目的——「以求其實」。如果他完全沒有透露「實」，怎麼繼續往下談呢？

對方第一次的嘗試無功而返，很快會提出第二個方案，希望得到我們的認可——「貴得其指」。他到底要什麼，這是我們要掌握的主旨。我們要求實，虛的東西我們不接受，實中還有那個「指」，即他的關鍵大要。可見，我們要學會辨識，辨識對方前面哪些是胡扯、是釋放煙霧，就要想辦法用一種不破壞雙方談判的方法使對方調整說法，讓對方掏出一點乾貨，把真話說出來。可能有一些不是要點，那麼我們就要掌握其要點。這就是「捭」的動作，引誘對方把心門打開，把裡面真實的資訊放出來。「以求其實」，還要求實中的關鍵處。有時候我們要保持沉默，「闔而捭之，以求其利」，一定要逼出對方更多的真相，讓他著急，知道他沒有真正說服我們。經過了幾次交鋒之後，他必須透露更多、更真實的資訊給我們。我們需要的資訊他還沒有完全透露，我們就保持沉默，是一個關閉的狀態，逼著他放出更多的資訊。沉默的力量是非常可怕的，可以強大到摧毀對方的心防。

（四）

或開而示之，或闔而閉之。開而示之者，同其情也；闔而閉之者，異其誠也。可與不可，審明其計謀，以原其同異。離合有守，先從其志。即欲捭之，貴周；即欲闔之，貴密。周密之貴微，而與道相追。

「或開而示之」，我們要開示他，有時候可以明講；「或闔而閉之」，有時候我們不講，但是至少讓對方明確知道我們不滿意。「闔而閉之」，主要是保護我們自己的想法，讓對方感覺我們高深莫測。也就是說，對方開出的條件如果我們認為還不是實話和真正的底線，那我們可以保持沉默。沉默的抗議會讓對方著急，下面就會釋放出更多的條件，透露出更多的真實資訊。

「開而示之者，同其情也」，對方顯現了他的誠意，我們也不能完全不講，把一些可以講出來的東西告訴對方，雙方分享資訊，就可以獲得共同的立場，拉近彼此的距離，引起共鳴。距離一旦拉近，那就可以繼續往下談。對方表現了一定的誠意，我方也表現相對的誠意，雙方獲得共鳴，這就是「開而示之」的效果。

有時候要「闔而閉之」，對方怎樣逼問我都不再講，因為「異其誠也」，代表雙方有分歧，也就是說我對你的誠意有懷疑。既然你不完全跟我講真話，我就沒有必要跟你都講真話。這就表示對你缺乏誠意的談判態度不滿意，多談無益。酒逢知己是「開而示之者」，「同其情也」千杯少；「話不投機半句多」，就是「闔而閉之者，異其誠也」。既然雙方想的不是一回事，那就別浪費時間了。可見，人的閉口不言跟開口講話，講多講少，都直接影響雙方的互動。知彼知己，百戰不殆。如果談幾句之後，發現道不同，那就別浪費時間，不相為謀，還不如吃飯聊天。如果發現可以談，但是躲躲閃閃，我們就要利用這種高度的敏感，做一些誘引的動作，使對方打開心門。

《易經》中的同人卦（䷌），想要「同人於野，利涉大川」，即跟全世界不同種族、不同宗教、不同習性的人溝通談判、和平共存，同人卦的君位就是「先號咷而後笑，大師克相遇」，剛開始很不順，但一旦顯現實力，就排除了障礙。同人卦第五爻爻變就是離卦（䷝），網路建構起來了，大家消除了彼此的猜忌，可以永續了。孔子在〈繫辭傳〉中對這一爻就說：「君子之道，或出或處，或默或語。二人同心，其利斷金。」「或默」，有時候保持沉默是最好的，不講，即不表示贊同，不置可否。「或語」，有時候需要講。有時是沉默好，有時是講好，但是目的都是讓雙方建立共識，克服障礙，達到雙贏局面，最後的目的就是要同心，「其利斷金」。「或默或語」，沉默有時是最佳的表達，在人際交往中，沉默是最可怕的。他不罵人，也不打人，就保持沉默，光是那個沉默就有極大的殺傷力。夫妻間吵架不也一樣嗎？有時候沉默最可怕。明明很生氣，怎麼不講呢？不講最可怕，你笑也不是，哭也不是。這在《易經》中就是「不言之象」，沉默的力量才可怕，所以我們要善用。但是，有時候就必須要講一點，要花招或者轉移視線，那就沒意思了。雙方都有一定的實力時，既然要談，最好真誠地交流，不必繞圈子。記得在二十多年前，我在出版公司做總經理，管業務部門，那些業務員個個都是驕兵悍將，公司花很大的成本養他們，他們做出一點點的業績就讓財務非常緊張。每個月的月初要開業務檢討會，提出下個月的計畫。我是文人帶兵，要壓得住這些傢伙，該怎麼訓話呢？於是就占一卦，結果是兌卦（䷹）變艮卦（䷳），兌卦是會說，艮卦是根本不講，這不就是「或默或語」嗎？我就恍然大悟了。第二天主持業務彙報的時候，那些業務代表拚命解釋，唧唧歪歪，還有一個副總經理講了半天，我一句話也不講，他們一看就有點心裡打鼓了，是不是要開除？是不是要裁員？我就是裝作很不爽的樣子，完全不講話，隨便你們講什麼，我都「無為以牧之」，這下他們緊張了。你看，《易經》指示得多好，結果那個月他們拚命動員力量，也不敢藏私，第二個月的業績就把第一個月的損失補回來了，還有餘。可見，沉默是很可怕的，我們要善用沉默。有時兌卦的能說會道完全無效，你講什麼都沒有用；艮卦則完全不講，對方猜不透，壓力就產生了。佛祖拈花微笑，完全不講話，悟了的只有迦葉，大多數人還是笨蛋。所以，大家要鍛煉這種默契，一切盡在不言中。在實際的商務談判、政治談判、外交談判中，「或默或語」就是鬥智的高明手段。

「可與不可，審明其計謀，以原其同異」，談判到最後總有可行、不可行的判斷，能不能夠繼續談，是否關閉談判的門，都要認真考量。「審明其計謀」，像問案子一樣，一定要搞清楚。

因為彼此為了自己的組織、國家的利益，一定會想辦法爭取最大的利益空間，得到最好的條件，要做到這些不可能不用計謀。「審明」即知彼知己，瞭解敵方的計謀，想清楚我應該用什麼辦法去對付。「以原其同異」，「原」是動詞，即追本溯源。對方為什麼會突然講出這樣一句話，做出這樣一個動作呢？一定有原因，你要找出那個根源來。冰凍三尺非一日之寒，搞不好幾十年前或者是什麼時候，你得罪了什麼人，根本就不知道，只會覺得沒道理。我們會有同，也會有異，同就是「開而示之，同其情也」，什麼叫異？「闔而閉之者，異其誠也」。夫妻有同異，父子有同異，同學有同異，師生也有同異，我們要徹底瞭解，追本溯源，找出分歧。要知道，有些人善於藏心事，隱藏心中的不痛快，有時真的可以藏半輩子，累積到一段時間，因為一個特殊的誘因，或者面臨某一種時空環境，他爆發了，以致大家大吃一驚：怎麼回事？怎麼會這麼失態，他怎麼會突然講出這些奇怪的話呢？所以，我們要追溯原因，對照目前言行的結果，找出異同，能化解的就化解，不能化解的也要找出原因來，不找怎麼解決問題呢？

「離合有守，先從其志」，人際交往如同網路，都有一個標準，離合都得有原則，不能感情用事，尤其是談判。代表團體談判，是決定離還是決定合，不能沒有原則。像外交官談判，一定要謹守底線，有一個大原則，即以整體的利益為依歸，而不是依從個人的情緒。「先從其志」，瞭解對方，並不代表你接受對方，但是先讓對方提建議，你不要太快出招。你如果佔一定的優勢時，更不必那麼積極，要讓對方著急。如果真正是同，還有合的可能。如果是不同，不能談了，就必須離開。雖然有這種離合的考量，也一定要堅守自己最重要的底線、原則，探到對方的心志之後，隨順對方的心志再做進一步的考察，不要直接推翻或者桌子一掀就走了。這就是「離合有守，先從其志」。真正懂得談判的人，絕對不會意氣用事，不會中途掀桌子或者集體退出。因為人在自己的志向確定之後，就算被我們探測到一定程度，他還會順著這種邏輯去想，我們就要再發展、再深入，看他到底是怎樣想的，不能意氣用事地放棄。所以，談不攏就再見，談得攏就逐步滲入，一定要有規範，不要感情用事，要「無為以牧之」，以整體的利益為考量，絕對不以個人的情緒意志為轉移。麻煩在於有時無法從其外在的言行，找到其內心真正的意思。我們只有一層一層地剝，才可能找到核心的想法。

「離合有守，先從其志」，注意這種開闔的互動，「即欲捭之，貴周；即欲闔之，貴密」。「即欲捭之」，假定認為還有希望，對方還沒有完全打開心門，一定要周全、周密地考量，他還沒有打開，只是開了一半，我們要引誘他再打開一點，對事情的判斷一定要以全方位的瞭解為基礎。引誘他從關閉狀態到打開一半，再到打開三分之二，甚至全開，講出真話，「貴周」，貴在周密。我們要掌握全面的資訊，那些漏掉的局部資訊搞不好就是關鍵資訊，所以要思考周密，方法也要周密。「即欲闔之」，我不想跟你談了，「貴密」，就要保守機密。因為大家鉤心鬥角，每個人都不可能一開始就全講真話、把所有的底線都拿出來。如果關鍵的資訊沒有必要讓對方知道，那我就絕對不講，要密不透風。

「周密之貴微，而與道相追」，「微」就是隱微不顯、精微、微妙。周密，還要照顧到最細處都不洩露。我希望人家暴露更多，自己守住更多，就要在小處周密，譬如眼神、肢體細微的動作，都要用心做到自己隱微不顯，同時，觀察對方顯露的資訊。因為那都是機微之處，知機才能應變，這樣子才合乎談判之道。我們雖然不敢說完全符合道，但跟道的差距不會太大，即「與道相追」。換句話說，主導我跟一個難纏的對手談判的道，始終都不要脫離。如果有差距了，落入下風了，我得趕快追上。周密貴微，要探到人家更多的資訊，我要「貴周」，而自己有一些東西是打死都不能讓人家知道的，就要「貴密」。《孫子兵法》講用間時，就說「無所不用間」，「微乎微乎，至於無形」，「無形則深間不能窺」，最深的間諜都不能窺視我們真正的奧秘。還有「智者不能謀」，對手再有智慧，都沒有辦法謀劃好對付我們的手段。

「周密之貴微，而與道相追」，這樣才合乎道，始終不能偏離這個大原則。《易經》節卦（䷻）第一爻「不出戶庭，无咎」，〈繫辭傳〉就說「君不密則失臣，臣不密則失身，幾事不密則害成，是以君子慎密而不出」，這說得非常有道理。節卦初爻講的就是保密的重要性，要是你一不小心洩露了，不管是有心無心，或者中了人家的計，人家就從你洩露的局部，馬上可以推出全局，然後就破獲了機密，然後你就完蛋了。節卦第一爻就告訴我們，守不住機密，不能周密，不能用心於微，爻一變就是坎卦（䷜），無限的風險就來了。節卦卦象是澤中蓄水，初爻為陽爻，一變陰爻就洩底了，水就流光了。任何人、組織、國家都有機密，不管是商業機密、軍事機密、外交機密，保密沒有那麼簡單的，一定要周密。你看很多的捭闔事例就知道了，人總是希望捍衛自己，想多知道人家的事情，不想人家多知道自己，那就要雙方過招。有時在不知不覺中你就講多了：人家發現你打死都不講，就請你去一個輕鬆的地方喝喝酒、聊聊天，你就講出來了。

第二段結束了，我們再回顧一下：「是故聖人一守其門戶，審察其所先後，度權量能，校其伎巧短長。夫賢不肖、智愚、勇怯有差。乃可捭，乃可闔；乃可進，乃可退；乃可賤，乃可貴；無為以牧之。審定有無，與其實虛，隨其嗜欲以見其志意。微排其所言而捭反之，以求其實，貴得其指。闔而捭之，以求其利。或開而示之，或闔而閉之。開而示之者，同其情也；闔而閉之者，異其誠也。可與不可，審明其計謀，以原其同異。離合有守，先從其志。即欲捭之，貴周；即欲闔之，貴密。周密之貴微，而與道相追。」我們可以貶低、抬高對方，但是自己一定要如如不動，始終掌握整個議程，心不要亂。你越無為，對方所有的有為，你都能看得透亮。你自己要是亂了，那就什麼也看不清楚了。要掌控全局，審定有無、實虛，得到我們要的真實資訊，從資訊中掌握要點。可以保持沉默，利用沉默的力量，打開可能獲益的空間，也可以顯現你的善意，雙方真誠對話。大家想法不同，可與不可，一定要找到根源。「開而示之者」，採取比較坦率交流、開放的態度；「同其情也」，只要雙方在情上面相通，交流就比較順暢。「闔而閉之者，異其誠也」，為什麼突然不說了、不表態了？因為發現我們不是同道，不容易有共識。那就明確表示，當然也不見得一定要講出反對意見，不說話即可。「可與不可」，最後決定到底可不可以合作，可不可以達成共識，還得下工夫，不是感情用事，要「審其計謀，以原其同異」。徹底搞清楚真假虛實、有沒有合作的可能、還值不值得談下去，以便做出重大抉擇。如果連同和異都搞不清楚，那還談什麼呢？有些人明明不是一路人，卻還拚命往上湊，忽略了他們之間巨大的差距，怎麼可能組成攻守同盟？有同的地方，有絕對不同的地方，為什麼會有一些地方同，或者同志之間變成異了呢？到底什麼時候種下的根呢？一定要把緣由找出來。中國當年跟美國建交，原因之一就是要共同對付蘇聯。美國跟中國的意識型態相差很遠，為什麼能同呢？因為越戰剛結束，美國吃了大虧，根本就是吃了敗仗。鄧小平一九七九年訪問美國，就說要教訓越南，美國同意與否已經不重要，中國就是藉美國之行震懾蘇聯。結果中國反擊越南，蘇聯只講了一些輕飄飄的話，動都沒動。

另外，我們看「離合有守，先從其志」，這個「其」到底是指我方還是對方？這就是中文的精煉之處。《孫子兵法》裡面就有好多這種「其」。中文的筆法有很多沒有主語，為什麼過去的中國人都看得懂呢？《易經》的爻辭有時也是莫名其妙，居然沒有主語。中國人就活在動詞裡頭，奇怪的是大家都懂，也不會產生誤解。所以我特別佩服那些把這種經典的文字翻譯得很精確的人。像衛禮賢，他是德國人，在青島住了幾十年，非常熟悉中文，他才能做這樣的翻譯工作。如果不懂得語文脈絡，我剛才講的所有這些「其」，就很讓人頭疼了。「先從其志」的「其」如果是指談判對手，你掌握了他的心意之後，就順著他的思路，先聽聽，看他講什麼。一旦你「從其志」了，他就越講越歡，講出來的東西就越多。這是一種。還有一種「先從其志」，是從自己的志，從頭到尾都「離合有守」，絕對不會犧牲底線，對方講的如果違背了你的底線，根本就不要談了。像很多外交官談判的時候，現場隨機應變的辭令，「老闆」是不可能事先教他的。「老闆」只告訴他一個底線，必要的時候什麼可以讓，但是最後一定要談判成功，這就是「受命不受辭」。打仗也是一樣，怎麼打那是你的事，但是不能打輸。所以「其」就如「一」，像元亨利貞的「貞」，超過底線就不能同意，這個原則一定要把握。如果是這樣，「從其志」的「其」就是指大原則。不管談判怎樣變化，我永遠把握利益的底線，絕對不會犧牲原則去換取一些不可靠的東西。這就是談外交的比卦（䷇）的第二爻。比卦第二爻在講「比之自內，不自失也」，我們跟人家談判合作，希望取得某種利益，但絕不能喪失獨立自主的原則。交朋友不代表我賣給你了。外交是內政的延長，絕對不要犧牲獨立自主的原則，否則就會成為附庸。

（五）

捭之者，料其情也；闔之者，結其誠也。皆見其權衡輕重，乃為之度數，聖人因而為之慮；其不中權衡度數，聖人因而自為之慮。

鬼谷子的文章，即使你常讀古文，讀起來都有點費勁，因為這個人確實很「鬼」。假如他真是住在雲夢山水簾洞裡面，在那種陰濕的環境下，不這麼寫文章大概也不行。他寫的內容，每一個字我們都認識，但是不見得真明白他在說什麼。從以前的那些注解來看，大家是在猜他的意思。他的門下出了那麼多縱橫家、兵法家，這個人的心思確實很深沉。他的深沉影響辭章的表達，跟我們熟悉的老子的深沉又不一樣。老子比他博大開闊，鬼谷子機敏，而且城府特別深。揣摩人家心中真正的意圖，他有獨到之處。那麼應該怎麼體會其意思呢？光靠一個人在家裡想是不行的，要跟社會互動，諸如談判、溝通、交流、公關，揣摩對方的行為、語言，包括語氣、氣色、態度上的種種變化，也就是說要實際接觸，不然我們根本不曉得鬼谷子所講的到底是怎麼回事。要知道鬼谷子這一套思維，主導了整個戰國時代那個大爭之世，處在那個時代，不爭是不可能的，爭就不希望落入下風。我們之所以到二十一世紀又開始重視鬼谷子的思想，一方面它是整個民族的文化遺產，另一方面就是現在全世界靠硬幹能解決問題的不多。軍事、征戰的效力是有時而窮的，而且成本太高、代價慘重。現在外交縱橫的領域無比重要。《孫子兵法》講「上兵伐謀」，在計畫階段就把敵人摸透，事先做趨避的動作，搶佔先機。「其次伐交」，就落實到這種合縱連橫的外交上了，這時就不只是鬥力，而是鬥智了。現在的中國面臨極其複雜的國際局勢，美國已經把假面具摘掉，直接力挺日本。嚴格來講，美國從羅斯福總統之後，都在走敗家的路。對中國來說，實力強、實力弱是一回事，外交絕對可以彌補不足，也就是要講求鬥智的學問。

我們回到正文：「捭之者，料其情也。闔之者，結其誠也。皆見其權衡輕重，乃為之度數，聖人因而為之慮；其不中權衡度數，聖人因而自為之慮。」先看「度數」，《易經》哪一卦要注重「度數」？節卦，節氣的「節」。大自然的節氣，陰曆、陽曆皆是度數，科學得不得了，差一天都不行。節卦講「制數度，議德行」，分寸恰到好處，要想發而中節，一定要權衡輕重。就像謙卦要求平衡，要弭平爭端，要改善貧富不均，就得聚多益寡、稱物平施。任何東西都有輕有重，有小國、大國，有小公司、大公司，我們一定要衡量好，「乃為之度數」。度數，就可以量化，掂量自己的分量，想清楚怎樣出招，放出什麼資源，有什麼樣的合作空間。

「捭之者」，就是「料其情也」，我們要克敵制勝，跟誰接觸都得「料其情」。對方到底在想什麼，一定要弄清楚。人絕對不可能擺脫這個情，我要打開、要引蛇出洞、要表態，為的是看清對方是真的附和還是假的附和。如果我不做「捭」的動作，就不容易掌握對方到底在想什麼。「闔之者，結其誠也」，不談了，關上了大門，沒有什麼好談的了，或者你的態度、對方的態度需要修正，那就不必強求。志同道合才能合作，利害與共才可以風雨同舟。不管是「料其情」還是「結其誠」，要搞清楚敵我的實力真相和對方的真正企圖。有時候是開，有時候是闔，都要做得恰到好處，「皆見其權衡輕重」，經過周密思考，不是意氣之爭、感情用事，而是稱量過了。《孫子兵法．形篇》就講「稱生勝」，發展結構越均衡，該稱量的都稱量了，勝利才會到來。

敵我差距、綜合實力的對比，叫「稱生勝」。所以稱是不能亂來的，「權衡輕重」就要「為之度數」，有很多的指標，「聖人因而為之慮」，這樣就有一個度數、有一個客觀的標準，那就可以深思熟慮爭取最大的利益。要是「其不中權衡度數」呢？完全沒規矩、沒制度，那還要不要跟他進行合作？不必了，「聖人因而自為之慮」，既然絕對不是一個好的合作對象，就像蘇秦、張儀之流，發現這個國家不行，國君絕對不是可以輔佐的，有時候還會惹來殺身之禍，那就「自為之慮」，替自己打算，千萬不要愚忠愚孝。扶不起的阿斗為什麼要扶？這就是縱橫家的冷靜。他們為什麼可以朝秦暮楚？原因就在此。「中權衡度數」，就可以幫他出謀劃策。如果經過一番交談之後，發現這個國家沒有救，或者望之不似人君，那就不必殉主，甚至發現對方有不少弱點、破洞，實在補不了，那就再砸大一點，讓他垮掉，自己從中分得利益。這就是縱橫家。所以，你遇見這種人，要小心，他可能坐收漁利，有可乘之機，就會佔便宜。

現在的企業，老闆在選員工，員工也在選老闆。如果「不中權衡度數」，何必費心呢？就自己幹了。但是，話是這樣說，問題是人有感情包袱，桃園三結義就是這樣。劉、關、張兄弟情深，願求同年同月同日死，結果一語成讖，三人之死相差不了幾天。劉備死後怎麼辦呢？留下一個阿斗，阿斗就「不中權衡度數」。諸葛亮很聰明，卻死在感情用事上，硬是要輔佐這個扶不起的阿斗。劉備臨死前也是睜著眼睛講假話，對諸葛亮說阿斗能輔佐就輔佐，要是認為阿斗不行，你就自己幹。其實真的是這樣嗎？非也，這是拿話堵住諸葛亮的異心。諸葛亮必然「鞠躬盡瘁，死而後已」。如果諸葛亮「其不中權衡度數，聖人因而自為之慮」，還有阿斗嗎？三國的歷史估計要重寫了。

（六）

故捭者，或捭而出之，或捭而內之。闔者，或闔而取之，或闔而去之。捭闔者，天地之道。捭闔者，以變動陰陽，四時開閉，以化萬物；縱橫反出，反復反忤，必由此矣。

「故捭者」，又回到「捭闔」的動作，「或捭而出之，或捭而內之」，「內」即納，「出」就是趕出去。藉著捭的動作，趕出去或吸納進來。「闔者，或闔而取之」，保持沉默也可以，有時沉默反而能要到東西。「或闔而去之」，人家一看你不理他，就真走了。捭出捭納，闔也可能「闔而取、闔而去」，看你最終是想出還是想納，是留他還是趕他走。

「捭闔者，天地之道」，捭闔是自然的道理。〈繫辭傳〉就說「一闔一辟謂之變，往來不窮謂之通」。這是自然的法則，就看你如何巧妙運用。「捭闔者，以變動陰陽，四時開閉，以化萬物」，捭闔可以使陰陽產生變化，使四時交替循環，使萬物得以存續。後面就提到了「縱橫」，有人認為有衍文。「縱橫反出，反復反忤，必由此矣。」清朝的俞樾就說「反出」和「反忤」是衍文，念起來文氣也不順，他說應該是「縱橫反復，必由此矣」。縱橫反復，錯綜交互，一下往這兒、一下往那兒，一下出、一下入，就像天地的「變動陰陽，四時開閉，以化萬物」，萬物不可能不受自然環境的影響。「縱橫反復，必由此矣」，從養生到治國，沒有任何人能夠擺脫自然法則的影響。拿掉「反出、反忤」，確實比較順。

（七）

捭闔者，道之大化，說之變也。必豫審其變化，吉凶大命繫焉。口者，心之門戶也。心者，神之主也。志意、喜欲、思慮、智謀，皆由門戶出入。故關之以捭闔，制之以出入。

「捭闔者，道之大化也，說之變也」，作為說客，有時候說不通，就得換一招，將以前的說辭暫時擱置，看別的說法能不能打動對方的心弦。「大」字，有的版本就認為是多餘的字，因為與下文不對稱，應該是捭闔這個動作，是「道之化，說之變也」。自然的為化，人的言辭叫變。

「必豫審其變化」，「豫」即預測，要佔先機，早一點看出未來的變化趨勢，這樣的話管理成本才會低。「必豫審」，像審案子一樣精確，預測其未來的變化。「吉凶大命繫焉」，得失、成敗、吉凶、輸贏的大命、天命，就繫於此。這完全是真刀真槍的較量，不能出差錯。談判是千變萬化的，有些人只有一個說法，不會變招，人家是尊重他，不好意思叫停，他還在拚命地講，不懂得換一個說法，這樣談判怎麼會贏呢？春夏秋冬季節變換，才有萬物的生長。人也是如此，窮就必須變，變才會通，而且還要提早掌握，「豫審其變化」。你的吉凶、天命都繫於此，如果沒有這個能力，就不要出來丟醜。

「口者，心之門戶也」，我們心裡想什麼，藉著我們的口說出來。「心者，神之主也」，心是神之主。一個人有心、沒心，絕對不一樣。「志意、喜欲、思慮、智謀，皆由門戶出入」，內心的任何想法都是由口表達出來的。《易經》中要我們慎言，就是因為「君不密則失臣，臣不密則失身，幾事不密則害成」。禍從口出，病從口入，故頤卦（䷚）告訴我們一定要「慎言語、節飲食」。「故關之以捭闔」，捭闔一定要恰當。「制之以出入」，要限制某些人事的出入，不能沒有門禁、門檻。所以，絕對不可以亂講，甚至有時一顰一笑都要小心，因為怕人家誤會。言者無心，聽者有意，搞不好你就樹了一個一輩子的敵人，還搞不清楚什麼地方得罪了對方：不該笑的時候笑得太燦爛；人家講話的時候，你冷笑了一下；再不然他意氣風發一通講話，結果你什麼也沒說。要是碰到記仇的人，會無理由地恨你一輩子。

（八）

捭之者，開也，言也，陽也；闔之者，閉也，默也，陰也。陰陽其和，終始其義。故言長生、安樂、富貴、尊榮、顯名、愛好、財利、得意、喜欲，為陽，曰始。故言死亡、憂患、貧賤、苦辱、棄損、亡利、失意、有害、刑戮、誅罰，為陰，曰終。諸言法陽之類者，皆曰始，言善以始其事。諸言法陰之類者，皆曰終，言惡以終其謀。

「捭之者，開也，言也，陽也」，這個很好理解，捭就是開，就是言，就是陽。「闔之者，閉也，默也，陰也」，闔就是關閉、沉默、陰。「陰陽其和」，孤陰不生，獨陽不長，真正會操作的要陰陽和合、剛柔互濟，才有創造性的突破。既然是談判，就不要隨便，談不成仁義依舊在，不必樹敵，一切以和為貴。不合作可以，別傷了和氣。「終始其義」，任何事物不一定是從始到終就結束了，總要留有餘地，留一個後招，終而復始才可以生生不息。現在談判沒成，沒能合作，說不定十年後又變成好夥伴了。「終始其義」，這樣才合適。要說服人家，要懂得陰陽，從陽光面，從人家的長處，從人家有實力的地方、特別嚮往的地方去引誘他。如果你做到讓對方聽你的，就可以「言長生、安樂、富貴、尊榮、顯名、愛好、財利、得意、喜欲」，諸如勝利成功、家庭美滿、子女形貌端正，這是陽的。「曰始」，可以誘發對方的追求，說不定就有合作的空間。如果講陰的，就講他的種種不利，講黑暗面，強調風險，這就是「故言死亡、憂患、貧賤、苦辱、棄損、亡利、失意、有害、刑戮、誅罰，為陰，曰終」。人嘴兩張皮，蘇秦要促成六個弱小的國家聯合起來對付秦國，靠的就是嘴皮子工夫。他每到一個國家，如果那個國家很弱小，他就拚命講該國的軍隊素質很高，境內又有山河險阻。不好的東西他就不提了，好的一面頻頻提起，才會激起國君的雄心，開啟合縱之路。同樣一個國家，張儀要去離間山東六國時，就說這些國家這也不行，那也不行，沒有競爭力，應該依附大國。同一個國家，蘇秦淨講陽的那一面，就能說出很多優勢資源。張儀淨講陰的那一面，說這個也不行，那個也不行，跟人家鬥是以卵擊石，不要合縱了，還是靠秦國吧，結果打消了對方合縱的念頭。要瞭解對手是陰的還是陽的，是膽小怕事的還是想雄霸天下的，要迎合對手去達到你的目的。「言長生、安樂、富貴、尊榮、顯名、愛好、財利、得意、喜欲，為陽，曰始」，才可以激發他的雄心。給他描畫一個大餅，希望他慢慢上套。如果去講對方壞的一面，講對方種種的不堪，那就是「言死亡、憂患、貧賤、苦辱、棄損、亡利、失意、有害、刑戮、誅罰，為陰，曰終」。一個是利誘，一個是威脅，一個跟人家談陽，一個跟人家談陰，完全是對立的談法。這邊談長生，那邊就談死亡；這邊談安樂，那邊就談憂患。一個談有利的那一面，一個談不利的那一面，都是為了說服人，達到自己的目的。

「諸言法陽之類者，皆曰始，言善以始其事。諸言法陰之類者，皆曰終，言惡以終其謀」。「法」就是效法，要效法講陽光的一面，「皆曰始」，鼓舞、激勵人，「言善以始其事」，總有一些有利的資源，可以促成其事，讓對方投入。「諸言法陰之類者」，要效法講陰暗面，講他的不利，講其結構上的種種弱點，講其資源的匱乏，「皆曰終」，「言惡以終其謀」，講他不好的一面讓他死心。這是說服、談判常用的手段，需要結合具體條件立論，評估可能的利益，提醒可能的風險。「言善以始其事」，對方才投入；「言惡以終其謀」，對方才會死了這條心。一個是勸誘，一個是勸止。需要用陰柔的工夫強調「終」。像謙卦就是陰柔的工夫，「夫唯不爭，故天下莫能與之爭」，「謙亨，君子有終」。八卦中很陰柔的巽卦，就如坤卦一樣「无初有終」，最後都是得善終，所以希望保善終就不能太強硬。乾卦強調創始，鼓勵人創業，但現在就不是一個好的創業時期。我有一些頗有才具的朋友，在大企業做到高管，總覺得這一輩子沒創業好像有點遺憾，一創業，前面賺的全沒了。可見，善終很重要，這樣才可以終而復始。

（九）

捭闔之道，以陰陽試之。故與陽言者，依崇高。與陰言者，依卑小。以下求小，以高求大。由此言之，無所不出，無所不入，無所不可。可以說人，可以說家，可以說國，可以說天下。為小無內，為大無外；益損、去就、倍反，皆以陰陽御其事。

「捭闔之道，以陰陽試之」，這句話比較容易懂，是純粹的白話文。有些人陽剛進取，喜歡奮鬥、開創，喜歡「無中生有」；有些人就要因人成事，適合做幕僚，不適合做老闆；有些人是沒有資源絕不出來扛責任，有些人是沒有資源都敢出來；有些人喜歡冒險，把吃苦當吃補；有些人摸摸雞也痛，摸摸鴨也痛。這就是陰陽生的萬物，各有特色，所以我們一定要搞清楚對象到底是雄才大略，還是懦弱無能，要「以陰陽試之」，由此決定自己是開還是闔。人的陰陽、主客的陰陽、大環境的陰陽，都要掌握。像現在全球環境就不是很陽，有點違反常情。做生意、從政恐怕失敗者多，成功的絕對是少數人。「捭闔之道，以陰陽試之」，什麼東西都要試，不試怎麼知道呢？黃石公想要傳道給張良，就要花三天時間來考驗他。先是讓他撿鞋子，然後是遲到不行、準時到不行、到得不夠早還不行。這就是試，好在張良最後通過了測驗。

決定要捭還是要闔，要與外面的陰陽相配合。「故與陽言者」，如果對方是一個陽剛氣比較重的人，就「依崇高」，要講豐功偉業，以配合其雄心。「與陰言者」，如果跟那種膽小怕事的人說事，「依卑小」，就談一點小團體或小家庭的事情，因為對方沒有大格局，沒有那麼多的雄心，給他畫一個大餅完全是對牛彈琴。這就是根據對象決定怎麼講，千萬不要搞錯對象。

「以下求小，以高求大」，一樣的道理，先看對象，再決定用什麼東西來打動他。講卑下求小利，講高端求大利。「由此言之」，沒有搞錯對象的話，「無所不出，無所不入，無所不可」。這就是《大學》所講的「無所不用其極」，怎麼都對，什麼環境都能發揮；還有「無入而不自得」，想打進任何環境都會得到你想要的東西，絕不會空入寶山。不論富貴、貧賤、造次、顛沛，任何環境都有一定的表現，完全正確了，就沒有了障礙。「可以說人，可以說家，可以說國，可以說天下」，可以說大，也可以說小，也可以說個人，也可以說家，可以說國，可以說天下。那些外交高手，就是要無中生有，改變世界，陰陽配合絕不能錯。要視對象而言，用的招式才會對。

「為小無內，為大無外」，小可以小到幾乎沒有東西，大可以大到浩瀚無垠。商鞅見秦孝公時也試探，雙方都有所試探。商鞅先談王道，秦孝公快睡著了；次談霸道，秦孝公有一點精神了；再談富國強兵，興致來了，雙方都達到了目的。小到可以談今天芹菜多少錢一斤，大到可以談整個事業，主要視對象而定，伸縮自如。

「益損、去就、倍反，皆以陰陽御其事」，「益損」，損益這個賬得算，「去就」，離開、留下，「倍反」，叛離、回頭。益、損相對，去、就相對，倍、反相對，要重視陰陽的妙用，來管理一切。「一陰一陽之謂道」，高手運用的道就是「陰陽不測之謂神」。有些人做事很拙劣，有些人什麼事情都搞定了，別人還不知道他是怎麼完成的。

（十）

陽動而行，陰止而藏；陽動而出，陰隱而入；陽還終陰，陰極反陽。以陽動者，德相生也。以陰靜者，形相成也。以陽求陰，苞以德也；以陰結陽，施以力也。陰陽相求，由捭闔也。此天地陰陽之道，而說人之法也。為萬事之先，是謂圓方之門戶。

「陽動而行，陰止而藏；陽動而出，陰隱而入；陽還終陰，陰極反陽」，陽極轉陰，陰極轉陽，陰陽會變，每一個剎那都在變，這一概念理解了，就可以付諸實際的操作行動。

「以陽動者，德相生也」，人生正面的、光明的、勇猛精進的結果是「德相生」。德很重要，是相生的，你幫助他，他幫助你，就如韓信落魄的時候受漂母飯，韓信成功的時候，湧泉以報。只有這樣才有機會，不然就是不斷的惡的輪迴。如果「以陰靜者」呢？「形相成也」。就像《易經》在乾卦的時候還是無形的，坤是陰，就有形有勢了。德相生，形相成，相生相成。不管是陽動、陰靜，乾始、坤終，乾發動的德，比一切都重要。到坤陰的時候涉及廣土眾民，涉及現實形勢，就要重視形。

「以陽求陰」，如果你是陽面的，孤陽不生，需要求陰，就像男人要追求女人，有實力的產品要有市場，這就「苞以德也」，有實力的當然要包容沒有實力的，要以德相容。「以陰結陽」，如果絕大部分都是陰的，就要「施以力」，要有這個控制力。注意，講陰時，提到了實力、力量。有德，還要有實力，兩面都要顧到，這就是理想與現實相結合。「陰陽相求，由捭闔也」，陰要求陽，陽也要求陰，才能開合。「此天地陰陽之道，而說人之法也」，這是天地陰陽之大道，可說服他人之法則。「為萬事之先，是謂圓方之門戶」，是萬事之開端，堪稱天地圓方的門戶。

反應第二

我們看「反應第二」。「反應」二字可能不是太妥當，很多學者說應該是「反覆」，覆就是傾覆、顛倒。從文辭來說，「反應」通常是我們接收到一個資訊，會有什麼回應。這一篇所探討的當然也有這個意思：一往一來，你拋出一個話題試探，說什麼或不說什麼，對方總會有一個回應。但是這並不是這一篇的主軸，這一篇的主軸應該是探討「反」與「覆」。老子講「反者，道之動」，「正言若反」，還有我們平常所說的物極必反，一定是有回路的。主客之間過招，針對各自的利益、理解，為了保護自己，他會回一招，這個往來就叫「反覆」，涉及兩個關鍵人物之間的互動。也就是說，我們不能只關心自己的想法，也要試探對方接受不接受我們的想法，要測試他的反應，隨之進行調整。反、覆，就是往來的路，一個互動的動作。在實際的說服、溝通、談判的過程中，在成人的世界裡，我們要保持完全的真誠，尤其是面對陌生人，心中有所欲求時，那是很難的。所以一定有一些試探，通過旁敲側擊或者放煙幕彈的方式，得到我們想要的答案。

因此，很多版本都認為應該是〈反覆第二〉，雖然內文裡也有「反應」二字，但是大部分都在講「反覆」，那是一個主旋律。我們要得到驗證，就要借助不斷的往來溝通，採取試探的言辭，甚至肢體語言，察言觀色，去校正自己的做法，越校越精準。不能只靠單方面的臆想，「覆」就有核驗的意思，要進行確認、驗證。藉著溝通互動，一方面把自己的意思講清楚，另一方面把別人的意思搞清楚，看對方能不能接受。然後我們隨時修正，經過往返幾次之後，目標大致達成，雙方就可以展開合作關係。

（一）

古之大化者，乃與無形俱生。反以觀往，覆以驗來；反以知古，覆以知今；反以知彼，覆以知己。動靜虛實之理不合於今，反古而求之。事有反而得覆者，聖人之意也，不可不察。

「古之大化者，乃與無形俱生。反以觀往，覆以驗來；反以知古，覆以知今；反以知彼，覆以知己。」我們先看有「覆」字的三句話，第一句話待會兒再講。「反以觀往，覆以驗來」，一個是往，一個是來；一用觀，一驗核。「觀往」與「驗來」應該是兩個相對的工作，一往一來，一個用「反」，一個用「覆」。覆是特別重要的，就是要探討任何事情的真相，乃至核心的真相。可是核心的真相不會暴露在外面，外面包裝了重重的假象。就像《易經》剝卦（䷖）的上爻「碩果不食」，果皮、果肉一層一層包裹，那是假象，核心的真相是果實中的種子。可是，從外面怎能看到？一定要經過一層一層地剝，剝開假象，把果皮、果肉都給削開了，裡面核心的真相的種子才能看到。知人知面不知心，核心的想法、事情的真相到底是什麼？這就是「覆」的功用。要查明真相，光靠搜集資料，研究個人，揣摩想像，不一定對。如果這個人深沉得很，那麼一定要實際接觸，才可能真正掌握對方的真實意圖。《韓非子．說難》值得我們一讀，它裡面就講到說服領導人的曲折艱難。當然，這也不能怪那些領導人，領導人為了保護自己，也不能知無不言，言無不盡。尤其是對於陌生的說客，他的試探是必要的，這也是鬥智。所以要覆，要探討事情的真相，雙方都要搞清楚對方真實的想法，談判的底線才可以大致確定。還有，在試探的過程中你可能會犯錯。錯大了，就可能回不了頭，如果錯得不遠，還可以調整回來。「覆」最實際的運用，就是人生隨時隨地要記得改過，因為人永遠會犯錯。出現大過、小過、誤判，趕快調整，否則「差之毫釐，失之千里」。顏回稱「復聖」，就是因為他改過還不只是實際行為上有錯就改，而是起心動念有錯都會改。孔子評價他說：「顏氏之子，其殆庶幾乎？有不善未嘗不知，知之未嘗復行也。《易》曰：『不遠復，無祇悔，元吉。』」（《易經．繫辭下傳》）這就是改過，有錯了立刻從善如流，馬上就回到正道上。

「反以知古，覆以知今」，我們活在當今，可是有很多事情需要參考過去的東西，諸如背景知識、歷史事件，我們一定要瞭解，數往才能知來。要想知道未來當然先要知道現在，但是還得瞭解過去，瞭解事情發展的因果關係。就像有了種子落地，才會有未來的生根、發芽、伸枝、展葉、開花、結果。要是不瞭解事情的因，沒有掌握種子，後面如何發展就無從把握。假定那是桃仁，那麼它絕對不會長出杏來。要掌握知古、知今的問題，一定要清楚其歷史的沿革，這就是《易經》中為什麼要強調卦序、爻序，那就是因果。不知道過去，你怎麼可能真正知道現在呢？未來就更不必講了。如果沒有透過抽象的反、覆來知古、知今，一個人只活在當下，只能看見眼前這一點，對該知道的歷史背景完全不知道，也不可能真正知道當下，活著就像瞎子一樣。如果你一天到晚發思古之幽情，只對過去的東西特別清楚，但是對當下的理解嚴重偏離社會現實，知古而不知今，那麼你很難有存身之地，這就是所謂的「陸沉」，沒有地方可以立足。人一定是要立足於當下的。知今不知古，謂之「盲瞽」；知古不知今，謂之「陸沉」。所以，人要不斷地學習，道理就在這裡，知古還要知今，前後才能貫穿起來。

《易經》的隨（䷐）、蠱（䷑）兩卦針對的就是知古和知今，隨卦之隨就是了解當下每一個剎那的變化；過好每一個剎那，隨機應變。蠱卦就是你必須瞭解過去，這樣才能撥亂反正。隨、蠱二卦，相錯而相綜，不只是觀往驗來、知古知今的關係，還有「反以知彼，覆以知己」的作用：先發出一個資訊去瞭解對方，由對方的一些反應再回過頭來校核、瞭解自己。人不見得知己，自知之明是很高的工夫修為。老子說「知人者智」，瞭解別人是有智慧，「自知者明」，知道自己才是更高的智慧。人不是把自己評估得太高，就是太低，這都不是真正瞭解自己。《孫子兵法》稱「知彼知己，百戰不殆」，也是藉著反覆、去來、古今、彼己，以達到全知，全面掌控溝通的過程，把握對方的節奏。一旦你在這上面的修為不夠，不夠老練，就會失去主控權，那就別說要做蘇秦、張儀，只能隨波逐流，被人家打得稀哩嘩啦、體無完膚。那些建功立業的縱橫家們，一定全部是活在自己的節奏中，不斷地換招，整個局面由他掌控，而且掌握主動權後，無形無象，低調深沉，別人根本就不知道。

「動靜虛實之理不合於今，反古而求之」，動靜虛實，就是陰陽剛柔，那裡面絕對是有道理、有法則的。「不合於今」，有的版本叫「不合來今」，「來」就是未來，反正不合於現在，也就是說當下的狀況不對，需要趕快調整。「反古而求之」，去找過去發生過的一些事情來驗證，現在到底是怎麼回事，怎麼會跟現狀格格不入呢？不合，一定是過去發生的一些事情影響到對方現在的表現。對方的猶豫、彷徨不合於今，顯然是因為時間的縱深不夠，所以沒有辦法充分理解，那我們必須要再搜集一下過去的資訊，想一想過去，「反古而求之」，去尋找真相。人有時候會受過去的事情的影響，連他自己都不知道，說不定就是這些帶來一輩子的痛，導致他現在這樣的表現。奧地利心理學家阿德勒強調未來對人的行為的影響。他認為，人既然是有意識的，就能意識到未來的種種條件，制訂某種計畫，用以指導自己的行為。他也強調過去的經驗（特別是原始的經驗）對人的行為有影響。這些所謂的潛意識，可能是童年的記憶，可能是恐懼，可能是不安全感。所以，心理學家一般要「反古而求之」，瞭解病患的過去。阿德勒認為，童年對人的影響很大，歡笑的記憶會讓人成年之後，心態比較陽光，能跟世人打成一片；而童年時期深刻的痛苦、創傷，就會讓一個人在成年後變得自卑，他會迴避群眾，對一些事情有特殊的反應。要對症下藥，就要「反古而求之」。一個國家、一個企業、一個組織、一個老闆，都有其行為模式，有其在意的東西，這些就是其罩門。你如果在別人的傷口上撒鹽，談判就會雪上加霜。每個人都有他的心病，有其無妄之疾，如果你搞不清楚老闆的無妄之疾，那你馬上就有無妄之災。《易經》中的「无妄之疾」是无妄卦（䷘）的第五爻，說明老闆精神正常的很少，一般都是寡人有疾。所以，《易經》中有疾的都是居高位的，不是第五爻就是第四爻：无妄卦第五爻「无妄之疾」，損卦第四爻「損其疾」，兌卦第四爻「介疾有喜」。

「事有反而得覆者，聖人之意也，不可不察。」「事有反而得覆者」，做了這個動作，你掌握到了事情的真相，不是直接覆的時候找到，而是經過反覆得知。「聖人之意也，不可不察」，聖人處世的起心動念，是必須深察考量的。孔子說：「書不盡言，言不盡意，然則聖人之意，其不可見乎？」（《易經．繫辭傳》）他都覺得難，那些創作經典的人到底怎麼想呢？意怎麼發展到心，心又怎麼發展到形式呢？就像我們去看一個了不起的藝術創作，繪畫鑒賞水準高、有底蘊的人，對一幅畫的創意就能夠看得深透，而我們裝模作樣地看幾分鐘都很困難，因為我們看不出什麼名堂。這就叫「意」。禪宗重視佛祖西來意，一天到晚問：你知不知道佛祖西來意？有誰真正知道呢？可見，「意」不一定表現成有形有象的行為、文字。要對對方的起心動念有敏感的反應，怎樣才能達到這樣的默契呢？如何感受到對方的心，能夠與之心意相通、心心相印呢？那就得下工夫，不然你永遠搞不清楚別人的意思，反而會把好意當成惡意，惡意當成好意。

「聖人之意也，不可不察」。人要提升自己的智慧，強化自己的底蘊，對人世就要考察得足夠清楚，對那些稱得上聖人的人創作的經典、化民成俗的精義，我們必須「反而得覆者」。這就是我們為什麼要讀那麼多經典的原因。只有經過反覆，才可以掌握事情的真相。

我們回過頭來講第一句。「古之大化者，乃與無形俱生」，「化」者，教化、文化、人文化成也，以人世宇宙的真理弘道、宣揚教化的人跟大道本身一樣，都是無形的。老子說「道，可道，非常道；名，可名，非常名」，道是最高的、無以名之的、不可思議的。無形無象，處亂世最需要修這個工夫，有形跡的是最膚淺、最愚笨的。無形則沒有人知道他在做什麼，真人不露相，露相非真人。這種聖賢，幾乎是跟大道一起生的，一切的行住坐臥都合於大道，所以稱「乃與無形俱生」。除了道家，儒家、佛家都有類似的話。也就是說，這種人本身好像就是道的展現，「與無形俱生」，天地與我為一，萬物與我俱生。

還有，看事情要深刻，需要反覆其道，才看得清楚，藉著「反」，要觀往，「反古而求之」，瞭解過去，以前發生過什麼事情，多多少少要知道一點，當然也不要變成考古癖，變成單純的觀往。「覆以驗來」，還要驗來，你有未來，要回歸你的本心，發掘你核心的創造力，對於經典上講的東西要檢驗，過去的不一定全對，不要全當作真理。正如《中庸》所說的博學、審問、慎思、明辨、篤行，一步都不能少。前人所講的東西有的不盡然，要經過檢驗。你可以參考前人的做法，但是不能完全照搬，要開創新的未來，一定要回歸到自己的道路上來。所以，禪宗才會講，你讀多少書都可以，一切經典法門都要婉轉歸於自己（原文為「萬法皆婉轉歸於自己」）。也就是說，自己的身心要受用。讀書不是抽鴉片，要活學活用，要做到「反以觀往，覆以驗來；反以知古，覆以知今；反以知彼，覆以知此」。

再看，「動靜虛實之理」，對方是動是靜，要探探虛實。《易經》裡面淨是形勢、虛實的例子，像升卦（䷭）的第三爻「升虛邑」是虛，可是這一爻卻是一個陽爻。蒙卦（䷃）的第四爻「困蒙吝」，為什麼吝？「獨遠實也」，跟「包蒙」、「擊蒙」的教化沒有緣分，隔得特別遠，所以就虛了一輩子，沒有辦法開發出自己的智慧。還有泰卦的「翩翩不富以其鄰」，稱「皆失實也」，全是假的，只是有一個美麗的假象，下面可能「城復于隍」，徹底崩塌。人生就是這樣在動靜虛實中打滾。如果發現現狀不合，我們就要「反古而求之」。「事有反而得覆者」，這就是反覆的好處。有時探索一件事情的真相，需要查證、一再修改，這樣才能更接近真相。乾卦第三爻是人位，「君子終日乾乾，夕惕若，厲，无咎」，就是「反復道也」。「復」就是改過，過程很辛苦，早上犯錯，晚上改過，晚上犯錯，第二天早上改過。為什麼改過？因為不改過就無法看到真相，無法見天地之心，無法生生不息地創造。

關於這一段，我再補充一下。「反」和「覆」，代表著兩個相反的方向：知彼、知古，知己、知今，觀往、驗來。知今，還知道未來，功力就更高了，我們一旦掌握了覆，就可以預測未來。《易經．繫辭傳》說「順數知往，逆數知來，是故《易》逆數也」，我們可以預料未來，因為掌握到了核心的真相，下面如何發展都知道。俗話說「三歲看老」，就是如此。「覆」是往內，可以知今，可以知己，又可以驗來。在你知己、充分瞭解自己當下身心種種狀況時，可以推測到未來的發展。「反」是往外，觀往，知古，知彼，瞭解對方。那麼，我要瞭解自己，還可以藉著跟別人的互動，更深刻地瞭解自己，就像我們說朋友就是鏡子，能看清楚自己的某些缺點。多交朋友，就可以多照鏡子，讓自己進步。我們在與別人的互動中，反過來可以更看清楚自己。為什麼會知道未來呢？「覆以驗來」，「覆」一定是往內心的動作，是收回來的動作，一直穿透到內心，不是外求，是內探的，內省得越深刻，越能看到未來。往外求，跑得再遠，也看不到未來，你只能看到過去。因為「反」是知古、觀往，已經發生的事情合不合乎我們現在的認識，還待檢驗。我們借助太空望遠鏡看到的宇宙，是幾十、幾百、幾千甚至幾億年前存在的畫面。你往外面看，看到的是過去，不可能看到未來。凡是重視內省的哲學思維，都叫人要往內心看，因為往內心看剛好也可以看到未來，仿佛可以預言幾千萬年以後的事情。孔子也說「百世可知也」。可見，往外看，只能看到過去；往外求，「虎視眈眈，其欲逐逐」（《易經．頤卦》），又能怎樣呢？人生重要的是未來，內省的人在打坐的時候可以看到未來，因為他掌握了「覆」。當然，人類受光的傳播速度影響，往外探索也是很受限制的。我們拚命發明那麼多工具，再怎麼看，還是很久以前的東西，依然看不到未來。而要看未來，需要靠內修，才能夠料事如神，預言未來。但對未來預測得準，需要內省的工夫特別深厚，這不是一般人可以做到的。

(二)

人言者，動也；己默者，靜也。因其言，聽其辭。言有不合者，反而求之，其應必出。言有象，事有比；其有象比，以觀其次。象者，象其事；比者，比其辭也。以無形求有聲。其釣語合事，得人實也。其猶張罝而取獸也，多張其會而司之。

這一段是方法論了。「人言者，動也；己默者，靜也」，我們就是要引別人講話，有時候希望自己可以保持沉默。別人發言，一定會有所動，我們要重視這個動態：他為什麼要這麼講？他講的意思是什麼？自己保持沉默，人家就搞不清楚你在幹什麼。而且沉默的時候，可以靜聽。人家動，在明處；你靜，在暗處。雙方既然是談，不能都保持沉默，一個嘩啦嘩啦講，一個一句不說光聽，到底是誰佔便宜？愛說的言多必失，能夠保持沉默的，別人就不知道他在想什麼。人們常說「雄辯是銀，沉默是金」，因此我除了講課不得已之外，大部分時間都是沉默，這樣就少受一點傷。

「因其言，聽其辭」，聽對方說，我保持沉默，默默地聽，藉機觀察他的神情、肢體語言，好像法官一樣。「言有不合者」，如果聽他講的有點不對頭，好像跟事實不符，跟自己想的格格不入，那你就要搞清楚：他是講真的，還是故意試探呢？這時要「反而求之」，「反」就是知彼、觀往、知古，要搞清楚，對方是故意講錯了，還是真的就這樣想的。這就要用到「反」的那一招，「其應必出」，這樣你才可以求取事情的真相。也就是說，你可以測試一下對方的反應，拋出一個問題，讓他接招，那麼他一定會接招。看對方的反應，再檢驗一下。所以一個善於聽人家講話的人，也要有很高的智慧、很深的修為，就像占卦時「其受命也如嚮」（《易經．繫辭傳》），想什麼，完全能夠反映出來，如同照鏡子。可見，講話或者討論的時候，如果覺得對方說的話怪怪的，完全搞不清楚其用意，「言有不合」，那也要試探對方的反應，不要輕易放過，否則就沒有辦法有效地掌握真相，讓這個討論朝正面進行下去。

下面就談得比較深刻了。「言有象」，人在說話表達的時候，都有象。「事有比」，我們看人的行事，可以比較、比喻。人有時候突然講別的去了，那麼他講的是有關聯的，我們要去體會。也就是說，對方所講的會激發你類比的思考，甚至高度象徵性的思考。我們聽人家講話，聽人家提意見，裡面都有很多的象，都是徵兆，都是「機」。對方說話不是平鋪直敘地表達，我們可以類推，這就是因小知大，見微知著。

「其有象比，以觀其次」，有了象徵和類比，下一步是什麼呢？談國家大事，以及重要的商業談判、外交談判，都是一招接一招的，我們就要一步一步來，每一個階段都要搞清楚，要慢慢消化，弄明白對方的底線和意圖，還要知道他下一步會做什麼。「次」就是下一步，要靜觀其次。怎麼「觀其次」呢？對方的言語、行為，甚至肢體動作，都是「象比」，都是其內心想法的流露。要看他的下一步，他到底會憋多久，才會把條件開出來，我們都要冷眼旁觀。因為我們從他的講話、從他的動作中看到了象徵，看到了「比」。我們知道人有時候很難完全掩飾自己細微的動作和神態，這些細微之處可以推而大之，由此探知對方內心的不安或新的渴求。

「象者，象其事；比者，比其辭也」，一旦言有象，對方下面要做的事情就已經洩漏出一些資訊來了。由對方的語言肢體動作，擴而大之，做一個比喻，就知道對方下面還會說什麼。對他的言、他的事，要懂得象、比。象、比是立體的，看著不相干，意義可大了，因為這是一種間接迂迴的藝術化的表達，是可以類推的。

「以無形求有聲」，我這邊儘量靜默，不顯山也不露水，就是希望對方把他的東西統統講出來。「其釣語合事」，用言語來誘導對方，說出事實的真相，好像一個陰險的老漁翁。「得人實也」，得到別人真實的想法。「其猶張罝而取獸也」，還像以前捕獸一樣設下天羅地網。「多張其會」，還怕漏掉了，得多張幾個網，彙集在一起，「而司之」，絕跑不掉。鬼谷子話講到這裡，已經注定他大概要下地獄了，真的是太壞了。網大得很，絕對不會有漏網之魚，「司」就是主管的意思，永遠掌控、抓住主要的節奏，來控制一切。還有把「司」理解成窺伺的「伺」，也通。用言語來釣人，有很多話是起這種作用的，張網捕獸丟給他一個餌，大魚就上鉤了。有些人很狡猾的，滴水不漏，你就要多張幾個網，使對方在你的佈局裡頭。佈下天羅地網，對方往哪兒跑？而且，這個佈網又是機密，沒有任何人知道這一嚴密的佈局。一旦全面掌控，逮住這個機會了，最後就可以一舉收網。對於那種重要的談判，影響人一生的、影響關鍵利益、核心利益的，絕不能客氣，準確度要高，為了防止漏掉，就要多張一些網，網跟網結合在一起，這樣才不怕有漏網之魚。

網跟網之間要結，整個佈局中要有結點，像間諜情報網，不是一體成型的，而是這邊搭一個網，那邊搭一個網。這個網跟那個網綁在一起，就叫作「會」，整體是一個網，反正都跑不掉，統統在這裡頭。這一套又狠又準，而且複雜極了，千變萬化。「多張其會」，多連接幾個網，彙集在一起，看他跑得掉嗎？「而司之」，就盯著看魚什麼時候上鉤。社會上有形的網、無形的網太多，你就要小心，少參加什麼同學會、校友會，那都是網，網跟網之間還有會，人家不直接找你，從旁邊找就找到你了。人就是在很多不同的組織、不同的人際網絡中扮演不同的角色，幾個網湊在一起漏網之魚就少了。當然，如果碰到一個遺世而獨立的就麻煩了，什麼東西都沒有辦法接上。只有「多張其會」，沒全部逮到也沒有關係，至少不能全部漏掉。

（三）

道合其事，彼自出之，此釣人之網也。常持其網而驅之。其不言無比，乃為之變。以象動之，以報其心、見其情，隨而牧之。己反往，彼覆來，言有象比，因而定基。重之襲之，反之覆之，萬事不失其辭。聖人所誘愚智，事皆不疑。

「道合其事」，我們的道也要合事，就是要找到真實的東西吻合上，多張幾個網也是為了這個。「彼自出之」，有些資訊對方自己送上門來，因為他所有的行動就在網上。那個時候你真正想要的東西都跑出來了，他還不認為是自己洩密了。這就是想辦法讓他自出之，我也沒逼他，可是我的網佈下了，對方的資訊自然而然就跑出來了。「此釣人之網也」，這就是釣人的網。「常持其網而驅之」，要經常持網趕一趕，讓對方掉到那個圈套裡面。《中庸》也有很深刻的人情歷練方面的見識，它說：「人皆曰予知，驅而納諸罟擭陷阱之中，而莫之知辟也。」人人都誇你聰明得不得了，真有智慧，其實你是掉到人家的陷阱、網羅裡還不知道，甚至死到臨頭尚不知。幾千年前，人就這麼難鬥。要是「常持其網」，把網佈下了，經常再動一動、趕一趕，那真的是讓對方死定了。

「其不言無比」，但是你可能會踢到鐵板，對方不見得百分之百上套。要是對方的話裡面沒有可以類推的呢？因為有些人講話雲山霧罩，很有戒心，除了講天氣，啥也不講，那你就沒有辦法去類推。前面有「比」，你可以「以觀其次」，如果「無比」，那就麻煩了。我的老師常跟我們講，處社會的時候，跟人家聊天，要談「玄」，別談「閒」，閒話會暴露心意，談玄，則是「道，可道，非常道」，或者是上帝、佛菩薩，反正對方見不到，能怎麼樣呢？談閒就麻煩了，你自己可能覺得啥也沒有，沒有任何含金量，但人家可以推測到很多。況且「無形求有聲」，都有豐富的資訊可能透露。既然對方「無比」，把自己保護得非常好，前面已經設了一個網，這個小子不吐真言，這時你沒有達到目的怎麼辦呢？那麼「乃為之變」，你就調整對策。換一個方法刺激、誘導對方講出真話，即「以象動之，以報其心、見其情，隨而牧之」。這是非常高級的招式，「象」是較「比」更高的層次，比是直接的類比，很容易就讓人家想到，談這件事情可能會聯想到那件事情，象是全方位的，一點虛虛實實的情況就能夠類比、聯想到全局。既然人家有警覺了，不上套，那就用更高級的象去打動他，「以象動之，以報其心」，結果「見其情」，所有的隱情都在象裡面流露出來了。一旦掌握對方的真情，「隨而牧之」，你就變成對方的主人，可以牧養他了。說得直白一點，就可以養著，慢慢玩弄他。也就是說，一旦掌握了他的真情，我就是牧羊人，若驅群羊，要他去哪裡他就去哪裡。

「己反往，彼覆來，言有象比，因而定基」，既然已經知道是怎麼回事了，我來牧養的時候，還是「反以知彼，覆以知己」地運用。在這個新的基礎上，我再旁敲側擊，提出問題，對方再回答，答案就越來越精準了。雙方交談言辭的內容、討論的話題，都充滿了象徵性，「因而定基」，定出基調。對方依然在天羅地網中，我用更高的招式把他捆住，我獲勝的基礎一旦確定，就可以立於不敗之地了。因為我看對方根本就是透明的了，對方的動作太多了，「重之襲之，反之覆之，萬事不失其辭」，「重」是重複，像扭螺絲一樣越旋越緊，孫悟空跑不出如來佛的手掌心。「襲」，因襲，衣服穿上去脫不下來了。「反之，覆之」，反過來覆過去。「萬事不失其辭」，任何事都可以從對方的言辭中察知。也就是說，所有過去、現在、未來的事情，絕對不會再偏離，所有文字、言語上的表達，我都已經掌握，對方還不自知。

「聖人所誘愚智，事皆不疑」，聖人可以誘惑愚者或智者，這些都沒什麼好懷疑的。這兩種人，聖人都可以誘使對方透露實情。很多人自以為聰明，「驅而納諸罟擭陷阱之中」（《中庸》），還不知道。聰明反被聰明誤的人多得很，自以為聰明的人多得很，結果碰到高手，一樣乖乖入彀。智者亦可誘，因為他覺得自己聰明，這就是破綻，那麼我就利用他的聰明，順著他的判斷，把他的實底給摸出來。愚人可誘，是簡單好騙，那就更不在話下了。聖人最高的手段就是誘愚又誘智，提供誘因，誘使對方上道，「事皆不疑」，百分之百不會錯。預測事情、料定未來、觀察真情，就像春夏秋冬「四時不忒」一樣精確。一切都明明白白，完全掌握。

（四）

故善反聽者，乃變鬼神以得其情。其變當也，而牧之審也。牧之不審，得情不明。得情不明，定基不審。變象比必有反辭，以還聽之。欲聞其聲，反默；欲張，反斂；欲高，反下；欲取，反與。欲開情者，象而比之，以牧其辭。同聲相呼，實理同歸。

「故善反聽者」，「故」字在別的版本中是「古」，認為古人比較強；當然也可以理解為「所以、是故」。最善於反聽的，「乃變鬼神以得其情」。變鬼神不是作法、念咒，而是一個形容詞，就像「陰陽不測之謂神」一樣，鬼神無形無象。有創意的人，隨時因時因地制宜，搞出新招。「善反聽」的「乃變鬼神以得其情」，可以隨時瞭解敵情，瞭解對方真正想什麼。「其變當也」，發現不行，他就換招，可以隨機應變。如果調整合適了，「而牧之審也」，對對方的控制也很周到。前面說一旦「以象動之，乃為之變」，「以報其心，見其情」，就「隨而牧之」，好好來養他以得到真情。前面的調整變化得當，下面再去養有價值的真情報，很審慎地「牧之」。可見，每一個動作都很重要，好不容易釣到魚了，就不能讓魚跑掉，要開始養。有時候魚太小暫時不能吃，那就等它長大一點再吃。牧要審，變要當，變當之後就去養他，要很審慎地養，絕不能讓他跑掉。

「牧之不審」，如果你掉以輕心，沒有把對方圈住，沒有審慎地牧養，「得情不明」，還是沒有辦法徹底明瞭實情。要是事物的變化在每一個剎那都不明晰，即「得情不明」，那就會「定基不審」。你要對付對方，基調要怎麼定呢？心裡沒底了。不審慎，就會「牧之不審，得情不明」，「得情不明」的連鎖反應就是「定基不審」。比、象是要變的，就像《易經》的卦爻之象有爻變、卦變一樣，機靈得很。比是變，比變成象，象還可以爻變、卦變，隨著時間的進行，只要最後的勝負沒出來，永遠都是隨機應變、剎剎生新的。

「變象比必有反辭」，一旦你調整了，出招不一樣，換了一個方式，對方絕對會有回應的。「以還聽之」，這時你再好好地聽，不斷地測試，不斷地調整。「欲聞其聲」，我們想聽到對方真正的心聲；「反默」，最好保持沉默。我少講，他就會多講了，這就是以靜制動。「欲張，反斂」，我要張開，反而收斂。這都是反作用原理，都是「反者，道之動」。因為雙方都在互動，我採取這個動作，對方就得採取另外一個動作。「欲高，反下」，我想要升高，卻故意顯得卑下。「欲取」，我想要從對方手中拿到東西，「反與」，我反而好像還給他東西。我丟一塊肉，他吃了肉，那麼他的全部將來可能都是我的。這幾句話就像老子講的「微明」之術：「將欲翕之，必故張之；將欲弱之，必故強之；將欲廢之，必固興之；將欲奪之，必固與之。是謂微明。」隱微不顯，最難防範的智慧就是微明。採用欲擒故縱的手段，然後要養他的驕氣，最後反而都是我們的。《三十六計》中的「假虞伐虢」，即「假道伐虢」，指以借路為名，實際上要侵佔該國（或該路）。一般情況下，處在敵對兩大國中間的小國，當受到敵方武力脅迫時，一方常以出兵援助的姿態，也就是通過給這個小國一點甜頭，把力量滲透進去。當然，對於處在夾縫中的小國來說，只用甜言蜜語是不會取得它的信任的，一方往往以「保護」為名，迅速進軍，控制其局勢，使其喪失自主權。再乘機發動突然襲擊，就可輕而易舉地取得勝利。

春秋時期，晉國想吞併鄰近的虞國和虢國這兩個小國，但是這兩個國家之間的關係不錯。晉國如襲擊虞國，虢國會出兵救援，反之，虞國也會出兵救虢國。大臣荀息向晉獻公獻上一計：利用虞國國君的貪心，投其所好。他建議晉獻公拿出心愛的兩件寶物——屈產良馬和垂棘之璧，送給虞公。獻公哪裡捨得？荀息說：大王放心，只不過是讓他暫時保管罷了，等滅了虞國，不都又回到您的手中了嗎？獻公依計而行。虞國國君得到良馬、美璧，高興得嘴都合不攏。晉國又故意在晉、虢邊境製造事端，找到了伐虢的藉口。晉國要求虞國借道讓晉國伐虢，虞公得了晉國的好處，只得答應。虞國大臣宮之奇再三勸說虞公，虞、虢兩國唇齒相依，虢國一亡，唇亡齒寒，晉國是不會放過虞國的。虞公不聽，結果晉軍借道虞國攻打虢國，取得了勝利。班師回國時，把劫奪的財產分了許多送給虞國國君。晉軍大將里克裝病，把部隊駐紮在虞國京城附近。幾天之後，晉獻公親率大軍前去，虞公出城相迎。最後虞國都城被晉軍裡應外合強佔了。就這樣，晉國又輕而易舉地滅了虞國。你看，原先給虞國國君的好東西，是不是只是暫時讓他保管而已？其實晉國要的東西更多。可見，老子跟鬼谷子同樣深沉，只是老子境界更開闊一些，鬼谷子則沒有開闊的那一面。

「欲聞其聲，反默；欲張，反斂；欲高，反下；欲取，反與」，這就很難防。「欲開情者」，想要打開他的心扉，讓他別藏著掖著；「象而比之」，象也用，比也用，混合招式不吝嗇。「以牧其辭」，通過象和比的招式，來駕馭言辭，即他講的和我講的，完全在我的掌控下。「同聲相呼」，這是一定的，人會起共鳴；「實理同歸」，看法一致就會走到一起。確實也是如此，人有一點好東西，有一點什麼想法，就想跟最親近的人分享。

（五）

或因此，或因彼；或以事上，或以牧下。此聽真偽，知同異，得其情詐也。動作言默，與此出入，喜怒由此以見其式。皆以先定為之法則。以反求覆，觀其所托，故用此者。己欲平靜以聽其辭，察其事、論萬物、別雄雌。雖非其事，見微知類。若探人而居其內，量其能，射其意也。符應不失，如螣蛇之所指，若羿之引矢。

「或因此，或因彼；或以事上，或以牧下」，或者用在此處，或者用在彼處，或者對上面，或者對下面，都可以完全掌控。「此聽真偽，知同異，得其情詐也」，俗話說「逢人只說三分話，未可全拋一片心」，我們聽到的別人講的很多話都是假的多，真的少，都是冰山一角，這時用反聽之法就可以辨別真偽，清楚我和對方哪一些地方有共識，或者有共同的敵人和利害，是可以合作的，還有什麼方面是絕對沒有辦法相處長久的，這些一定要知道。這樣的話才可以「得其情詐也」，「情」就是真情，「詐」就是虛假。外交談判中，詐的東西多得很，你一定要分判清楚，要學會篩選、過濾，識別真情和偽詐。

「動作言默，與此出入，喜怒由此以見其式」，對方的行動語言，以及內心的喜怒，由此找出標準公式，都能掌握規律。人就是這樣，到一定的年齡階段，再怎麼偽詐，自己的行為已形成了一定的慣性，說話也有一定的習慣，如果把它摸透了，人的喜怒規律就可以被輕易掌握。「皆以先定為之法則」，如果已成竹在胸，掌握了那個法則，對方再怎麼狡猾也脫離不了你的判斷。

「以反求覆，觀其所托」，用反來求得對方的反應，就像照鏡子一樣，剝除外面的假象，找到事情的真相，就可以觀察到對方的真實意圖，所以這種言辭很實用。「觀其所托」的「托」，可解釋為寄託、托詞，也就是說對方有時候講A，其實他的意思不止是A，可能還有B或者C，你都要聽得出其弦外之音、言外之意，這就叫托。像莊子跟我們講的寓言，都有所托，有其深刻的寓意，不是表面的故事那麼簡單。人有時候想推掉一些事情，或者指桑罵槐，都是在側面表態，那你就要聽得懂對方的言語。「故用此者」，所以就用這種反聽的方法。讀到這裡，我想一般人都會感覺很累，不管是文辭，還是做法，任何人之間交談如果都這樣用盡心機，確實很累。看我們中國人讀這些書，都累個半死，要是翻譯成英文，讓老外讀，估計他們會生不如死。

「己欲平靜以聽其辭，察其事、論萬物、別雄雌」，自己想要平靜，以便聽取對方的言辭，考察事理，論說萬物，辨別雌雄，也就是說，你一定要沉得住氣，靜下心來聽對方講話。人家的話語裡有很豐富的資訊，有的不是那麼直接，還有言外之意。滿懷心腹事，盡在不言中，有時候連大家都不講話的靜默時刻，都值得你用心觀察。「己欲平靜」，就告訴你不能太激動，一激動自己的心態就不穩了，要靜下心來聽對方的言辭，察明事理、論序玩物、分別雄雌。「雖非其事，見微知類」，有時即使不是這件事本身，也要懂得從細微的地方類推這件事情的實質和發展趨勢。因為你聽到的好像跟你想的沒有直接關係，但其實還是有內在的關係的，你要學會類推。他為什麼會講這些呢？他講這些又和原來的頭緒有什麼關係呢？我們要學會「見微知著，見微知類」，不要放過任何重要的細小的地方，雖然那還不是直接的答案，但是可以把答案的線頭給拽出來。

「若探人而居其內」，我們要試探一個人，徹底搞清楚一個人，就要變得像他肚子裡的蛔蟲，學孫悟空整人時就跑到人家肚子裡，屢屢得手。為什麼要臥底、要蹲點、要打入敵人內部？因為「居其內」才能看得清楚，跑到對方的肚子裡面，對方的狼子野心我們才得以知道。《大學》講「人之視己，如見其肺肝然」，所以，人何必掩飾呢？「量其能，射其意也」，探測到人的內心，就可以量度他的能力，捕捉對方的意圖。好像射箭一樣，還要射得百發百中。人的意念最飄忽了，隨時變化，但是我對於對方所想的，絕對能捕捉到。

「符應不失，如螣蛇之所指，若羿之引矢」，等你練到高手境界了，所有的東西一定是符合的，就像一塊符破成兩塊，最後還對得上，百分之百地精確，像螣蛇所指引的福禍不差，像后羿射箭必定命中。螣蛇，這種蛇據說能飛，在古代社會有占卜功能，能預卜吉凶。螣蛇指到哪裡，哪裡就會發生重大的事情，沒有例外。后羿善於射箭，曾助堯帝射九日。傳說十日齊出，禍害蒼生，后羿射九日，只留一日，給大地帶來復甦的生機，人們遂尊稱他為「大羿」。

（六）

故知之始己，自知而後知人也。其相知也，若比目之魚；其見形也，若光之與影。其察言也不失，若磁石之取針，如舌之取燔骨。其與人也微，其見人也疾；如陰與陽，如陽與陰，如圓與方，如方與圓。未見形，圓以道之；既見形，方以事之。進退左右，以是司之。己不先定，牧人不正，事用不巧，是謂忘情失道。己審先定以牧人，策而無形容，莫見其門，是謂天神。

「故知之始己，自知而後知人也」，所以要瞭解掌握對方的情況，首先從自己開始，先要自知，然後才能知人。不自知，自己就站不穩，就會感情用事，看別人都有問題，做事情就有偏差，憑著主觀見解戴上有色眼鏡。老子曾說「自知者明」，你瞭解別人有偏差，是因為沒有完全瞭解自己。自知是知人的基礎，所以，內修比什麼都重要。「知之始己」，從自己開始練，《易經》中的晉卦（䷢）就是「知之始己」，要「自昭明德」，到了明夷卦（䷣）的黑暗環境時，就「自知而後知人」，「君子以蒞眾用晦而明」。其實都知道，偏偏裝作不知道。為什麼知道自己比較容易知人呢？因為人性是共通的，只有真誠地面對自己所有的各種小動作、小反應、小情緒，瞭解自己的弱點，發揚自己的善心，才可以「自知而後知人」。

「其相知也，若比目之魚」，人的自知與知人，就像比目魚一樣，兩兩並列而行。「其見形也，若光之與影」，對方一旦有形，光一投射馬上就顯露出來。也就是說，我們的智慧之光一照，對方的投影絕跑不掉。可見，我們知道自己之後，再去看別人，什麼都看得透明透亮，就像比目魚，距離很近，絕對很準確。「其察言也不失」，看人家講的話絕對不會漏掉。「若磁石之取針」，像磁石吸繡花針一樣絕跑不掉；「若舌之取燔骨」，像用舌頭從烤肉中剔出骨頭一樣容易。

「其與人也微，其見人也疾」，自己暴露給對方的微乎其微，而發現對方的情況卻十分迅速。我們跟人家互動接觸，沒有什麼大動作，但是對方的表情、反應，我們第一時間就可以掌握到。正如《易經》所講的「不疾而速，不行而至」，「寂然不動，感而遂通天下之故」。這就叫高手。「如陰與陽，如陽與陰，如圓與方，如方與圓」，就像陰變陽、陽轉陰，又像圓變方、方轉圓一樣。無論是陰陽、圓方，都可以得心應手。

「未見形，圓以道之」，我們如果還沒瞭解掌握對方的形，那就「圓以道之」，用周圓的策略對待。「既見形」，一旦他現形，慢慢被抓住狐狸尾巴了，「方以事之」，我用框框對付你，開藥方對付你，進退左右都可以。「進退左右，以是司之」，是進還是退，是左還是右，都是據此來定奪。「己不先定，牧人不正，事用不巧，是謂忘情失道」，如果你自己都毛毛躁躁，統御別人也無法正確行事，做事沒有技巧，這就是忘了實情，失了正道。所以先要定得下來，要有定力。要是不先定，牧人就不正，不自知就不能真正知人。在你感情用事的時候，看別人都不是完全的真相，總是不客觀。就像《易經》睽卦（䷥）的負面情緒，看別人都是惡人，都是泥巴豬，還載著一車子的鬼。己不先定，牧人就不正，你要養人家，看人家，觀察人就不正確，處理事情就不靈活，沒有高招，「是謂忘情失道」。如果你犯了前面那個錯誤，就得不到事情的真相，偏離了大道，結果一定凶。失道就糟了，會忘情，忘了實情、正道。「己審先定」，如果你自己先定得住，知止而後有定，「以牧人」，你去養人、牧天下，「策而無形容，莫見其門」，你的計策別人完全搞不清楚門道。「是謂天神」，這大概是鬼谷子覺得自己是天神。

可見，在人生的戰場上，我們要多多歷練體會，才會越磨越精。人生的鬥爭基本上是交易，我們要做交易，拿什麼東西來換呢？掌握有用的資訊，就可以瞭解對方真正的意思。我們如果可以達到目的，就不一定要把人家摧毀。

內揵第三

在二十一世紀，怎樣活學活用《鬼谷子》？《易經》的回答是巽卦（䷸）第三爻和第一爻變，兩爻齊變為中孚卦（䷼），就是要取得人家的信任。一個遊說者要遊說一個目標，通常是有求於他，目標有實力，希望打動他，說服他，建立彼此信賴的關係。一旦建立信任機制，就不容易被人家離間破壞了。在他做決策的很多選項中，他可能就優先考慮你，就像親子之間，不容易被打散。那麼，怎樣達成這樣的中孚呢？靠巽的工夫。亂世憂患九卦的最高深、最幽微的工夫，就是巽卦。巽卦可以「稱而隱」，「稱以行權」，權變無方，無形無象，很深入地掌握對方的想法，來實現自己的志向，即「中命行事」。

我前面講的鬼谷子的理論幾乎都是如此，至於後面的理論也不外乎這一點。也就是說，要想成功遊說一個目標，要預先下很深入的揣摩工夫。巽卦的下一卦是什麼呢？就是兌卦（䷹）。要說服對方，還要讓對方內心歡喜，完全同意。「巽」就是「兌」的前置工夫，後面才是兌卦的話術。如果不下深入揣摩的工夫，你就可能永遠被拒於千里之外，進不了門。就如巽卦的前一卦旅卦（䷷）一樣，失時失勢失位，到處飄飄蕩蕩。所以，要由旅卦到兌卦，被接納為自己人，成為可以推心置腹、談知心話的對象，中間必下的工夫就是「巽」。《鬼谷子》就是在「巽」裡面產生「中孚」。

巽卦的第一爻，就是從旅卦完全徘徊在門外的外人，下決心打進核心，大概要準備的一些方案是：「利武人之貞，進退」。進去之後也不是那麼一帆風順，可能會遭遇很多障礙，那就是第三爻，經常會出現瓶頸，以致沒有那麼容易成功——「頻巽吝」，自己還得校正，做情緒的控管，深入再深入，揣摩再揣摩，修正再修正，見風轉舵，不要太堅持自己原先的看法。既然離原來的預期還有很大的差距，那就慢慢對焦、調整，反正目的就是要取得中孚的信賴關係。一旦互信建立，後面的什麼都好說。由巽至中孚就是我們學習《鬼谷子》的目標。再難的東西研究透徹之後，不斷練習都可以潛移默化，至少可以達到巽卦的第四爻：「田獲三品」。這是鬼谷子的基本功。

〈捭闔第一〉是《鬼谷子》的開宗明義，其卦象就是循序漸進的漸卦（䷴），第一、二、三、六爻動。漸卦是一步一步來，不能急，然後一定要成功。在這一過程中，考慮得很冷靜，步步為營。有時候遭遇障礙也不要硬衝，迂迴一下，想清楚再往前推。漸卦經常是這樣的，要止而巽，動不窮也，永遠有後招。漸卦下卦為艮，內部的阻礙要突破，最後才會成功，不然就不會有第六爻的完勝：「鴻漸于陸，其羽可用為儀」，建立一個成功的模型，可進可退。循序漸進，是要非常冷靜的。整個說服的方案要一步步往前推進，滴水不漏。

漸卦讓你冷靜地觀察，修正思路，掌握節奏。四個爻齊變就是節卦（䷻）。你在說服、溝通的時候，節奏是由你來主控的，不會失序。恰到好處，不鑽牛角尖，也不過火，節卦之後就產生中孚了。換句話說，「捭闔」是有韻律、節奏、章法的。

〈反應第二〉涵蓋面更廣，因為它在瞭解自己、瞭解別人、瞭解過去、預推未來。要說服人家是有往來的，要看人家是什麼反應，然後再決定要怎麼應對，甚至對方還會隱藏自己很深邃的心意，你要想辦法張開網，佈局、試探，逼出對方真正的心意。人的一顰一笑，說話的聲調，臉上種種豐富的表情，就叫象。象會變，虛虛實實，不定型，象在形先，但是象就是內心的徵兆。誠於中，很難不形於外，你就要捕捉那一剎那，遭遇困難就懂得馬上用更高的招把對方的真情逼出來。用心很深，觀察非常細膩，絕對不能有主觀的情緒。感情用事，自以為是，都是致命的。所以，對於〈反應第二〉來說，《易經》給出的答案是損卦（䷨），第二爻和第六爻動。損卦要懂得「懲忿窒欲」，嗜欲越淺，天機越深，才可以從中獲益。損的目的是要獲益，益卦（䷩）就是隨時調整，「遷善改過」。所有的「遷善改過」都建構在「懲忿窒欲」上。老子說：「為道日損，損之又損，以至於無為。」要是你有主觀的想法，一廂情願，絕對看不清楚，反而落在人家眼裡成笑話了。損卦的第六爻就是最好的結果，損極轉益，第六爻單爻變是自由開放、君臨天下，取得主控權的臨卦（䷒）。損卦從第二爻就開始，抑制自己不恰當的情緒，和第六爻一樣都是「弗損益之」，單爻變是頤卦（䷚）。第二爻、第六爻齊變就是復卦（䷗），復卦就是要掌握真相，穿透假象，直探核心。

第三篇〈內揵〉，揵同「楗」，揵即鎖，「內」指內心世界，從字面上理解，「內揵」即從內心深處鎖住。「內揵」這個詞用得很怪，大概是鬼谷子門下的這些人，其活動、說服的對象是那些掌權的國君，就看你能不能說服、打動他，讓他充分信任、啟用你。一旦說動了這些君王，馬上就是白衣卿相，蘇秦、張儀就是如此。但是，這樣的白衣卿相一定會有一堆人嫉妒，畢竟很多人熬資歷不知道熬了多久，都沒有上位，結果一介布衣憑著兩三句話就爬到上位，這些人一定會想辦法來破壞，在國君面前詆謗、造謠。這也是人之常情。所以，你要讓新的老闆始終對你信任不衰，就好像你把他鎖定了一樣，不受挑撥離間，交情一下就卡得很深。

要知道，人與人之間，尤其男人跟男人之間，情誼沒有那麼自然的，一定是從利益出發，從供需方面來考量。要使國君沒有辦法離開你，別人講的話都沒有辦法產生破壞力，這就要「內揵」，不僅關了門還上好了門閂。就像老子所云「善閉無關楗而不可開」。

在短期內建立一個別人沒有辦法挑撥離間、破壞的關係，就叫「內揵」。快速建立信賴關係，好像把他的心鎖住了，從外面還看不出來，然後他心服口服，完全接納你。商鞅在短時間內就讓秦孝公產生了信心，然後授予他大權，讓他推行震古鑠今的變法改革，一下子平步青雲。你看，他得面對多少人的嫉妒、破壞？不論外面的人怎麼破壞，秦孝公依然堅持變法，這就不容易了。這就是作為一個說客非常重要的自保工夫，即重要的「關楗」是誰，你能把他鎖定，別人再怎麼破壞都沒用。這種方法就叫「內揵」，給它上把鎖，而且沒有鑰匙能打開。人都有嫉妒的天性，自己沒有本事辦到，看到別人辦到肯定要嫉妒、破壞，見不得人家好，就拚命去搜集資料，捕風捉影搞破壞。只要那個「關楗」的人屹立不搖、信心不動，別人就拿你沒辦法。

〈內揵第三〉，寫在〈反應第二〉和〈捭闔第一〉之後，沒有任何善惡是非的問題。這涉及建功立業，不是開玩笑的，至少要自保，因為你怎麼知道信賴關係是不會變的？挑撥離間日久，能確保不生異變？就像曾參的媽媽，別人三次說她兒子殺人，她就不相信兒子了，嚇得趕緊跳牆逃跑，對不對？還是老子高明，「善閉無關楗而不可開」，他都不用鎖，是無形的，怎麼會有鑰匙呢？「善數不用籌策」，特別會算的人不需要占卦，不用籌也不用策，也能未卜先知。要知道任何一個東西都可以被破壞，只要有形的就可以被破壞。別人看到你一定要用籌策才能夠「順數知往，逆數知來」，他就會買通你身邊的人把籌策丟掉，這樣你就沒有辦法占卦了。假如你不用籌策都能未卜先知，對手即使把你的籌策都丟光了，你還是可以數往知來。因為你對任何東西沒有依賴感，你的智慧是活的。這就是老子的智慧，「善數不用籌策，善閉無關楗而不可開」。還有「善結無繩約而不可解」，跟人家結交，緊緊地綁在一起，並沒有用繩子綁，就是解不開。這種鐵打的交情，別人根本無法破壞。

可見，內揵是永遠都沒有辦法打開的，外面想破壞的人看不到那把鎖在哪裡。這都是巽卦的工夫，不知不覺中打了一個楔子進去，誰也拔不掉，而且還不知道楔子在哪裡。

關於「內揵」，南朝學者陶弘景注解道：「揵者，持之令固也。言君臣之際，上下之交，必內情相得，然後結固而不離。」也就是說，你要持盈保泰，要穩住這樣的關係，要固持，讓它永遠不被破壞。君臣上下之交多危險，隨時可能會被破壞，隨時可能會被出賣。所以要「內情相得」，要掩蔽內情，讓人家誤判，傷害不到你，這樣才可以如魚得水。如果不相得，勉強湊在一起，絕對不可以成事。就像《易經》中的革卦（䷰）所說的「二女同居，其志不相得」，非衝突不可，一定在短期內就會有劇烈的變化。而睽卦（䷥）的「二女同居，其志不同行」，純粹是同床異夢，看著在一起，其實離得好遠。這些就是內情有問題。不瞭解內情的，還以為是牛郎織女或者金童玉女，其實已經是怨偶了。內情，別人不會知道。相得，然後結固，這樣的結交才堅固而不離，永遠也打不散。要知道，人跟人能夠互信幾十年真的不是件容易的事情，不管是夫妻，還是親子、朋友，能互信多年不易。花無百日鮮，人無千日好，尤其是往來的頻率高，更難長期互信。很多形式上的東西，如果你沒有真正從內心搞定，那就通通不可靠。結婚的可以離婚，簽約的可以撕毀，說的話可以不認。「二人同心，其利斷金，同心之言，其臭如蘭」（《易經．繫辭傳》）。說不說都可以，「或默或語，或出或處」，這種交情才不會被破壞，其他的東西通通不可靠。

（一）

君臣上下之事，有遠而親，近而疏；就之不用，去之反求；日進前而不御，遙聞聲而相思。事皆有內揵，素結本始。或結以道德，或結以黨友，或結以財貨，或結以采色。用其意，欲入則入，欲出則出；欲親則親，欲疏則疏；欲就則就，欲去則去；欲求則求，欲思則思。若蚨母之從子也；出無間，入無朕。獨往獨來，莫之能止。

「君臣上下之事，有遠而親，近而疏；就之不用，去之反求；日進前而不御，遙聞聲而相思」，這幾句頗有詩的韻味，這個鬼老頭還有點搖頭晃腦的意趣。人確實是這樣，尤其涉及領導管理的事情，有時候真看不懂：到底誰是他的心腹？誰是他的愛將？他到底聽誰的話？擠在他身邊的人，可能他討厭得要死，根本就不信賴；而看不到的人躲在後面對他影響很大，隨便吹吹枕頭風就可以決定一個人的生死。君臣上下的事情是很難說的，「有遠而親」，有的離他好遠，幾年也沒見一面，也沒有看他召見，怎麼關係那麼親呢？「近而疏」，有的人明明離得很近，關係卻疏遠得很。辦公室就在隔壁，就住上下樓，都不講點真心話，還有深刻的矛盾。離你越近的越疏遠，看著就煩，看著就討厭；離你越遠的，反而親密得很。這種事我們經常可以見到。「有遠而親，近而疏」，尤其是君臣上下之事，萬般不與政事同，有太多的利害在其中。就像《易經》的一個卦中，二爻（地方大員）、五爻（君主）「遠而親」，四爻（朝中大臣）、五爻「近而疏」。當然也有相反的現象，即四爻跟二爻爭寵的時候，會把二爻完全排除在外，和五爻成為一個共犯結構。所以這裡說「有」，而不說「全」，也就是說走得近有時會很親密，就像穿一條褲子一樣，一起貪污。而有的則不是，因為二爻離君主遠，故多譽（有好聲譽），而四爻是近臣，伴君如伴虎，故多懼（戰戰兢兢），是不是「遠而親，近而疏」？面對這些狀況，你就要研究，「就之不用」，要遷就、屈就。天天往來、天天見面的，聽不進任何諫言，找領導人也沒有用，因為他不會用你的。「去之反求」，有時候離開領導人好遠了，領導人卻用快馬把你追回來。這種情況可能會發生在同一個人身上。也就是說某人向國君進諫，被棄而不用；離開國君，說此處不留爺、自有留爺處，老子換一個地方去遊說，結果沒出國境就被國君追回來了。這就是「就之不用」，反而坐冷板凳；「去之反求」，反被國君快馬追回重用。

「日進前而不御」，天天就在君王面前，反而得不到重用。「遙聞聲而相思」，有的人只是遠遠地聽到有大才，國君就好想與那個人見面。可見，人性很複雜，也很有趣，天天在眼前的東西太容易得到了，反而不要，非得去追慕一些遙遠的，甚至沒見過面的。就像秦始皇想見韓非，沒見到韓非的時候，讀了韓非的書，馬上變成韓非的第一號粉絲，想辦法把他弄過來。等到韓非來了，一看他講話結結巴巴，結果不但沒有重用韓非，還受了身邊虎視眈眈的李斯的慫恿，殺了韓非。換句話說，表面上的那些距離，可能都不是真相。到底產生了什麼變化，這些都得給它研究清楚，不然你永遠也看不透。

下面就有一個結論告訴你了：「事皆有內揵，素結本始。」任何事情都有一把無形的鎖，平常的東西都與本源相聯結。所以，我們要把人家鎖定，要不然心裡就覺得不安全。我曾經去過不少風景區，到巔峰的時候，正想看風景，發現那裡繫著一堆鎖，都是男女的同心鎖。一把外在的鎖真的能鎖住一生？真要去調查的話，我估計很多鎖都白鎖了，以大地山川為證成了笑話。人生不就是這樣嗎？男女之間互相太喜歡了，不是弄同心鎖，就是在身上刺青，還刺在很重要的地方。萬一不在一起了，刺青怎麼辦呢？要是下一次找的伴侶的名字有一點相同還好改，一改就改過去了，要不然又得挖刺青、重刺。所以我建議這些人刺青前考慮考慮，看看有效期有多久，不然剛刺完，餘痛未消就分開了。刺青的時候保留一點變化的彈性，要知道《易經》中說爻變就爻變，說卦變就卦變，卦中還有卦。這些外在的鎖都不是內揵，只是外揵而已，是貼紙，一撕就撕掉了。「事皆有內揵」，這才是高手。要做到這一點，就得「素結本始」，平常就要下工夫。不要事到臨頭才想辦法去表態、套近乎，內揵的工夫是不知不覺中下的，早就在佈局了，別人卻都不知道。一切都在平常下工夫，每天做一點，時間長了，關係深刻到別人想破壞都不行。

那麼「素結本始」，要結什麼呢？「或結以道德，或結以黨友，或結以財貨，或結以采色。」「或結以道德」，這是最高的，屬於道義之交，他們在這方面有類似的水準，所以彼此欣賞，彼此推崇。在道德上來交，這是最根本的，很純粹。「或結以黨友」，同黨、朋友，有共同的利益，屬於利益之交。黨友有好有壞，東漢就有「黨錮之禍」，明朝的宦官結黨被稱為閹黨，朝中清流也有黨。「或結以財貨」，這直接講了，他們之間以財物結交。這種結交有時難免提心吊膽，像有些人不敢把錢存入銀行一樣。現金放天花板上，放床底下，一旦被揭發，把天花板一頂，就掉下來了。「結以財貨」的利害關係太深了，一旦發生事情，就是共犯結構。「或結以采色」，有的人以美色、娛樂相結交。那種美女開路、裙帶關係都屬此類。

上述這些關係中，只有以道德相交的關係相對來講沒有問題，但是「結以道德」的恐怕很少，「結以黨友」的還不一定做壞事。「結以財貨」的就很難突破了，「結以采色」的也很難過關。權錢的交易，哪裡跑得掉制裁？

「用其意，欲入則入，欲出則出；欲親則親，欲疏則疏；欲就則就，欲去則去；欲求則求，欲思則思。」這種關係不是輕易可以破壞的。只要「用其意」，意念動一動，想進去就進去，想出來就出來，想親近就親近，想疏遠就疏遠，想靠近就靠近，想離開就離開，要人家徵召我，他就徵召我，要人家想我，他非想我不可。這就叫「用其意」。一個眼神都能殺人，可以讓對方急得跳腳，這就是懂得內揵，而且那種「結以」的關係是很複雜的，不見得只有一種。這些關係外人看不出來，他就算破壞了其中的一個關係，還有好幾個更重要的關係存在。好幾層關係，就是人際網路，佈局嚴謹，外人絕不可能破壞。

關係一旦鎖定了，根本不怕人破壞，即內揵成功。接下來鬼谷子就舉了一個自然界的例子：「若蚨母之從子也；出無間，入無朕。獨往獨來，莫之能止。」「蚨母」，即青蚨，一種昆蟲，形似蟬而稍大，陶弘景注解說「似蜘蛛，在穴中」。如果牠的幼子被偷取，蚨母不論遠近都會飛來相救。還有研究說，蚨母住在洞穴中，非常有安全意識，牠要出去的時候，為了保護幼子，洞口一定掩蓋得很嚴密，別的動物無從知曉。所以牠進也好，出也好，別的動物無法端掉其巢穴。蚨母養牠的小孩，善用蓋子把洞穴覆蓋起來，好像逃生躲避的地下室，出入往來，不留任何痕跡。可見，牠知道外面充滿了敵意、殺機，所以一定要無形，讓敵人找不到入口。牠不在時，敵人沒有辦法進入巢穴。「出無間」，出口沒有縫，人家沒有辦法破壞。「入無朕」，「朕」即徵兆，也沒有任何徵兆，牠又進去了。人要是找到一個安全的地方，別人都沒有辦法端掉你的大本營，因為根本就不知道出入口在哪裡。入穴出穴，防身有術，而且「獨往獨來」，誰都不能掌握你的行蹤，都不能把你封殺，想出來就出來，想躲起來就躲起來。我們都知道，人生在世，尤其是身處亂世時，平時就要多準備一些資源，如狡兔三窟，只挖一個穴是不行的，最好中間還坑道相連。當然，洞穴有它的好處，也有它的壞處，在下面是安全，猛獸進不來，但是藏在洞穴中，對外面的情況就不能掌握。萬一你要再鑽出來，剛好人家躲在那裡守株待兔，怎麼辦？人生會遭遇一波又一波的振盪，所以，還要準備避難的高地，視野遼闊，跑到上面誰也奈何不得你。看來，我們得跟蚨母學習，母愛太偉大了，牠為了保護小孩，都懂得用心機，敵人都不知道牠的巢穴在哪裡。還有「獨往獨來」，別人無從把握其與誰交往，因為他的交往是無形的，不著痕跡，就不會成為破壞的對象或者怨謗的對象。

㈡

內者，進說辭也。揵者，揵所謀也。欲說者，務隱度；計事者，務循順。陰慮可否，明言得失，以御其志。方來應時，以合其謀。詳思來揵，往應時當也。

下面就要解釋名詞了，什麼叫「內」？什麼叫「揵」？「內者，進說辭也；揵者，揵所謀也。」怎麼才能打進這個楔子，使得關係這麼深、信任感這麼強呢？「進說辭也」，要向實力派人物遊說，提出你的方案，打動這個實力派人物。不然你怎麼打得進核心，讓他和你的關係這麼近呢？所謂的揵，就是運用你的謀略，對方有重大疑難問題，跟別人談都無從解決，跟你一談，如茅塞頓開。就像商鞅跟秦孝公談了三天三夜，都忘了吃飯睡覺。「揵所謀」，一定有謀略，而且那個謀最好不要讓別人知道。法不傳六耳，一些絕對的機密不能為外人得知。這就是「內揵」。

「欲說者，務隱度」，要說服人家，務必悄悄地猜測人家的心意。「機事不密則害成」，一定要揣摩上意，搞清楚君王真正的想法。「務隱度」之「務」，就強調絕對要專心致志，說服人家，千萬不要打鑼打鼓，一定要自己揣摩，料算精確，「他人有心，予忖度之」。

「計事者」，尤其談一些機密的國家大事，「務循順」，要依循君王的意願，瞭解其心裡真正想幹的事。《韓非子》中有一名篇〈說難〉，「說難」就是揣摩上意，不要搞錯了。君主表面說的可能不是他心裡真正想的，有時候甚至會說反話。所以你要打中他的心坎，瞭解他真正的企圖，這叫「隱度」。隱，就是還不能夠公開，自己要在心中算計，隨順君心。順君意、度君心，才能得到自己所希望的結果。

「陰慮可否」，還沒正式開談時，先要想自己的說法能不能說服他，他會說yes，還是no，自己要去猜想。假如還沒有把握，那就搜集情報，再試探。前置作業一定要做好，說出來的方案沒有任何一句廢話。「明言得失」，直接提方案，告訴君主這件事情的得失、吉凶、成敗如何。畢竟很多事情不會全得，也不會全失，有得必有失，有利益必然有風險，要很明確地分析給他聽，不容含混。前面的「陰慮可否」是心理活動，後面的「明言得失」是實際建議，不能囉唆，不要長篇大論，半天不進入主題。英國首相邱吉爾在第二次世界大戰的時候，要求所有的工作團隊都要做到在限定的時間內或在一張紙上，把要彙報的事情統統講清楚、寫明白，如果有必要再用附錄。不要等到看完你這一篇偉大的報告，德國軍隊都打進來了。其實當老師的也一樣，學生寫論文，你認為老師都會看完嗎？如果老師看了你前面三五段還不知道你在扯什麼，保證是叉叉叉。所以一個說客要練習能夠在極短的時間內吸引談話對象的注意。「陰慮可否，明言得失」之後，就是「以御其志」，要弄清楚他內心真正想幹啥。志乃人心之所主，人一生就是有某種志，百折不撓都想要完成。志是人內心的主宰，你要充分掌握、控制，這就是最高的領導統御。領導統御不只是上面管理下面，也可以針對君主，完全清楚君主想什麼，就能夠「御其志」。

「方來應時，以合其謀」，以道術進言應合時宜，以便與君主的謀劃相合。國君問你意見時，他心中肯定是先有想法的，不可能說一片空白，什麼事情都丟給幕僚，他自己也有一些謀劃，只是沒有把握。君主首先會自問應該怎麼辦，沒把握時，再去問周邊幕僚。還不行的話，再做一點民意調查，再不行就占卦問天了。所以你先要搞清楚，君主沒有把握才會問你，不然他幹嘛問你。這時你要進獻合於君主意向的謀略。國君把握的是大方向，有很多細節沒有考量到，你所進獻的方案除了要應時，合乎時之所需，還不能跟他的腹案偏離太遠。《孫子兵法．始計篇》就說，作為大將，要說服國君，就要站在國君的角度去謀劃。國君有治國平天下的方案，希望大將能幫他完成。「將聽吾計，用之必勝，留之；將不聽吾計，用之必敗，去之。」換句話說，你想爭取一份工作，想運用這個資源，就要合君之謀。如果你說的跟他想的南轅北轍，那就白費心機了。

「詳思來揵，往應時當也」，詳細地考慮後再來進言打動君心，勸言也應該適應形勢所需。要非常詳盡地思索，周密地謀劃，所有的想法、謀劃剛好卡住君主的需求，你們就綁在一起了。如果你不管他心中有什麼想法，就亂給人家建議，肯定要撞牆。所以要思慮周到，要恰當，要適時，然後去回應君主。

（三）

夫內有不合者，不可施行也。乃揣切時宜，從便所為，以求其變。以變求內者，若管取揵。言往者，先順辭也；說來者，以變言也。善變者，審知地勢，乃通於天，以化四時，使鬼神，合於陰陽，而牧人民。見其謀事，知其志意。事有不合者，有所未知也。合而不結者，陽親而陰疏。事有不合者，聖人不為謀也。

「夫內有不合者」，如果經過試探之後發現判斷錯誤，沒有那個客觀條件，「不可施行也」，那就不要實施。「乃揣切時宜」，就要揣摩切中形勢。也就是說，還要合乎時宜，這是最重要的。「從便所為，以求其變」，原先的方案有問題了，那就要調整，千萬不要拘泥於原先的方案。因為不可施行，故要隨機變化。雙方談得不爽，假定還有機會的話，那就要隨機應變，才能讓談判具有可操作性。這裡要變的是你自己，不能說絕對不變，而是要隨時調整。一個方案就可以打通關的，這樣的事情很少。這就說明了臨機應變的重要性。敏感度非常重要，在對話的過程中，要學會察言觀色，隨時都能體察你講的那些話有沒有打動對方，如果發現不對勁，那就得趕快調整。對於這些未知的變數，事先都要做心理準備，原先的方案可能要進行大修改。凡是這種重要的說服過程，都是希望對現狀進行重大改變，中間不知道要改多少次。很多創作也是這樣，最後的定案跟原先的草案，有時相差很遠。這就是《易經》革卦（䷰）所說的「革之時大矣哉」，如第三爻「革言三就」（意即多聽、多試、多調整），就是要取得對方的信任——「有孚」，第三爻爻變就是隨卦（䷐），強調調整的彈性——「以求其變」。發現不對了，就不要堅持原來的方案，趕快調整。像巽卦（䷸）也是特別會調整的：「隨風，巽。君子以申命行事。」所有調整不能偏離時宜、時變，要便宜從事，怎麼方便，怎麼合適，就怎麼做。不要鑽牛角尖，不要把一些空的理論架構往上套，要隨時調整。只有經過多次的修正、試探、調整，才能取得成功。

戰國時期的縱橫家就是如此，他可以朝秦暮楚，既可以縱，也可以橫。那些遊說君王的策士，在遊說君王時，只要能讓國君如願，隨時都可以換一個說法。如法家的商鞅入秦時，先講帝道，秦孝公沒興趣，邊聽邊睡；然後就講王道，秦孝公興致依然不高；最後就講霸道，要變法強國，孝公來勁了，一個越講越歡，一個越聽越迷，竟然數日不厭。由此，君臣一拍即合，開始變法強秦。商鞅遊說取得成功的關鍵在於能隨時調整方案，如果他堅持帝道或者王道，秦孝公會聽嗎？

「以變求內者」，以變來求人家接納，然後你才能夠打進去。「若管取揵」，「管」就是鑰匙，就像用鑰匙打開鎖一樣。想打開他的鎖，就要有一把鑰匙。每個人都有鎖，每把鎖都有鑰匙，所以不要用錯。一旦打開他的心鎖，下面就可以暢談了。「言往者，先順辭也」，遊說之前，要闡述形勢，分析得失，就得涉及已發生的事情，那就跟他講講這件事情的沿革，為什麼會發生，為什麼會如此發展。要言不煩，要用「順辭」，即順從君主之意的言辭。當對方清楚到一定程度了，「說來者，以變言也」，講未來可能的發展，在掌握基本方向的前提下，要用靈活應變的方案來應對，以留有變通餘地。這裡的「變」也包括一些重要的關係人的反應，你的出招因他的反應而變，不斷在變。

「善變者，審知地勢，乃通於天，以化四時，使鬼神，合於陰陽，而牧人民。」善於應變的人，要熟悉各國地理形勢，精通天文以及四時的變化，這樣才能役使鬼神，與陰陽之道相合，從而對牧養人民有充分的把握。這一句話當然不是迷信的觀念，也不是在施法。天地人鬼神、春夏秋冬、土地民眾，他們的變化都要掌握，這樣才能夠充分控管，不至於失控。

「見其謀事」，言談之間，通過對方做事的方式，可以預見其謀事的方式：怎麼解決問題，都顯現在他的政績或者危機處理上。再加上你和君主的一對一的談話，不是更可以近距離觀察這個人嗎？看他怎麼謀事，就「知其志意」。人會謀劃，會思考應該怎麼做事以推行自己的主張。要知道人的志跟意一般人是看不出來的，尤其作為君主，更是不會輕易流露出來。但是我們憑君主如何謀事，就可以推測到他的志意是什麼。行家一出手，就知有沒有，你要瞭解這個人的志意，就看他怎麼謀事。做事情不能馬虎，前面一定要謀，看他怎麼想、怎麼做，做的結果是什麼，我們才能夠瞭解他，推動他後面的志意。

「事有不合者，有所未知也。」有些人自詡聰明，覺得自己完全瞭解決策者的想法。但是由對方後來做事的表現，發覺自己判斷有誤，不合君意，那一定是情報搜集有問題，瞭解對方還不夠透徹，可能還有一些關鍵的資訊沒有真正掌握。人要全知好難，兵法說打仗要知彼知己，還要知天知地。如果關鍵的資訊你不知道，當然是「事有不合」，不應對就不能成功。打仗是用力量來合，說客是用說來合，「有所未知也」，這一點必須承認。「不合」，就是情報掌握不夠，「有所未知」，看著是合了，怎麼沒有進展呢？其實還是有不知的地方。

「合而不結者，陽親而陰疏」，不希望雙方結成同盟，對君主的意圖表面親近，背地裡卻疏遠。「陽親而陰疏」在政治上、在聘雇關係上是常有的現象。表面上，不管周遭有沒有人，都顯得跟你親近，但是心中還有一些顧忌，或者是「陰疏」，實際上他跟你還是疏遠的，他沒有真把你當自己人。他顯現的態度就是「陽親」，表面上跟你很親，雖然你已近乎變成幕僚團的一員，變成了重要的軍事顧問，但他實際上還沒有把你當身邊人——「陰疏」。

表面上是親近，實際上是疏遠，一時半會兒很難識別，所以「事有不合者，聖人不為謀也」。「事有不合者」又出現了，前面說的「事有不合者」，是看起來君主不是完全滿意。「聖人不為謀也」，對這種談判失敗的，人家並沒有真正從心裡接納你，這時作為一個專業的說客，任何謀事、諫言，都要考慮放棄，因為毫無意義。你即使變成幕僚團的一員，但是並沒有變成君主的謀主。一定是什麼地方出問題了，可能是你的問題，也可能是他的問題，也可能還有第三者。「聖人不為謀也」，別花腦筋了，不要白費力氣了，想問題、鬥心機很耗心力的。發現不對了，發現人家表面笑、實際冷，「聖人不為謀也」。天底下那麼多地方，一定要待在這裡嗎？

（四）

故遠而親者，有陰德也；近而疏者，志不合也。就而不用者，策不得也；去而反求者，事中來也。日進前而不御者，施不合也；遙聞聲而相思者，合於謀以待決事也。

然後就解釋了，為什麼前面距離很近，「日進前而不御，遙聞聲而相思」？「故遠而親者」，為什麼實際的時空距離很遠，而他們卻那麼親近呢？那是因為「有陰德也」，他們的關係之深，超乎你的想像。他們暗中心意相通，即「陰德」。

「近而疏者」，那些關係親近反而被疏遠的人，就像辦公室就在隔壁，關係卻很疏遠，因為「志不合也」，和君主的心意不能相通。志不相合，說明不是同道、同志，難以心意相通。找到一個真正的同志很難，因為真正的同志，有共同的想法，做事的風格也很接近。《禮記．儒行篇》就講：「儒有合志同方，營道同術；並立則樂，相下不厭；久不相見，聞流言不信；其行本方立義，同而進，不同而退。其交友有如此者。」作為儒者，有同樣的師承，以同樣的風格共事，營道用同一套辦法。就像儒家有儒術，道家有道術，佛家有佛法，這就是同志。如果行事風格差異太大，就沒有辦法長期合作，最多只能風雨同舟，互相利用一下。所以說真正的長期合作，要求是很嚴格的，還真的需要有緣。「志不合」，那怎麼行呢？《說文解字》解釋「儒」字的特有含義，說是「術士之稱」，當然不是江湖術士，而是強調做事情講方法。「術」就是要實踐，要設計出起點在哪裡，目標在哪裡，怎樣的路線可以達到。換句話說，如果做事情沒有道理，沒有策略，也不講方法，就不能稱儒。

「就而不用者，策不得也」，已經那麼接近了，很遷就他了，結果還是不用我的謀略，這是因為提出的策略沒有得到他的歡心與認可。「策不得也」，當然不會用你，尤其在戰國時代，國君都是要用有用的人才，一切都是很現實的。

「去而反求者」，剛開始大家接觸不良，最後你離開了，跑得遠遠的，這個君主反而想辦法用快馬把你追回來，什麼原因呢？「事中來也」，你原先的預測對了，靈驗了。「來」就是未來。當時跟君主談的時候，事情還沒發生，提出的一些形勢分析和預測，君主不相信，覺得荒唐，不採納你的意見，那就再見了。沒想到還未到邊境的時候被他攔下來了，因為事情已經應驗了，誰都沒有料到的，你料到了，那君主就要把你追回來。這叫「去而反求」，一切以結果論。

「日進前而不御者，施不合也」，天天見面，就是不用你，因為所有的策略措施都不合君心，與其想法不契合。「遙聞聲而相思者，合於謀以待決事也」，隔那麼遠，還能讓君主聽到好名聲的人，是因為其謀略合乎君主的心意，君主等待他來決策事情。「遙聞聲而相思」，聽起來很美好，是一個國君求賢若渴的表現。問題是有時「遙聞聲而相思」，到最後發現「日進前而不御」，這就叫得不到的特別渴求，到手之後就特別失望，即「聞名不如見面，見面不如聞名」。

現代很多的粉絲情結就是因為缺乏瞭解，等到見面的時候特別失望，偶像變成了「嘔像」。

（五）

故曰：不見其類而為之者，見逆；不得其情而說之者，見非。得其情乃制其術，此用可出可入，可揵可開。故聖人立事，以此先知而揵萬物。

「故曰：不見其類而為之者，見逆。」如果找不到雙方相似的地方就倉促謀事，必定會遭到人家的排斥。物以類聚，人以群分，所以一定要有一些類比，察言觀色也是類。「類」都不懂得運用，就瞎幹，結果一定是什麼事情都不可能成，會踢到鐵板。「不得其情而說之者，見非」，沒有掌握他的七情六欲或者真正的想法，就胡亂去說，一定會被人家拒絕。「見逆、見非」，都是失敗，因為沒有「見其類」、「得其情」。《易經．繫辭傳》說「通神明之德，類萬物之情」，就是伏羲畫卦的依準，我們學卦就得有這個本領，曉得這個類，才懂得是怎麼回事。還有「得其情」，一定要完全掌握對方心中真正的想法，不然你沒有辦法控制事情的發展。你都不知道他真正要什麼，怎麼去進行下一步呢？

「得其情，乃制其術」，得到對方真正的想法，才能制定出相應的策略。「此用可出可入，可揵可開」，一旦取得主導地位，對方就非聽你的不可。你就可以自由出入，想走就走，想留就留，還有可以輕易地與對方在內心結交，使其敞開心扉。可見，情是人最大的弱點，就像一把鎖，一旦控制住，開關都掌握在你手中。當然，這也是一個說客的自保手段：剛開始時，對方完全聽你的，你可以操控自如；即使哪一天對方煩你了，你覺得不想幹下去了，依然可以打開這把心鎖，離開對方。什麼時候出入、揵開，都由你來決定，而不是由老闆來決定。任何一個國君或者老闆，時日一久，對於身邊的人不可能一直信任，旁邊一定有人進讒言、搞誹謗，所以一個成功的說客要「開除」老闆，不要等到被老闆開除。有這種自由度，都是「因其情乃制其術」，對方的弱點你都知道，「此用可出可入，可揵可開」。

「故聖人立事，以此先知而揵萬物」，聖人能成就事業，就是因為預先知曉事情能否有進展，如此才能駕馭操控萬物。這就告訴我們，什麼事情都要搶先知道，要做先知。對萬事萬物，我要把它鎖上就鎖上，鎖了之後沒人能把它打開，只有我有那把鑰匙。看來，交朋友，不要交鬼谷子之類，一旦被他控制，就麻煩了。這種人真的不會感情用事，很冷靜，能夠充分掌握主動權，什麼事都比人家先行幾步，早就佈好了局，在進的時候，就已經預留了退路，所以走的時候風風光光，不留任何遺憾。

（六）

由夫道德、仁義、禮樂、忠信、計謀，先取《詩》、《書》，混說損益，議論去就。欲合者用內，欲去者用外。外內者，必明道數。揣測來事，見疑決之。策無失計，立功建德，治名入產業，曰揵而內合。上暗不治，下亂不寤，揵而反之。內自得而外不留，說而飛之，若命自來，己迎而御之。若欲去之，因危與之。環轉因化，莫知所為，退為大儀。

這一段很像商鞅說秦孝公，是一個經典的說客策略，包括三個步驟。

「由夫道德、仁義、禮樂、忠信、計謀」，「由」就是按照哪一條路子走，順著道德、仁義、禮樂、忠信、計謀這些方面來進言。先講好的、冠冕堂皇的，什麼人權、自由、民主等。

「先取《詩》、《書》」，《詩經》和《尚書》是當時大家熟知的經典，是大家引經據典的材料，引用其中的語句，自然讓人信服。「混說損益」，還不純說，要混說，加加減減，加油添醋。反正只要言之有據，合乎自己講的目的就行，然後對方一定聽我的。「議論去就」，決定自己留下來還是離開。這是說客的基本功，不能只有詐謀，冠冕堂皇的、合乎國際規範的都得用到，還要懂得混說，要用什麼，不用什麼，「議論去就」，要去還是要留，都得有把握。

「欲合者用內」，如果你接觸這個君王，覺得可以共大事，就要用內揵的工夫，機不可失，非把這個國君的心打動不可，讓他絕跑不掉，老子就要借你的勢來成事。同時，國君覺得你魅力無窮，對你言聽計從，你就成了頭號軍師，如魚得水，就像劉備對諸葛亮一樣。「欲去者用外」，如果你在談的某一個階段發現不對勁，比如不大喜歡跟這個人長久合作，也很難長久合作，說不定將來有「狡兔死、走狗烹」的下場，或者這個人是扶不起的阿斗，總有一天你要離開，那就不要再拉近關係了。所有的籌碼不要亂用，注意力要擺在外頭，說不定還有別家老闆適合你。退一步海闊天空，此時就不要再進一步了，統統用虛招，開始往外做部署。在任何一個團體中，我們常常看到一個人曾經很重要，如果他有一段時間開會也不來，或者來一下也是一直看錶，說今天有約，就先離開了，這就是在「用外」，準備另謀高就了。「欲去者用外」，「用外」有什麼好處呢？既然不願意在這裡再深入發揮你的長才，就不要再深入，將來離開的時候，也不會知道太多不應該知道的東西。如果決意要走，還拚命往裡面鑽，等到什麼機要都知道了，人家還會放你走嗎？「欲去者用外」，既是自保，也是職業道德。一切到此為止，不要知道太多內情，人家告訴你都要說沒興趣，不然知道的機密太多，要走的時候也走不了。一旦走了，還得小心被滅口、被追殺。

「外內者」，不管是再深入，還是想抽腿，「必明道數」，不能亂來的，都有道，還有數，都可以算的。「揣測來事」，未來的事要先揣摩，「見疑決之」，還有想不通的，一定要決疑。對於學《易經》的人來說，這是基本功了。「策無失計」，所有提出來的完整方案，絕對不會遺漏。這裡的計包括進言和遁退，想閃的，「走為上策」，絕不會算錯。「立功建德」，功德就是這麼建立的。進退有序，好來好去，進以正，退也以正，很不容易。怎麼算都對，百發百中，替自己算也對，替別人算也對。最糊塗的就是替別人算都對，替自己算卻錯了。好多人都是這樣，如勾踐滅夫差後要文種自殺，文種還至死不悟。這一段在《史記·勾踐世家》中記載得很詳細：

范蠡遂去，自齊遺大夫種書曰：「蜚鳥盡，良弓藏；狡兔死，走狗烹。越王爲人長頸鳥喙，可與共患難，不可與共樂。子何不去？」種見書，稱病不朝。人或讒種且作亂，越王乃賜種劍曰：「子教寡人伐吳七術，寡人用其三而敗吳，其四在子，子爲我從先王試之。」種遂自殺。

「治名入產業」，這句話的「名」應該是有問題的，應該不是名分的「名」，而是老百姓的「民」，即幫助國君治理百姓，使百姓有固定的產業。如果民不聊生，就會引起內亂。如果更具體一點，「入產業」就是稅負千萬不要太重，最好能減稅，要刺激生產，門檻不可以太高，稅負不要太重。「曰揵而內合」，這叫作鞏固與君主的內部關係。這就是和君主的關係很近，缺你都不行了。就像管仲已經完全「內揵」住齊桓公，所以他就可以做到「揣測來事，見疑決之……」，誰問他都可以很好地解決，以致富邦強國，九合諸侯，不以兵車，使齊國稱霸，「立功建德」。「治民入產業」，在《管子》中是最實際的內容。這就是「揵而內合」，是內揵最高的表現。

「上暗不治，下亂不寤，揵而反之」，如果你輔佐的老闆不是齊桓公這種人，而是昏君，「上暗不治」，國家治理得一塌糊塗；「下亂不寤」，下面也是亂哄哄的，沒有辦法使之清醒過來，就「揵而反之」。領導人昏庸，下面也是亂得一塌糊塗，那要做另外的打算，何必蹚這個渾水呢？何況戰國時期很多說客是外來的，有必要蹚這個渾水嗎？這時要準備全身而退的策略，因為不會長久，要考慮不能長久之計。發現這個人不行，絕對不是一個好的輔佐對象，跟他發展下去總有一天會完蛋，那就準備退路。

「內自得而外不留」，對於那些內心自以為是而不採納外人意見的老闆，外面所有的高手、有才幹的人，統統留不住。和這樣的國君共事，實在不是一個好的選擇，將來必定會出事。一個人剛愎自用，自以為是，高手一般都待不久。這時候怎麼辦呢？「說而飛之」，妙哉，繼續說，不動聲色，但是知道相處不能長久，只能給他灌迷湯，跟他講一些空話，把他搞得暈暈乎乎的。趁他還在暈的時候，你趕快自己想辦法。反正沒有辦法救他，他聽不進別人的意見，那就讓他更糊塗吧。「若命自來，己迎而御之」，如果發現跟錯人了，不能說走就走。而且國君還糊塗，還來找你，也沒有關係，就迎上去，讓他用你。在做了這些動作之後，雖然你心裡犯嘀咕，還是要做最後的診斷，看看這個笨蛋到底可不可以駕馭。如果經過這樣的接觸之後，發現還是不行，不可救藥，「若欲去之」，自己想閃人了，「因危與之」，「與」就是交還職權。這樣一個老闆，怎麼樣也搞不好，那就不必跟他共生死共進退。他要你建言你就建言，他要你幫著辦點事你就辦點事。如果最後發現還是失控，沒有辦法起死回生，這個國家變得危險了，扶不起來了，那你就拿出早已準備好的辭呈，把那個爛攤子丟給他。在危局之下，既然沒有辦法幫他了，那就要懂得撤退，甚至還可以給他推薦一個更「好」的、當然也是更壞的臣子。「環轉因化，莫知所為，退為大儀」，或去或留，像圓環一樣隨著情況的變化而轉換，沒有人知道你有什麼打算，這樣的人可以說是懂得全身而退的大法則了。這個鬼谷子，這些話他肯定是對學生都明講的，不但講，還發揮，舉很多案例。所以，他的書後來怎能不成為禁書呢？秦漢以後，皇帝最看重的是臣子的效忠，不效忠還糊弄，絕對不行。鬼谷子的說法可謂大逆不道，難怪這些個皇帝要禁他的書。合則留，不合則去，說明在先秦的時候讀書人的自由度很高，只是在秦漢之後，皇帝是最不喜歡看到臣子有這個想法的。

「退為大儀」，哪個人能夠不留退路嗎？《易經》的大壯卦（䷡）血氣方剛，亂衝亂撞，啥事也不能成，大壯卦的另外一面就是遯卦（䷠），要預留退路。有的貌似一家人，其實可能終身沒有合作的可能，因為家人卦（䷤）的另外一面是睽卦（䷥）。那就不要勉強了，但是你發現睽之後，也不必公告天下，自己心裡有計較、有安排就行。我們多多少少都有一些職場的歷練，離職的時候，或者離開一個待了很久的地方時，能不留遺憾、不撕破臉，這是最重要的。這就是知進知退，知存知亡，也是內揵的關鍵。想要就一定征服他的心，不想要就一定讓自己走得冠冕堂皇，而且有情有義。如果在你待過的地方，都吵得面紅耳赤，那你的未來就有一點麻煩了。別人就會以此做文章，至少封你一個外號叫「老闆殺手」。人的去就，假如自己不講，將來甚至傳記都不寫，回憶錄都不寫，我們這種看戲的，真知道人家為什麼要去、為什麼要離開嗎？不知道。不知道就算了吧，當事人知道就好了，為什麼一定讓別人知道呢？

這一篇講完了，從《易經》的角度來說，「內揵」就是屯卦（䷂）的第五爻：「屯其膏。小貞吉，大貞凶。」鎖定君位。第五爻變就是復卦（䷗），屯中有復。屯卦第五爻是資源有限，可以幫他一點忙，但沒有辦法幫到大忙，因為「大貞凶」，這個國君是朽木不可雕也，幫他自己也會捲進去一起完蛋。輔佐這樣的人是「施未光也」。所以自始至終一定要掌握君位的真相，掌握真相就是復卦，復就是果肉裡面的核仁。你要完全瞭解君王的資源，以及可以合作到什麼地步。不是完全不能幹的情況下，可以幹到什麼程度？千萬不要用力過度。這就是〈內揵篇〉的言外之意。

抵巇第四

「抵巇」，「抵」就是用力量抵住，「巇」就是縫隙。抵要抵對地方，抵的不是地方，就卡住了。要抵的地方、值得你全身用勁的地方，一定是結構上有最大弱點的地方，也就是巇。巇也是山澗。任何組織都有縫隙，都有結構上非常脆弱的地方。想要乘虛而入，就得抓住其結構上的瑕疵點，你才可以進去。進去之後還要懂得怎麼出來，出入自由。想進去就進去，想出來就出來，一定要找一個突破口。有的結構從外面看好像是一塊鐵板，其實它一定有弱點，從那個弱點鑽進去，就是「抵巇」。打入、蹲點、滲透，就像尋找山裡面的山溝，間諜的「間」就是找縫隙，挑撥離間也是找人家的縫隙。抵的地方，就是一個突破口，這裡也是出口。所以要說服人，一定要找到說服的要點。人不可能沒有弱點，找到他的弱點，施加手段就可以進去。《易經》裡面的夬卦，就是水裝滿了，一旦潰堤，中下游就產生重大危機。夬卦（䷪）最上面的缺口就是「巇」，要是不堵上，洞就會越來越大，直至崩潰。還有履卦（䷉），第三爻就是弱點，「武人為于大君」，這是最弱的地方，要從弱處去突破，才可以達到你的目的。這種目的可以是說明，也可以是趁亂接收。你看，鬼谷子好壞：如果人家亂，先去給他整治整治，有得救，還可以敲竹槓，做六國的丞相，最後就享受了；如果發現已經病入膏肓了，不可救，表面上也不講，甚至還把弱點擴大一點，趁機會取而代之，接手過來，從頭開始，有何不可呢？以前的那些改朝換代就是取而代之，夏、商、周不就是如此嗎？鬼谷子完全坦白地講出來。換句話說，他絕對不會有愚夫愚婦、愚忠愚孝的舉動，而是很審慎地評估，不一定要幫別人做到底。什麼東西都考量到，太冷靜、太陰險了，但是這樣的做法對不對呢？沒有什麼不對，在戰國時代那種大爭之世，未嘗不可。只是後來的皇帝最討厭這種人，其實開國皇帝不也是靠謀奪別人來起家的嗎？

可見，「抵巇」就是找對方結構上脆弱的地方，就像山溝斷澗處，你用力的地方是對方最脆弱的地方。挑撥離間、見縫就鑽、滲透、打入、蹲點，都是如此。從軍事對抗來講，就是打擊敵人最脆弱的地方。從外交、談判來講，也是找到對方最脆弱的點猛打，使對方承受不起那個痛苦。說客去見老闆，要準備受聘做顧問，幫助他解決問題，解決什麼問題呢？就是解決最脆弱的點，所以要評估一下，能不能夠幫他彌縫。如果能夠幫著對方把最危險的破綻補實，當然榮華富貴就跟著來了。但是如果你找到了對方的弱點之所在，發現患部已經潰爛了，問題太嚴重了，實在救不了了，救不了也不要空手而歸，乾脆取而代之。如果你的力量不夠，也可以引用外面的力量，把他給併購了。已經不可以救了，何必再浪費精力呢？這些講起來很殘酷，但是嚴格講也沒錯，因為救不了，為什麼一定要救呢？不可以救了，乾脆就重造，那樣還快一點。這就是縱橫家的思維，絕不感情用事，而是實事求是地考量。

下面我們來看〈抵巇篇〉的本文。

(一)

物有自然，事有合離。有近而不可見，有遠而可知。近而不可見者，不察其辭也；遠而可知者，反往以驗來也。巇者，罅也。罅者，㵎也。㵎者，成大隙也。巇始有朕，可抵而塞，可抵而卻，可抵而息，可抵而匿，可抵而得，此謂抵巇之理也。

「物有自然，事有合離」，事物的發展就像自然而生一樣，有時相合，有時背離，非人力可以控制。「有近而不可見，有遠而可知」，有時近在眼前卻看不到，有時遠在天邊卻瞭解得很清楚。

「近而不可見」，這叫「燈下黑」，有時候越是我們身邊的事情反而越看不清楚。燈是要照亮遠處的，燈下面的地方反而有一個陰影，所以人常常打起燈籠往外面照，就忘了身邊的問題。臥榻之旁的問題，往往是最危險的，因為那個地方是看不見的。人觀察事情，常常沒有辦法周全，怕遠處看不到，故點亮了燈看遠處。可是在燈的下面形成了一個盲點，有陰影罩著，反而看不見了。那些當國君的不知道前後左右都有危險，不知道身邊有危險，就可能亡國敗家。因為近臣中可能有佞臣，有野心勃勃的、有居心叵測的，但是「近而不可見」，就是看不到。「不察其辭也」，身邊人講的話，你有沒有察驗，還是百分之百地相信那些拍馬屁、報喜不報憂的話？沒有下「察」的工夫，所以給人家混進來了，獲取你的信任，拉幫結派，甚至挖牆腳。這樣的情況有沒有？可見，對身邊人所有的言辭不要感情用事，都要察。如果不察身邊人、身邊事，危機就很難看到，那就叫「剝床以膚，切近災也」（《易經．剝卦》第四爻），你床邊的危險，都看不到。「反往以驗來也」，即根據已經發生的事情檢驗未來的發展趨勢。要有這種高瞻遠矚、神機妙算的能力。

「遠而可知者，反往以驗來也」，「遠而可知」，時間上、空間上，離你再遠也不是問題，絕對能夠分析透徹、抓到要害、神機妙算，趨吉避凶。遠的不怕，歷史上幾百年、幾千年以前的事情也可以知道。對過去瞭若指掌，該知道的統統知道，就是「反往」。「以驗來」，未來發展的短期、中期、長期，也可以知道。不管在哪裡的事情都可以知道，不會有疏離感。正因為掌握了事物變化的規律，有洞察的智慧，就可以「反往以驗來」。可見，「有近而不可見」，就是「燈下黑」，人就是有盲點，越近反而越看不清楚；「遠而可知」，遠的能看到，因為有洞察的智慧和料算的工夫。

「物有自然」，萬事萬物有自然的規律，一切都是依照自然的法則運轉。所有的人事，有時候如一段蜜月期，如膠似漆，一段時間過後就鬧翻了。人世間的離合就是如此，緣近就合，緣散就離；相親相愛就合，翻臉反目就離，終身不相見或者互相攻訐。那麼遠都能夠看見，近處的卻看不見，就要小心隨時會出狀況。不管遠的近的，我們都要注意這種常常出現的漏洞，也就是「巇」，不知不覺、不聲不響地把它補上，讓它不再出事。

「物有自然，事有合離，有近而不可見，有遠而可知。近而不可見者，不察其辭也；遠而可知者，反往以驗來也」，需要真工夫。旁觀者清，也叫「遠而可知」；當局者迷，就是典型的「近而不可見」，因為利害相關，在裡面卻看不清楚。有時候旁觀者可以看到一些危險，當局者卻看不出來。所以，我們要練達世情，跳開既定的立場，既要有投入的熱情，也要有超級冷靜的洞察力。

以前專門負責監督皇帝、大臣的御史，進言有免責權。皇帝是不能隨便殺御史的，因為他有監察責任，本身甚至不負責實際的政務，僅擔當著「旁觀者清」的大任。他是「遠而可知」，因為離爭權奪利有一定的距離，才會看得清楚。那些有切身利益的人就容易感情用事，「近而不可見」。故從前的言官負責進言，也稱拾遺、補闕，就是補官員的缺點。一個人總會犯錯、看不清楚，言官就幫你看清楚，提醒你，幫你補一補。有的你忘掉了，不夠周全，他就幫你「撿」起來。這就是在旁邊幫忙、進言、提醒的人，他可以拾遺、補闕。一個人大權在握，常常遺漏、缺失重要的東西，而自己卻看不清楚，所以必須要有制度上的設計，多幾雙眼睛來幫他看。曾國藩的書房就叫「求闕齋」，希望通過反省不斷求闕，從自己身上找毛病。

「巇者，罅也」，鬼谷子解釋「巇」，用了一個怪字「罅」，即山溝。「巇」就是小的裂縫，就像瓦罐上面有一條裂紋，慢慢漏水了，一打就破掉了。「罅者，𡼖也」，山裡的斷𡼖，就是一條大溝，在山與山之間。「𡼖者，成大隙也」，斷𡼖造成地形結構上一個很大的缺口，這是大裂縫了。可見，一個東西一旦有一條細小的裂縫，如果不去彌補，那條裂縫自然而然就會慢慢擴大。就像水庫大壩，剛開始有一條裂縫，結果變大，開始漏水，後面就是潰堤。這種腐蝕的力量開始不起眼，時間長了，就從小洞變大洞，到最後洞就補不上了。任何東西都是這樣，剛開始是小裂縫，如果有人要在這裡做手腳，運用抵巇的工夫，洞可能就更大了，直到不可救。

「巇始有朕，可抵而塞，可抵而卻，可抵而息，可抵而匿，可抵而得，此謂抵巇之理也」，

「巇始有朕」，「朕」即「眹」，徵兆、跡象，小的裂縫是一個徵兆，顯示結構有一點問題了，要補就早一點補，晚了就來不及了。所以我們一定要在剛開始有一點徵兆、問題還不那麼嚴重的時候趕快下手。「可抵而塞」，洞很小，可以塞住，就把它補上吧，暫時還可以用。通常這種洞，是從裡面自己裂開的，趕快補上，讓它強固。這是可以塞得住的洞。還有「可抵而卻」，如果是從外面來的因素，在外面打洞或者是別的，導致出現了結構上的裂縫，這時就一定要擋住外面的力量，讓其退卻，排除危險因素。就像有魔要來道場，那就要找金剛護法，門禁要森嚴，他進不來，就只能退卻，這就是「可抵而卻」，在那上面用工夫，外面打的洞就可以擋掉。內亂、內訌，這樣的洞就拿一些東西糊上。所以，「抵巇」分幾種。我們已經看到兩種，第一種是內部造成的，第二種是外部力量造成的。

還有第三種。第三種更可怕，是裡應外合，這就得重開處方來應對了。既要防外面、又要糊裡面的，即「可抵而息」，讓它平息。這時裂縫已經公開出現，就要讓裂縫慢慢平息。你用的力量，得讓傷口不再擴大，不要往上連累到心臟。「可抵而息」，就是從下面生出來的禍患。

第四種，「可抵而匿」，就是把它藏起來，不讓人家發覺，至少大部分人不會大驚小怪。「匿」，一是問題只是一個小小的萌芽，像《易經》坤卦第一爻「履霜」一樣，要趁大家還在睡覺的時候，把霜給除掉，才可以減緩它往堅冰發展的節奏；二是很多人還不知道，也不用告訴他們，就把它藏起來，想辦法把它控管住，神不知鬼不覺，外面看起來啥事也沒有。如果你不把它藏起來，一般人看到了會慌神，本來沒有那麼嚴重，結果大家一慌，小事變大事，變得非常棘手、難以處理了。可見，「可抵而塞、卻、息、匿」，都需要當機立斷。尤其是「匿」，不要讓一般人知道太多，自己暗中處理就好了，不然的話，就會更難處理，星星之火可以燎原。

最後一種就對不起了，「可抵而得」，乾脆收了歸我自己。一旦發現洞太大了，前面的方法都不行了，從外面擋不住，從裡面也沒有辦法糊弄，更沒有辦法藏起來，那就乾脆找買家，彼可取而代之。就像火勢一大，已經沒有辦法救火了，那就乾脆讓火燒掉算了。「可抵而得」，因為補救比接收還要花成本，而且還不見得有效，那就乾脆收了。

「此謂抵巇之理也」，以上五種，就是「抵巇」的道理。鬼谷子直接寫在這裡，他的那些徒弟一定都是秉承師尊的教誨。如果那些國君也看了《鬼谷子》，對他的弟子們估計要天天像防特務一樣盯著。請鬼谷子開藥方，要他來救你，弄不好他給你下一劑毒藥，讓你早一點「解脫」了。

（二）

事之危也，聖人知之，獨保其身，因化說事，通達計謀，以識細微。經起秋毫之末，揮之於太山之本。其施外兆萌牙櫱之謀，皆由抵巇。抵巇之隙，為道術用。

這一段講的是縱橫家重視自保，因為他與這些說服的對象純粹就是合則來、不合則去的關係，犯不著搭上性命。

「事之危也，聖人知之」，一旦事情危險了，這些了不起的聖人，他一定心中有數。對危險的察覺，不見得需要跑斷腿去搜集資料。從一些細微關鍵處，如揣摩領導人的心態，觀察其神情以及組織內部的氣氛，還有老百姓的講話，都可以看出端倪。這個地方有危險，要出亂子了，他們第一個想到的不是如何救人，而是「獨保其身，因化說事」。先要立於不敗之地，要是醫生自己都被傳染了，還怎麼治病呢？首先要自保，這也是兵法的觀念，不然還有什麼戰鬥力和精神？《孫子兵法》云：「先為不可勝，以待敵之可勝」，要等敵方出現弱點，我不可以有弱點。一般情況下是危邦不入，亂邦不居，但我既然進來了，首先就要保護好自己。這就是「獨保其身」，保護好自己才能救人。這是很簡單的道理。那些菩薩都是自保沒問題了，才去保別人、救別人。自度才能度人，自己都一堆問題，煩惱比要度的人還多，怎麼普度眾生？

先是「獨保其身」，然後再看看可以幫什麼忙，即「因化說事」；這件事情從接觸到發現危險狀況，中間是會變化的。一般來講，應該是變得更壞，或者有其他的野心家加入，或者現場主事的人沒處理好，原來的問題本來是癬疥之疾，結果變成了「盲腸炎」，要人老命了。所以，事態是變化的，我們也得隨機應變，不能根據原先的狀況應對。危機是動態的，有時上午跟下午都不一樣，這時我們就要「因化說事」，要對事態開藥方。危局是動態的，不斷在變，甚至是瞬間就變化很大，要因應事物的變化採取隨機的措施，這就是「通達計謀」。「言之十」稱「計」，「某之言」稱「謀」，計謀要注意通達。「以識細微」，魔鬼都藏在細節裡頭，要學會識別。細微不是小事，縫隙雖小，可它會讓大局崩盤，就如星星之火可以燎原。「因化說事，通達計謀」，就是要搞清楚那些重要的細微之處的變化。這種細微之處，有的是反映在資料上，有的是反映在關鍵當事人的眼色、表情的變化上，甚至講話的聲調變化都要掌握。

「經起秋毫之末」，「經」是始，「秋毫」就是秋天動物新換的細毛。很多事情就是從那麼微小的地方開始變壞的，因為沒有重視，最後發展到沒有辦法挽救。「揮之於太山之本」，因為沒處理，小病不治，就變成不可治的大病；小惡不改，就積成了大惡，就得遭報應。發展下去，就會像動搖泰山的根基一樣。「本」就是根基，再大的帝國大廈根基都會動搖，都會被撼動。任何事情，小的危機破綻，一般人不會注意，像秋毫之末那麼小，可是最後警醒時，已經不可治，連泰山的根基都會被動搖。內政不修，內部控管就出問題，然後拚命做一些華而不實的公關、應酬、外交，也是無濟於事。外交中不可能結下任何真的情誼。內部出問題了，就如《春秋公羊傳》的注解者何休所說的「虛內務而恃外好」，內務都沒有好好做，依靠好朋友挺你，這會好嗎？要知道，健康的外交一定是內政的延長。如果內政管理得井井有條，組織的戰鬥力不容小覷，國家再小，別人也不敢輕視你。如果淨做表面工夫，即「虛內務」，外交措施也不會有太好的效果。

「其施外兆萌牙蘖之謀，皆由抵巇」，針對外面的種種措施非常齊全，而忽略了內部合理、有效的管理，這樣發展下去，這個國家的問題徵兆，是不是就出來了？「兆」，預兆，「萌」，萌生。「牙蘖之謀」，針對萌芽狀態的細微問題，要及時處理。對一個管理者來說，出現這麼多此起彼伏的抗議、亂象，當然要想辦法撲滅，然後很多野心家或者居心叵測者，也在想辦法擴大事態。大家的注意力都集中在那個可能的突破口。通過管理者前期的危機處理，就可以看出其膽氣和管理效能。基督教的《聖經》常常講，人的一生最好避免被人家試探。攻防的種種謀略，都因為試探而起。亂象一萌，繼續發展就會變成惡毒的計謀。因為你老在忙外面一些無聊的事情，裡面該做的事情不做，那就嚴重了，「皆由抵巇」。看到一個明顯的弱點，每個人都懂得鑽縫子，尤其在現代這種資訊時代，天天沒事幹、動腦筋的人多得很。「皆由抵巇」，這是天地之間自然的法則。人都欺軟怕硬，因為有機會他才來，要是銅牆鐵壁，他根本也不敢試探。

「抵巇之隙，為道術用」，要治理國家、搞好內控，或是要顛覆他國，正面、反面的攻防都是用抵巇。這就要處理好結構上的關鍵點、弱點、罩門。人要知道自己的弱點，盡可能地求闕之後，看看能用什麼方法把弱點合理控管住。不要拚命往外衝，卻疏忽了內部管理。就像《易經》晉卦（䷢）的上爻「晉其角」，往外都沒有用，一定要回頭去整頓內部，即「維用伐邑」。到「晉其角」的時候再做內部整頓已經晚了，難免下一卦明夷卦（䷣）黑暗的下場。所以，最重要的還是內功。從儒家開始，一直強調內聖是外王的基礎。內部有問題了，外面怎麼粉飾都沒有用。「抵巇之隙」，善用抵巇的方法來彌補裂縫，所有的道術都在這方面一爭短長。這種技巧我們一定要知道。我們接手一個團體或者一種資源，就要在最短的時間內找到那個縫隙、要害，及早用重兵把守或者把它補上，不然慢慢就會出問題。

（三）

天下紛錯，上無明主，公侯無道德，則小人讒賊、賢人不用、聖人竄匿，貪利詐偽者作；君臣相惑，土崩瓦解而相伐射，父子離散，乖亂反目，是謂萌牙巇罅。聖人見萌牙巇罅，則抵之以法。世可以治，則抵而塞之；不可治，則抵而得之；或抵如此，或抵如彼；或抵反之，或抵覆之。五帝之政，抵而塞之；三王之事，抵而得之。諸侯相抵，不可勝數，當此之時，能抵為右。

「天下紛錯」，講的是戰國時代天下局勢一團混亂，紛紛擾擾交錯其中。「上無明主」，上位者沒有一個好的國君。「公侯無道德」，諸侯王公們道德淪喪。「則小人讒賊、賢人不用、聖人竄匿」，領導人出問題了，就影響一切，上無明主，公侯就不會有道德。旁邊還有很多寄生蟲似的小人大行其道，來迫害人，有的搬弄是非，有的妄進讒言，導致賢人得不到任用，聖人只好隱居山間，逃離亂世。在這個是非顛倒的年代，聖人的名頭太大了，不得不藏起來，而且藏在一個地方時間久了還不行，小人們又會找上門。聖人每隔一段時間還得換一個地方，像流寇一樣四處流竄。換句話說，在亂世的時候，聖人們想隱居山野開個道場授徒恐怕都不能長久。像六祖慧能，第一次出來講經的時候，一個尼姑就說他講得好，變成他的粉絲。粉絲越來越多，又不能講了，得竄匿，因為對頭找上門來了。

「貪利詐偽者作」，賢人、聖人無用武之地，一定是貪婪、偽詐之徒作亂。這個社會就是一個太極圖，黑的地方多了，白的地方就往後退，黑的地方就不斷擴張。貪利詐偽者用各種方法騙人，巧取豪奪。更有意思的是，「君臣相惑」，君有時候惑臣，臣有時候惑君，彼此互相惑。大家都在糊弄，根本就沒有任何真誠的上下之交。一旦「君臣相惑」，就是「土崩瓦解而相伐射」，各種勢力互相攻伐，國家面臨著土崩瓦解的局面。國家局勢不穩定，導致「父子離散，乖亂反目」。「父子離散」不用解釋了，「乖亂反目」，就如《易經．序卦》說「睽者，乖也」，本是一家人和樂融融的，結果反目，家人變睽。

「是謂萌牙巇罅」，看到這些現象一定要反省，這是裂縫產生的萌芽現象，要趕快補好。否則裂縫變成洞，一定會越來越大。「聖人見萌牙巇罅，則抵之以法」，聖人看到了萌芽狀態中的裂縫，一定想辦法抵住。從這一段看，鬼谷子覺得戰國之世太亂，他也想訓練一些人，「抵之以法」。怎麼抵呢？

「世可以治，則抵而塞之；不可治，則抵而得之」，聖人一旦看到了天下眾國亂象叢生，他就用鬼谷子的法來抵。古人云「不為良相，便為良醫」，國家就像病人，大醫可醫國，如果可以治，就用抵巇之法把那些破洞補上，塞起來，讓國家走上正軌。如果實在是不可救藥，「則抵而得之」，用抵巇之法，先把它滅了，自己收入囊中，再建一個新秩序。

「或抵如此，或抵如彼」，或者這樣去抵，或者那樣去抵。選項有兩種：一個是救你，彌補裂縫；一個讓你早登極樂，用抵巇之法達到取而代之的目的。「或抵反之」，用抵巇之法恢復正常狀況，又可以維持一段時間。「或抵覆之」，覆就是傾覆，用抵巇之法讓其傾覆。是傾覆還是扳正，都有充分的選擇自由。

「五帝之政」，中國關於五帝的說法不一，先秦時期五帝有東、西（「西方五帝」指少皞、太皞、黃帝、炎帝、舜）兩說，我們一般是採用《史記・五帝本紀》的說法，即「東方五帝」——黃帝、顓頊、帝嚳、堯、舜。「抵而塞之」，五帝當然都是不錯的了，政治清明，偶有縫隙，用抵巇之法就可以彌縫漏洞。我們不要認為堯、舜的時候，國家沒有問題，但是他們在國家出現問題的時候能夠「抵而塞之」，使問題不發散擴大。換句話說，任何東西一定有漏洞，世上沒有銅牆鐵壁，與其讓敵人發現，還不如自己經常體檢，一旦發現了，早一點補上。五帝之政也不過如此，就是不斷地改過，而且改得快。

「三王之事」，夏禹、商湯、周文王，這三代都是用革命改朝換代的。三王的時代，天下大亂，縫隙已經不能彌補，需要「抵而得之」。像禹治理洪水，不再是堵塞，而是疏導。還有看到對方有問題，並沒有幫他扶正，而是起來革命把他接收了。像商湯和周武王都是起來革命，分別取代夏桀和商紂，重建新的朝代。

「諸侯相抵，不可勝數」，在春秋戰國時代，各諸侯國都是利用對方的弱點，「抵而得」，數不勝數。各國都在找對方的弱點，找人才補自己的弱點。天下就是如此，這才是大爭之世。「當此之時，能抵為右」，既然生在戰國時期，像孟子那樣講仁義道德就沒有用，人家都要講求實用，每個人都要求自保，能夠深用抵巇之術的就做老大。古代以右為尊，「右」就是勝出，「左」就是落敗。「能抵為右」，也是那個時代的形勢使然。孟子不被重用，在於其想法不合時宜。謀士之所以會大行其道，就是因為合乎那個時代的需要。

(四)

自天地之合離終始，必有巇隙，不可不察也。察之以捭闔，能用此道，聖人也。聖人者，天地之使也。世無可抵，則深隱而待時；時有可抵，則為之謀。此道可以上合，可以檢下。能因能循，為天地守神。

「自天地之合離終始，必有巇隙，不可不察也」，這句話很好懂，意思是說從開天闢地以來有合有離、有始有終。這和「物有自然，事有合離」所說的一樣，事物都是離合不斷，終而復始。為什麼會有這些變化繁複的現象呢？「必有巇隙」，就是因為一定會出現縫隙，這些弱點一出來，剛開始還可以補一補，到後來補不了了，就得整個換掉。這種結構上的弱點，沒有任何事物能夠避免，「必有巇隙」，絕對不會滴水不漏的。那麼對於這種現象，「不可不察也」，不得不詳察。所以，在這種優勝劣汰、不斷轉換的過程中，有心人一定要深入洞察，不要動不動就說一點機會都沒有。其實機會多了，因為到處都是漏洞。像秦始皇一統六國，連天下的兵器都收了，看似天下無敵，誰知在短短的十五年中，秦王朝百孔千瘡，最後導致反抗者起義。這些最小的縫是從哪裡開始蔓延的呢？這就需要細細察探。

「察之以捭闔」，在抵巇的時候，觀察漏洞，就要用捭闔的工夫，不然漏洞很難看得到。用捭闔的方式談一談、探一探，就能探出對方的虛實，得知致命的弱點在哪裡。「能用此道，聖人也」，能夠使用這種抵巇之術的就是聖人。

「聖人者，天地之使也」，聖人是老天派來的，是天地的使者。他的智慧比一般人高，一般人看不出來的端倪，他都能看出來。就像高明的醫生一樣，能夠活死人、醫白骨。作為天地之使，他瞭解自然之道，任何事能夠做到先知先覺。當然，這個天使同基督教講的不一樣。聖人先瞭解天則，不願意看我們受苦，就來提醒我們。「世無可抵」，如果時世沒有插手的空間，沒有著力的地方，那就千萬不要莽撞，莽撞就會如《易經》大壯卦（䷡）所說的「羝羊觸藩」，會變成發情的公羊，到處亂撞，把角都撞斷了。「無可抵」，就是因為對方保護得很周到，暫時沒有任何機會，這個時候，「則深隱而待時」，淺隱還不行，要深隱，要把自己藏得像乾卦初爻所說的「潛龍」，深潛在淵中，「遯世无悶」，等待時機，等待有縫隙可利用。事物不會永遠沒有漏洞，「時有可抵，則為之謀」，一旦事物在發展中出現了破綻，有縫隙可利用，那就開始謀劃。

怎麼謀呢？就用抵巇之術。「此道可以上合，可以檢下」，一種是找到值得輔佐的對象，幫他把漏洞補上，解決他的心腹大患，就可以暗合上意。這是去幫人家忙，幫他穩定局勢。一種是發現幫不上忙了，那就從下面給他接收了，取而代之，穩住民眾，再收拾局面。就像伊尹開始試圖幫夏桀穩住江山，結果發現不行了，那就「檢下」，從下面下手，顛覆他的江山，跟商湯聯合。姜子牙也是如此。「檢下」，說白了就是人棄我取。

抵巇包含非常深刻的人性、人情，深諳大自然的變化之理，所以千萬別小看它。「能因能循，為天地守神」，我們如果遵循、跟隨並運用抵巇的法則，就可以掌握天地間一切變化，替天地守住這個規律，就可以永遠成功。我們不是愚夫愚婦、愚忠愚孝，也不是殯儀館的化妝師。守江山是他的責任，局面已經不可挽救了，我們要替整個天地來謀劃。自然法則本來就是優勝劣汰，哪一種對大家更好，我們就站在哪一邊。這種做法是替天地守神，不是為了任何一個政權或者個人盡忠。可見，聖人是為天地守神，不是為昏君守神，也不為任何感情用事的對象守神。為天地，要大公無私，要體現自然的法則。

「抵巇」，在中國古老的神話中就有體現。著名的神話故事女媧補天中，女媧就是專門補天的，天有缺口，她就得煉五彩石補天。這不僅要有看到缺口的眼光，還要懂得如何煉石，再把它補上。神話時代的很多東西值得我們推敲，不要小看這些，都有很深刻的意義。像愚公移山、精衛填海、夸父追日，體現的意志力是很強的，這就叫「天工，人其代之」。這些神話並不認為大自然沒有問題和缺憾，不然人生下來幹什麼，一代接一代，人永遠要扮演補缺的角色。

中國的上古神話中都很強調人的作用，這是中國文化與西方文化的相異之處。但是佛教的六道輪迴，把人當作六道中的一道，對人的價值就看得非常低。其實，佛也是人，是藉著人身，才能宣佛法，只是修到這一步並不容易。如果只是六道輪迴中的人，那麼也沒有什麼了不起，只是一天到晚受苦。

關於〈抵巇篇〉的宗旨，《易經》的萃卦（䷬）告訴我們，要集中力量和資源去抵巇，抵巇講的就是萃卦前面的姤卦（䷫），萃就是在姤（機會）出現以後，看到巇了，就要去抵。那就要集中最優秀的資源去抵巇，或者是補漏洞，或者是找機會，創造後面的升卦（䷭）。如果舊的救過來了，當然升。如果變成新的了，當然也是升。危機就是轉機，整個〈抵巇篇〉就很明確地告訴我們，這些縱橫家在發現姤（機會）之後，就要研究國君到底是怎麼回事，即萃卦第五爻。萃卦第五爻本身沒有辦法解決問題，其領導能力（孚）不夠，又是當局者迷，故爻辭說「匪孚，元永貞，悔亡」。初爻「有孚不終，乃亂乃萃。若號，一握為笑，勿恤，往无咎」，也就是說，這些說客本是一介布衣，什麼也沒有，他想要的對象是第五爻，剛開始還猶豫，想觀察一些時日，最後「若號，一握為笑」。那麼萃的初爻跟五爻這麼一較量，就有震卦（䷲）的象，下面會出現驚天動地的變化：一個是他突然變成宰相之類的高官；一個是國君不見了，被革命了。這兩種情況都有可能。

還有一個就是踩老虎尾巴的履卦（䷉），敢於批龍鱗、踩老虎尾巴。第一爻基本功，「素履，往无咎」。履卦的前身是小畜卦（䷈），在夾縫中以小博大、以柔克剛，第一爻學到這些工夫了。第二爻則提示我們絕對要能夠自保，「履道坦坦，幽人貞吉」說的就是如此。初爻、二爻都是基本功，然後有機會了，即第四爻有了接近君位的機會。第四爻「履虎尾，愬愬終吉」，這一爻爻變為中孚卦（䷼），得到老闆的信賴。從初爻跟二爻的一介布衣變成佩六國相印，變化很大。履卦的初爻、二爻、四爻這三個爻變，就是觀卦（䷓），從周邊打到核心，都在用觀的工夫，同時注意因時因地制宜，冷靜察探人家的縫隙。這就是通過《易經》看「抵巇」的解說。

飛箝第五

「飛箝」，「飛」即飛語，假裝讚揚對方，抬高對方的聲譽，以獲得對方的好感；「箝」即箝制。「飛箝」就是故意抬高對方，待對方戒心消除，那麼內情必然暴露，進而箝制對方。人一般都喜歡聽好話，連關羽這樣的人都喜歡戴高帽。這個故事我在前文略有提及，這裡再講一下。據說，關羽死後升天為神，鎮守南天門。一天，有一個雲遊散仙逛到南天門。關公將其攔下，喝道：「你是幹什麼的？」這人回道：「玉帝批准小仙下凡，隨身攜帶高帽百頂，賞與人間。」關羽聞言大怒：「高帽誤盡蒼生，不許通過！」言下之意就是，這種人最可恨，許多人因為喜歡戴高帽才犯了致命的錯誤。散仙連忙解釋：「世人愛戴高帽，已成習慣。您說得沒錯，但世上有幾個人能像您一樣剛正不阿，對高帽深惡痛絕呢？」關羽心中大喜，喝令放行。散仙挑起擔子走遠後，回頭看了下擔子，發現少了一頂高帽，原來這頂高帽已經戴到關老爺頭上了。你看，關羽說對戴高帽深惡痛絕，但是當別人給他戴高帽時他還是很高興，不自覺地接受了。

在《三國演義》裡，曹操、劉備、諸葛亮、陸遜等人都曾給關羽戴過高帽。第六十五回中，劉備入川以後，收服西涼名將馬超（字孟起）。關羽竟要入川和馬超起比試。諸葛亮趕緊修書一封給關羽戴高帽子，書云：

亮聞將軍欲與孟起分別高下，以亮度之，孟起雖雄烈過人，亦乃黥布、彭越之徒耳。當與翼德並驅爭先，猶未及美髯公之絕倫超群也。今公受任守荊州，不為不重；倘一入川，若荊州有失，罪莫大焉。惟冀明照。

關羽看到這封信，摸著長鬚笑道：「孔明知我心也。」將書信遍示賓客，打消了入川與馬超一決高下之心。看來，關老爺成神之前就愛戴高帽。成神後，依然喜歡高帽。看來這種飛箝之術，所用的高帽很實用。動動嘴巴，講得人家歡喜，目的就達到了。

可見，「飛箝」的招式就是灌迷魂湯，再控制人家。好，我們看鬼谷子如何「飛箝」。

(一)

凡度權量能，所以征遠來近。立勢而制事，必先察同異，別是非之語，見內外之辭，知有無之數，決安危之計，定親疏之事，然後乃權量之。其有隱括，乃可征，乃可求，乃可用。

「凡度權量能，所以征遠來近」，「征」就是徵求，「來」就是招徠，「征遠來近」即廣求天下英才，吸引遠近的人才來投奔。只有「征遠來近」，才能夠聚眾，能夠建立口碑，讓人家對你建立信心，盡可能來投靠。此即孔子所說的「近者悅，遠者來」。但是在做這樣一件事情之前，要「度權量能」，即忖度權略、衡量才能，一定要有一個目標、對象，事先得搜集資訊，忖度可實現的目標，看看對方的能耐和智慧，有沒有資源，然後再決定要不要爭取他，此「所以征遠來近」。

「立勢而制事」，「立勢」，既是力量，又不只是力量，形勢比人強。這些人才來了，如何運用，怎麼配合？要是沒有勢，誰理你啊？或者在某一種形勢下，你不是他長官，他也非要跟你共事不可，那你要不要建立這個勢呢？「而制事」，還要制訂很多的制度和遊戲規則。有規矩，才能夠推展一些事。

「立勢而制事」就說明，五湖四海的各路好漢聚集起來，自然有磨合的問題，那就得立規矩，即「必先察同異，別是非之語，見內外之辭，知有無之數，決安危之計，定親疏之事」，真的是忙不完了。

「必先察同異」，「必先」二字說明後面的動作絕對不能省，什麼叫「同異」？因為徵召的人來自五湖四海，有的屬於同一派系，有的則是不同派系，有的乾脆是孤家寡人，他們之間的同、異是什麼，這就要研究了。屬於同一個派系的，同的地方多，不同派系的就會你不服我、我不服你，孤家寡人者就是獨來獨往。這就是說，一個大家庭的成員，雖然稱為家人，可是就有睽異，故睽卦（䷥）就得辨同異——「君子以同而異」。還有，團體要是大了，就如林子大了，什麼鳥都有。管理者一定要徹底瞭解團體裡面派系結盟的狀況，他們有「異」也沒有什麼不好，就是因為各有派系，最高領導的仲裁者的位置才坐得穩。如果他們都是同的，沒有任何一點差別，你就危險了。所以，一個組織大了之後，各種派系誰跟誰比較親近，誰跟誰天天見面都不講話，一定要瞭解。「察同異」，說白了，就是觀察派系黨羽，要知道他們的同異，先歸類，看是哪一路，跟誰處得來、處不來，一定要知道。

「別是非之語」，既然派系的屬性明白了，對於裡面互相攻擊的人和自己人的是是非非，就能有比較公正的裁斷。不是同一黨的就會黨同伐異，先察出派系的同異，對於那些是是非非就能控制自如。我們常常糾纏在是非上，沒有人不在人後說人是非的。是非要怎麼裁斷呢？真正的是，真正的非，站在一個團體的立場上怎麼看呢？那就要瞭解他們的派系屬性。因為同異產生是非非，正如《莊子．齊物論》所說：「彼亦一是非，此亦一是非，果且有彼是乎哉？果且無彼是乎哉？彼是莫得其偶，謂之道樞。樞始得其環中，以應無窮。」作為領導人，要站在一個制高點，判斷是非。人不聚在一起，就沒有那麼多紛爭；聚在一起，什麼紛爭都來了。所以一定要做到「先察同異」，就能夠「別是非」。

「見內外之辭」，有些人在外邊發表的議論，未必完全跟內心真正的想法一樣；這些是場面上的話，有的是內部發言，在派系內部，大家覺得大概不會洩露，都在批評某某人。你要是從裡面聽到了，與他外面講的那種虛飄飄的發言一對照，心裡就透明透亮。人對內講話和對外講話，不會完全一樣。一些人在私密場合評論某人時咬牙切齒，但是在公開場合，他卻跟某某人握手言歡，然後說某某人很有貢獻，領導有方。其實，他的心中一直在罵某某人，是不是？這就叫內外之辭。也就是說，內部的發言和對外面的講話，怎麼可能一樣呢？可見，人的話不可以都相信，講話對象有內有外，人多時更是如此。如果有情報資訊管道，你就可以既掌握到外辭，也掌握到內辭，這樣才有把握管理好團隊。

「知有無之數」，在這樣的人事紛爭裡面，怎樣合作共事呢？他們搞小團體，或者幹別的什麼，你一定要瞭解這些人到底有沒有你真正需要的才幹。是名頭大得很，手上只有三腳貓的工夫，就剩一張嘴？還是默默做事的，原先不怎麼被重視，來了之後發現其不搞小團體，也不製造是非？這些就是「知有無之數」，都要深入考察，而且要公正地考察。瞭解他們彼此之間可能的矛盾、彼此的淵源，「知有無之數」之後，才知道誰是真的有才，誰是平庸無能。掌握了這些「數」，就掌握了一些關鍵的資訊。這樣才能夠「決安危之計」，對整個組織的安危大計才能定，否則就看不懂這些人為什麼一天到晚都在吵，為什麼這幫人提的意見，那幫人永遠不同意。

「定親疏之事」，人際就是親疏。「家人」的時候如蜜月，就很親近，暌違的時候就很疏遠。有的是由親轉疏，退出決策圈；有的是由疏轉親，進入決策圈。「定親疏之事」，這些事一定要搞清楚。任何人做事，像革命，想要變動一些東西，如同革卦（䷰）一樣「大人虎變」，旁邊馬上就得「君子豹變」，以及「小人革面」。在最內環的一定就親，在圈外的第二圈、第三圈和最外面的圈，當然就疏，不可能一視同仁。有些人可以讓他參預機要，跟有些人就得守口如瓶，這些都要決定。要是不適合親近的，你跟他太親了，不是很危險嗎？有些應該親近的，你卻疏遠了，那就會眾叛親離。在鼎卦（䷱）中，居於權力中心的國君，對於本來就是禍害的第四爻，他就很親近，而第二爻有真才實學，他卻很疏遠。所以，一個英明的領導，一定是親賢臣遠小人。因為到最後真正的決策圈只是少數中的少數，不能有問題，這樣才可能「決安危之計」。

「然後乃權量之」，人才來了之後，你會發現他的優點，但是通常有優點的人，也有很要命的缺點，怎麼對待呢？就用他的長處，制約他的短處，使其不至於妨害團體；用各種法規、方法去矯正、輔導他，這就是「其有隱括」。

「其有隱括」，有一個很神秘的內在機制。「隱括」就是來的可能是個人才，具有某種優勢，但是並不符合規範，還不是我想用的成熟員工，還需要琢磨一下，那我就用制度要求他。他如果抵觸、犯錯，就得提醒、矯正他，用情、理、法都可以。就像以前的木工，有些木材剛開始並不見得可以用，為了讓木材合乎規範，就要用矯揉的方式，矯枉使之成為直的木頭，才可以用，這樣的做法就叫「隱括」。學校教育也就是矯枉，通過教育把小孩子一些壞習氣矯正過來，這種教育的機制就叫「隱括」。很多人進入一個新的團體之後，都要經過這個磨合期。作為團體的一分子，一定要遵守共同的法則。要是不適合，不願意接受，那就走人。如果你願意來，就得接受一套管理的規矩，這樣才可以增加團體的績效。磨合的功能、矯枉的功能，就是「隱括」，這是團體必須有的。合則來，不合則去，學生不遵守校規，學校可以把他開除掉，公司的員工也是一樣，都不能放任。矯枉為直，木頭才能成器。在《荀子．性惡篇》中，荀子如是說：

> 故枸木必將待檃栝、烝、矯然後直；鈍金必將待礱、厲然後利；今人之性惡，必將待師法然後正，得禮義然後治。今人無師法則偏險而不正，無禮義則悖亂而不治。古者聖王以人之性惡，以爲偏險而不正，悖亂而不治，是以爲之起禮義，制法度，以矯飾人之情性而正之，以擾化人之情性而導之也。始皆出於治，合於道者也。今之人，化師法，積文學，道禮義者爲君子；縱性情，安恣睢而違禮義者爲小人。用此觀之，人之性惡明矣，其善者僞也。

一個人融入團體生活，一開始就得用制度、禮儀制約他，這樣才能就範。《易經》中的家人卦（䷤）夠親愛精誠了，但是第一爻（原文為：「閑有家，悔亡。」）設置門檻，第三爻（原文為：「家人嗃嗃，悔厲吉；婦子嘻嘻，終吝。」）動用家法，絕不嬉皮笑臉。如果不這樣做，一個家就不能成為一個團體，猶如一盤散沙。

「乃可征」，有了權量、隱括之後，才可以徵召、使用人才，使之變成團體中的一員悍將，為團體創造績效。「乃」字說明前面忙了一大堆必要的事情之後，才有後面的結果，所以前面的制度要非常嚴謹。還有「乃可求」，既然是團體的成員，就可以要求其履行義務，而且有一個「隱括」的機制，有懲罰，有獎賞；「乃可用」，這樣做後，人才才可以用。人才的徵選考核都是這樣，是一直連續的，不能停的，因為人會變；管理也是持續的，一個人進來之後，可能聞名不如見面，實際表現只有想像的一半，任用之後才知道長短。發揚長處，矯正短處，這都是管理者要做的「隱括」工作。

(二)

引鉤箝之辭，飛而箝之。鉤箝之語，其說辭也，乍同乍異。其不可善者，或先征之，而後重累；或先重以累，而後毀之；或以重累為毀；或以毀為重累。其用或稱財貨、琦瑋、珠玉、璧帛、采色以事之。或量能立勢以鉤之，或伺候見𡾰而箝之，其事用抵巇。

下面就進入實際的「飛箝」之術。

不管你是針對想徵用的人才還是想讓國君聽你的，要用到「飛箝」，就要像弓張開而箭暫時不射出去一樣，構成一個強大的引力場。「鉤箝之辭」，好像釣魚一樣，讓魚甘願上鉤，不想跑。「引鉤箝之辭」，就是用言詞這種很低的成本提供一定的誘因，瞭解對方的實情。雖然每個人都懂得保護自己，可是有些人會上鉤。假如他好名利，用名利可以讓他上鉤；假如他好美色，用美色可以讓他上鉤。「飛而箝之」，先鉤出對方的實情，然後箝制他，有時候還要飛箝，講一些空話，把他綁得更死。用虛名去釣人，就是一句話說出去，便把對方牢牢掌控住。

「鉤箝之語，其說辭也，乍同乍異」，鉤箝之語，作為一門話術，要隨時變化。說他好，說他表現不錯，甚至有一些誇大，再不然不直接說他好，而是引用外面對他的稱譽，有時甚至不需要引出處。說辭完全是「運用之妙，存乎一心」。一會兒表示贊同對方，一會兒表示不同意見，這種「乍同乍異」的說辭，其實還是在試探，藉著種種的鉤箝，去瞭解對方內心的實情，希望他毫無保留地為組織奉獻的同時，還要加深箝制，譬如用名利、美色，讓他徹底為你所用。在進行鉤箝時，言辭不要太假，不要一下被識破。首先要鉤起他的注意，其次要讓他非常在乎。有些人就是期望有好名聲，希望各方面都對他肯定，尤其是老闆更喜歡聽讚譽。所以，講話要有種種的變化，不要講得太死，就像〈捭闔篇〉中的「或開而示之，或闔而閉之」，讓對方有種「陰陽不測」的感覺。不要一味地迎合，好話說盡，很快就會把牌給用完，將來你們還能共事多久？一味地迎合沒用，一味地罵也不行，好話說七成，意見也說三成，但是給對方的整體感覺，就是說到了心坎上。這樣才是「乍同乍異」的說辭。

「其不可善者」，對那些不喜歡虛名，不喜歡聽人吹捧，用飛箝之語難以搞定的人，怎麼辦呢？這種頑固分子，絕不輕易失去重心。你前面費盡口舌，「引鉤箝之辭，飛而箝之」，「鉤箝之語」靈活多變，「乍同乍異」，這樣還搞不定，對方沒反應，沒達到鉤箝的目的，這種「不可善者」，沒有辦法兩三招就搞定的，就要用到更複雜、更精深的工夫了。

飛箝無效的，方法有很多：「或先征之，而後重累；或先重以累，而後毀之；或以重累為毀；或以毀為重累。」你碰到鬼谷子這樣的人，心機繁複，變招無窮，真是很可怕。既然不能馬上用你，但他有辦法摧毀你，摧毀你的手段還有很多：首先是「或先征之，而後重累」。老闆先是徵召你，然後交給你很重大的責任。你不知道老闆心裡已經產生了微妙的變化，還以為是重用你，沒想到是要廢了你。要廢你還要找一個理由，交給你一個絕對做不成的事情，把重擔加在你身上，結果你做砸了，無話可說。不稱職，沒有辦法完成重大目標，你不辭職都不好意思了。

其次就是「或先重以累，而後毀之」，有的先交給你重任，其實老闆已經做好失敗的心理準備，那個重任就是要壓垮你的。我們舉一個例子，民國初期的袁世凱，對付梁啟超就是這樣。梁啟超書生意氣，對於袁世凱執掌下的政府這也看不順眼，那也看不順眼，好像自己一出手就能振興邦國。袁世凱一聽他這也批評，那也批評，那好，你批評哪一個部門，我就讓你擔任部門主管。後來就請梁啟超做司法總長，結果幹得比原任還差。梁啟超畢竟是文人，面皮薄。他批評前任，結果比前任做得還爛，根本沒有辦法勝任錯綜複雜的司法事務，只好辭職。不過，梁啟超還算是有氣節的，做幾下不行了，那就辭職，不濫竽充數；有的人不是，你看台灣現在有些官僚都變成了名嘴，有的人捅了婁子，還百般推脫責任。所以，鬼谷子這一套不適用於現在的台灣，沒有辦法摧毀這些人，因為他們無恥。人不要臉，則天下無敵，比不怕死還厲害。

「或以重累為毀」，先把你找來，而後交給你重任，就把你拖垮，累死你。所以，交給你重任，其實是要摧毀你。「或以毀為重累」，有時候故意罵你，把你罵得體無完膚，最後再交給你重任。這種挫你的銳氣，殺你的驕氣，比較起來，說明你還是可以用的，有一些事還非找你辦不可，但是絕對不能夠低聲下氣求你，一定先把你罵得體無完膚。最後說，好吧，還是給你一個機會，你就肝腦塗地為他賣命了。先毀他，然後再用他。像黃石公訓練張良，就先把他罵了個體無完膚，耍了他三天，那就是琢磨他，因為年輕人如果驕氣太盛，是很難用的。可見，鬼谷子這樣的心腸能夠彎到吞鐮刀的程度了。沒有固定的招式，所有表面的東西跟實際的東西可能都不一樣。

所用的招式達到目的了，才可以賦予重大責任。看著是毀你，其實是要交託責任。看禪宗五祖弘忍是怎麼對六祖慧能的：慧能剛入門，弘忍就知道找到了衣缽傳人，但是他表面上對慧能很冷淡，讓他專門打柴，幹些下等雜役，這樣做實際上就是讓他磨煉磨煉，免得過早陷入紛爭，也是變相地保全他。待到把衣缽傳給他時，還要三更半夜搞得像幽會一樣，傳完衣缽後，吩咐他趕緊逃，因為師兄弟們虎視眈眈。看來，不管是在宗教還是政治領域，真要成全你，可能另有方式，尤其在環境特殊的時候，四處都是敵人，要怎麼交付重任呢？出頭的椽子先爛，明著接受表揚的死得很快，因為已成為眾矢之的。

下面的招式就很簡單了：「其用或稱財貨、琦瑋、珠玉、璧帛、采色以事之」。「財貨」，錢也；「琦瑋」，寶石、美玉也；「采色」，美女也。也就是說，在迎合對方時，使用對方可能喜歡的財貨、美玉、珍珠、玉璧、絹帛、美色等。就像今天要給人行賄，送錢太扎眼，那就送古董、名畫，可以掩飾行賄形跡，也讓受賄人心滿意足，從而達到目的。「或量能立勢以鉤之」，也可以正確衡量其才能，酌情任用以立其勢來鉤住對方。「或伺候見𡺲而箝之，其事用抵巇」，或者利用對方的弱點，即縫隙，人不可能沒有弱點，什麼時候暴露真正的弱點，馬上就箝制他，在這種情況下，就得結合抵巇之術來對付了。「抵巇」在這裡又用上了，和人處久了就可以掌握其弱點。就如兵法上所說，為將者一旦有所愛，就可以藉機控制他。你愛廉潔，就栽贓你貪污；你愛老百姓，就給你製造難民。這就是《孫子兵法》所謂「奪其所愛則聽矣」，人一旦執著於某種事物，那就是最大的弱點。這個弱點就是其真正所愛，這一點要搞清楚，否則抵巇之術無法使用。整個《鬼谷子》跟八卦中的巽卦（☴）太密切了，深入低調，無孔不入，而且見風轉舵，快到無形無象。有時候對方出現弱點的時間只是一剎那，稍微一猶豫，就錯過了時機。

（三）

將欲用之於天下，必度權量能，見天時之盛衰，制地形之廣狹，岨嶮之難易，人民貨財之多少，諸侯之交孰親孰疏、孰愛孰憎，心意之慮懷。審其意，知其所好惡，乃就說其所重，以飛箝之辭，鉤其所好，乃以箝求之。

「將欲用之於天下」，要將飛箝之術用於天下，這和上面的「用之於人」相比，平臺更大了。一個是用在全天下，一個是用在一些特殊的、關鍵的人身上，都是用飛箝之術箝制住。在當時的戰國時期，鬼谷子希望弟子們能把飛箝之術推廣應用到列國之間的鬥爭中去。而且在遊說這些國君時，「必度權量能」，必須審時度勢、衡量才能。怎麼做呢？

「見天時之盛衰，制地形之廣狹，岨嶮之難易」，「岨嶮」，就是我們一般講的險阻，

「岨」比「阻」更形象，「嶮」是坎險，代表深淵，「岨」是阻礙，代表高山。這裡是說，要能夠看到天時是幫助這個國君強盛或者使其衰落，準確判斷該國的地理形勢是廣大或者狹小，地勢之險要是易於攻打還是據守。

「人民貨財之多少，諸侯之交孰親孰疏、孰愛孰憎」，瞭解這個國家的人口數量、經濟實力，還有其國際外交，與諸侯國之間的關係是親密或是疏遠，國君比較親近哪一個國家，比較憎恨哪一個國家。「心意之慮懷」，要掌握國君的起心動念，也就是他老擱在心裡頭的想法是什麼。就像《易經》中的師卦（䷆）第二爻的領軍大將，讓國君放心不下。「王三賜命，懷萬邦也」，國君屢次頒令，不見得是想念這個大將，而是想他會不會失控、擁兵自重。關鍵人物心中的想法，一定要探知，否則有一天丟了性命都不知道是為什麼。

「懷」要用心，有懷念、懷抱，有忘懷，還有懷疑。孔老夫子研究了一輩子人性人情，希望這個世界最終和諧，希望「少者懷之，老者安之，朋友信之」。自古以來，老的是最不容易安的，而朋友也是一天到晚騙來騙去，用各種方式算計。小時候沒有那麼多事業、利益的包袱，不能脫離父母的幫助。小孩子還不能過馬路的時候，父母得牽著他過馬路。等哪一天他初闖江湖，父母心裡老是放心不下，這統統叫「懷」。「少者懷之」，也是他長大之後，對這個世界可能有很多經不起考驗的理想、幻想。他想什麼，這個社會能不能夠提供給他發展的天地？社會要對年輕人給予照顧，提供足夠的機會。他對未來有懷想，可能會落空，但還是應該提供支援。少者沒有懷想的空間，那就沒有未來。

「審其意，知其所好惡」，起心動念，要搞清楚，不要會錯了意，每一個人都有好惡，包括其做事、用人、鬥爭。根據他的好惡行事，雖然不一定對，但是人很難不受個人好惡等主觀成見的影響。老闆喜歡誰、討厭誰，這個太重要了。好惡，雖說是感情用事，卻能決定很多人的想法、做法，所以必須腳踏實地去瞭解。何況有些人會掩飾其真正的好惡，不讓你知道，那更加不能搞錯。知道他的起心動念，還要知其所好惡，念頭一動，就知道他想要幹什麼了。「乃就說其所重」，人一定對一些事高度重視，你要瞭解他對哪些事情表面好像很在乎，其實是不在乎的，哪些事表面不看重，心裡卻重視得不得了，絕對想爭取、不想放棄。所以，一定要知道對方真正重視什麼。掌握了這個，我們才可以「奪其所愛則聽矣」，把對方最愛的、絕不能失去的東西奪了，那麼他一切都聽你的了。我曾經在講《孫子兵法》時說：「綁票」綁對了，絕對有用，就像要對付吳三桂，把陳圓圓綁票了，他就方寸大亂、一塌糊塗了。「奪其所愛則聽矣」，要知道他的所愛是誰，千萬不要搞錯。這就是「乃就說其所重」，人一定有重視的東西，可能是名，可能是利，可能是愛，等等。抓到他心裡最重視、最在乎的人或事去說服，當然能打到要害。

「以飛箝之辭，鉤其所好，乃以箝求之」，並用「飛箝」的言辭，說人家好話，講幾句讚美的話，不用納稅，也不用花錢，但是人家很高興，引你為同道，什麼貼己話都跟你講了。一個話題拋出去，「鉤其所好」，掌握他真正在乎什麼，就用這個進行說服。因為投其所好，他沒有辦法拒絕，就吞下了你設的餌，後面還有你的鉤，再後面還有你的線和釣竿，那不就上套了嗎？「乃以箝求之」，你就可以箝制他了。以箝求之，以鉤之，然後就可以箝制。這下就牢牢控制住他了。

我們再回過頭來，總結這一段。「將欲用之於天下」，可以用之於天下列邦萬國、企業團體、政治團體，用在哪裡都行，放諸四海而皆準，因為人性有共通之處。

「必度權量能」，力量、權力、權勢，一定要測算，看看對方的分量，要量化，還要有精密的資料，要測量，不能靠想像。這個人可能在組織中的職務沒多大，但他是實權人物，老闆特別信任他；而有的人看著是很大的官，根本是擺設，沒有多少權，所以一定要「度權量能」，看看他的能量。什麼叫權，什麼叫能？有些人是有能，但經常坐冷板凳，沒有權；有些人則是位高有權，但是很抱歉，他無能。個人也好，組織也好，國家也好，要搞清楚權能，不然怎麼去「飛箝」呢？「必」，是說服前要做的動作。《孫子兵法》中除了「知彼知己，百戰不殆」，還要「知天知地，勝乃可全」，那才周全。

「見天時之盛衰」也很重要。大環境是天時，二十世紀和二十一世紀，是不一樣的。天時是盛還是衰？不能昧於大環境，你要完全看得準。「制地形之廣狹」，你要去接觸的國家，它的幅員幾何？有的疆域面積很大，真正可以用的地卻不多，有很多地方是苦寒、苦熱之地。像俄羅斯的幅員很廣，但有很多地方是苦寒之地。美國就有一點得天獨厚了，它的領土完全不能用的地方很少。我們中國其實也是看著大，有很多地方不容易開發，地廣人稀，所以，中國的先天條件並不那麼好，有很多地方沒有多少人，邊疆線太長。「岨嶮之難易」，有特殊地形，有高山，有大河，有峽谷，有沙漠。有的地方有阻，有的地方有險。有險阻不怕，要建功立業，就是要跨越險阻。問題是險阻有程度上的差別，有時候克服險阻很簡單，有時候克服險阻很難，要花好多的心力。還有內部有很多的派系，這是內部的阻礙，你說服了老闆，不見得全部人都同意，這是人為的險阻，更要研究。無論是天時之盛衰、地形之廣狹，還是人心之險阻，都要充分掌握資訊，要完全能夠控制。我們說縱橫家就是一個巽卦。巽卦在亂世是最高的工夫，稱為「德之至也」，剛開始是被動的，但後來能夠完全掌握主動，對局面有掌控能力。「人民貨財知多少」，從整體的國力看，是窮國還是富國，這些怎麼能夠不知道呢？還有「諸侯之交」，即外交關係，跟列邦諸侯的外交，「孰親孰疏」、「孰愛孰憎」。注意，外表跟誰親，就真的很愛他嗎？不一定。跟一些國家或者一些人經常不往來，他們就真的很疏遠嗎？也不一定。人跟人的關係，有時像煙幕彈似的：表面是一家人，其實是睽異的；有時候外面裝著睽異，其實是一家人。所以親疏未必等於愛憎，但是真正重要的恐怕是愛憎。愛憎分明，但是愛憎未必公正，人就是不能脫離愛憎。外在的親疏僅提供參考，有時候親疏就等於愛憎，這是合理的安排。有時候迫於形勢，不得不跟誰親，但是心裡恨死了，真正愛的又不能夠走得近。所以作為一個縱橫家，要對此研究透徹。一個國家的外交關係之親疏愛憎，一個人在組織中的親疏愛憎，都是重要無比。對於這些，作為縱橫家，要研究透徹，要有深刻的瞭解。

（四）

用之於人，則量智能、權材力、料氣勢，為之樞機，以迎之、隨之，以箝和之，以意宣之，此飛箝之綴也。用之於人，則空往而實來，綴而不失，以究其辭。可箝而從，可箝而橫；可引而東，可引而西，可引而南，可引而北；可引而反，可引而覆，雖覆能復，不失其度。

「用之於人」，特殊的個人、想爭取的人才、想爭取的老闆、想爭取的金主，統統包含在

「人」內。把飛箝這一套用於人，人沒有喜歡被人家罵、不喜歡被人家捧的。「則量智慧」，智跟能不大一樣：「智」是乾卦的概念，「乾以易知」；「能」是坤卦的概念，「坤以簡能」。「易則易知，簡則易從」。乾是知，坤是能。知是智慧，能是能力。一個是體察認知，一個是執行能力。我們對一個人不僅要考量他有沒有智，還要考量他有沒有能。智慧不全就糟了，這跟對國家或者企業組織的「度權量能」不一樣，那是對整個組織的考量，這裡則是指個人。個人可能是組織的領導人，領導人智慧不足，他的公司、國家權能很大，那就糟蹋了，他不會用。像新加坡很小，權能不多，但是李光耀幾十年治理下來，使這個國家不可輕侮，因為他智慧高。

「權材力」，還要權衡這個關鍵人物的材力，看看他擁有多少實力、資源。智慧是他的本領，材力則看他到底有多少實力、資源。「料氣勢」，這個雖然比較抽象，但是很重要。有些人氣勢、格局很小，沒有辦法達到一定的高度，也不能強求；有些人氣勢就很旺，如果沒有環境限制他，他都要上太空去摘星辰。有些人有智能，有材力，但氣勢不足。你向他推薦一個很大的投資構想，他可能未必有興趣，他覺得現狀挺好，不想冒那麼大的險。有些人有氣勢，但是沒智能或者材力。所以，智慧、材力、氣勢一樣都不少的人確實難找。

「為之樞機」，把人的智慧、材力、氣勢都瞭解了，就是我們要跟他展開互動的樞機。《易經．繫辭傳》稱「樞機之發，榮辱之主也」，樞機關係一個人的前程，不可不慎。樞機一旦掌握，覺得這個人可以交流，可以與之言，就不要錯過。如果是不可以交流的，你跟他講那麼多幹什麼呢？《易經》中孚卦（䷼）第二爻稱「鳴鶴在陰，其子和之」，只有判斷正確了，雙方才有共鳴。「量智能，權材力，料氣勢」對了，就作為樞機。「我有好爵」，你有好構想，才能夠跟他分享，「吾與爾靡之」。可見，樞機就是對一個重要的人要瞭解，要「量智慧，權材力，料氣勢」。掌握了這個關鍵的樞跟機，發的時機一對，則「千里之外應之」，遠近都有回應。如果發的時機不對，則「千里之外違之，況其邇者乎」。

完全透徹瞭解，再判斷出手的時機，「以迎之、隨之，以箝和之，以意宣之，此飛箝之綴也」。「以迎之」，樞機在手，成竹在胸，對方的某個動作事先就揣測到了，趕在人家有實際行為之前，就去迎接。以前講那些孝子，父母親話還沒講出來，眉毛一皺，眼光一瞥，他就知道父母要什麼，馬上就端來了。這是一個掌握先機，甚至揣摩人的判斷力。李蓮英為什麼那麼招西太后喜歡，根本就不要講話，咳嗽一下，或者手指頭一動，他就知道老佛爺要什麼了。對方的動作還不明顯，就直接搶先一步做完了。「隨之」，就是對方已經有動作了，馬上跟上，絕不落後。在《易經》中，修到大人的智慧就算是最高境界了，「先天而天弗違」，就是「迎之」，「後天而奉天時」，就是「隨之」，雖然慢了一步，但是馬上跟上了，沒有落後。我們一般人能夠有「隨之」的智慧就已經不錯了，人家做了一個動作，馬上理解，立刻調整。「迎之」則更高，對方還沒有明確表態，就已經猜到了，直接搶在前面，甚至幫對方完成一部分了，那他多喜歡啊！「迎之、隨之」，在《老子》裡面就講：「迎之不見其首，隨之不見其後。」

「以箝和之，以意宣之」，徹底瞭解之後，掌握那個樞機，看什麼時候發，發得早，叫「迎之」，發得稍微晚一點叫「隨之」，然後就完全箝制他，掌握他的動向，你們就能夠合作了，能夠往深處談了。「以意宣之」，即完全瞭解對方的「意」。但是人心中藏著一些東西，不見得對所有人都講，一看你特懂，甚至不要講得太明白，雙方就可以達到真正的交流，把心意宣洩出來，這樣一來，你們的結盟關係就太緊密了。「此飛箝之綴也」，連成了一線，成了心連心、命換命的鐵桿，變成了命運共同體，可以風雨同舟，有共同的目標要實現。這就是用飛箝之術，幾句話就講到人家心坎裡。

「用之於人，則空往而實來，綴而不失」，完全把他連在一起了，絕對不會跑掉。「空往而實來」，講幾句好聽的、體己的話，就達成了同盟關係，可是你賺到的是實際的東西。你要的不就是這個關係嗎？這就是會講話的人，「空往而實來」，多實惠啊！有些人不會察言觀色，不會講話，不會用腦筋，講了很多，還是打動不了人家，甚至直接拿出錢來，人家還是不同意，反而把你趕出去，這就是「實往而空來」。「空往而實來」，用小成本做成了大生意，也就是《易經》中泰卦（䷊）講的「小往大來」。如果「大往小來」呢？那就是否卦（䷋）了，「否之匪人」，根本就不通氣，成本太高。飛箝要的就是「空往而實來」，再加上「綴而不失」，既然聯繫上了，那就絕對不會再失去。完成了這樣的合作關係，「以究其辭」，往後所有的溝通，都要推展到極致，每一句話都驚心動魄，都能夠在已經建立的關係上繼續發展、發揮。

把對方完全搞清楚，彼此契合，就可以完全掌控關係和局面。「可箝而從，可箝而橫」，「從」就是「縱」，集眾小，攻一強；「橫」就是張儀那一套，秦國跟隔了好遠的齊國連在一起，然後瓦解其他國家。是合縱還是連橫，基於與誰建立了推心置腹的關係，讓他合縱就合縱，讓他連橫就連橫。「可引而東，可引而西，可引而南，可引而北」，一旦構成非常強大的吸引力，自己不需要花多少成本，就可以達到效果，東南西北要他去哪裡就去哪裡，絕對聽話。「可引而反，可引而覆」，可讓他反正，也可讓他傾覆。「雖覆能復，不失其度」，一旦有破壞，看著要傾覆了，馬上扶正了，又站起來，又撥亂反正，恢復正常，充滿了創造力。這就是怎麼做都行，百分之百精確，分寸拿捏得很好，完全控制了局面。

整個〈飛箝第五〉，用《易經》的卦象來說，就是「空往而實來」，特別懂得文飾、包裝，但是絕跑不掉的賁卦（䷕）：初爻「賁其趾，舍車而徒」；三爻是完全進入狀態，「賁如濡如，永貞吉」；上爻「白賁无咎，上得志」。賁卦的這三個陽爻變，成坤卦，順勢用柔，什麼都搞定。這一套陰柔的工夫，就是賁卦。賁卦也是官樣文章，而且完全沒有動手，光靠著文辭就搞定。不像前一卦噬嗑卦（䷔），要咬牙切齒地鬥爭。賁卦完全不用，用軟的手段一樣達到目的。

忤合第六

我們看〈忤合第六〉。「忤」「合」兩個字意思相反，相背為「忤」，相向為「合」。也就是說，「忤」是和對方走不到一塊兒，屬於接觸不良，有抵觸，我的話不順他的心，他的話不合我的意。平時我們常聽到有人說自己的子女忤逆不孝。「合」就是配合得非常好。《易經》中的家人卦（䷤）就是「合」，睽卦（䷥）就是「忤」。要去說服人，談得好就合作，就是「合」；談得不好就再見，甚至還會對立，就是「忤」。〈忤合〉這一篇講的就是趨向與背反之術。

本篇最後一段，明顯就是《孫子兵法．用間篇》最後所說的：「昔殷之興也，伊摯在夏；周之興也，呂牙在殷。故明君賢將，能以上智為間者，必成大功。此兵之要，三軍之所恃而動也。」商朝革夏朝的命，就因為用了伊尹，「故伊尹五就湯，五就桀，而不能有所明，然後合于湯。」伊尹來來回回跑了五次，既跑到過夏桀那邊去，也跑到過商湯那裡去，經過參觀比較，最後發現夏朝這個當權派難以為繼，還是商湯這一新興勢力有為，他就幫著商湯滅了夏桀。這叫「上智之間」，即有最上等智慧的間諜。他不是那種專業的打入敵人內部竊取情報的間諜，但是他智慧高，通過觀察，能確定最後勝利的一方。也可以這麼說，伊尹來來回回跑，前幾次可能真的是參觀、比較，後幾次則絕對是做間諜，因為他心裡已經打定主意要幫助商湯顛覆夏桀。姜子牙也一樣，他要滅殷紂，也是在朝歌城廝混，同時跟周文王、武王也很熟，到最後扮演「上智之間」的角色。故《孫子兵法．用間篇》說殷朝的興起是因為「伊摯在夏」，伊尹正好在敵人的大本營，完全瞭解對方的虛實。而周朝的興起，則是「呂牙在殷」，呂牙就是姜子牙。他們都是在敵人陣營，對敵方瞭解得全面深刻，就此決定了要效忠誰、反對誰。也就是說，要麼忤，要麼合。春秋戰國時期，有些具備大才幹的文武之士，要是他來你的陣營，在你眼皮底下，你沒看出他是大才，或者你不想用他，或者旁邊有一些既得利益者不希望你用，你於是放掉了一條大魚，他就跑到對手那邊，反過來對付你。就像商鞅，在當時的中原大國魏國，老丞相公叔痤在死前向魏惠王推薦商鞅，而且還說，如果魏王不用，就得把他殺掉，免得給別人大用。魏惠王卻認為丞相老糊塗，竟然向他推薦一個小小的中庶子。魏王心想，既然自己根本就不想用他，何必要殺他呢？結果，商鞅在秦國得到重用，使秦國在短短的幾年間國富兵強，魏國與秦國的幾次大仗都敗北。可見，以前的人看人確實厲害，而且也夠狠。我勸你用一個人，你不用，那我就要站在國家的立場上殺掉他，以除後患。那個老丞相勸魏惠王的時候，也知道魏王不會聽他的，他警告商鞅趕快逃，結果商鞅比他還厲害，說魏王絕不會殺我，他既然不用我，就是對我不認可，也不會在意，怎麼會殺我呢？

你不用的人，別人會用，最後就來滅你。紂王沒用姜子牙，姜子牙就亡紂；夏桀不能用伊尹，而商湯重用，伊尹就滅了夏桀。「忤合」，對說客來講，他掌握得清清楚楚、明明白白，他也能做到來去自如。如果是爭強天下，他就會決定輔佐一個，把另外一個滅了。老闆選員工，員工也選老闆。春秋戰國時代實在是充滿了自由，沒有說一定要幫誰，所以，君臣關係是會撞牆、談不攏，還是情投意合，非常重要，而且不能勉強。

(一)

凡趨合倍反，計有適合。化轉環屬，各有形勢，反覆相求，因事為制。是以聖人居天地之間，立身、御世、施教、揚聲、明名也；必因事物之會，觀天時之宜，因以所多所少，以此先知之，與之轉化。

「凡趨合倍反」，「趨」，快步走，因大勢所趨，所以要快步走。「趨合」就是假如發現一個值得合作的夥伴，雙方談得攏，他也可能用別人，那就不要矜持地等著人家三顧茅廬了，要趕快去，因為這是一個很好的合作對象。「倍反」，最終搞清楚不能合作的，閃的時候不能太快，要給對方留點面子。要是你不能為他所用，而你對他瞭若指掌，他就可能殺你滅口，所以在離開的時候要慎重考慮如何進行。也就是說，一旦發現原先的判斷有誤，這個人不能長期合作，走的時候，要懂得慢慢抽身，一邊笑一邊抽身。要是拂袖而去，說不定你還沒走出大門就被滅了。所以要全身而退，就得學《易經》巽卦（䷸）的工夫，神不知鬼不覺，人家完全沒有覺察到你抽身的意圖，你就遠遁了，走的時候沒有任何東西留下來。這就是一步一步地解套，如解卦（䷧）第四爻在第三爻「負且乘」之後，「解而拇，朋至斯孚」，把不適合的舊關係解除掉，才能恢復自由身、結交新朋友。那麼，「解而拇」的動作就不能太急，要低調進行，最好能神不知鬼不覺，然後慢慢解開。這就是「趨合倍反」，一個是可以合作，要快速抓住機會；一個是取消合作，得慢慢撤，不要給自己造成傷害。

「計有適合」，人跟人到底是能合作，還是沒有辦法合作，都要用計，最後再決定是合作還是退出。《孫子兵法》說，國君和大將談得攏就用之，不用就去之，表面上都維持著客客氣氣的局面。古代有端茶送客，現代有「隨時聯繫吧」，都是用委婉的方式表示「以後就不聯繫了吧」。合則留，不合則去，大家心裡都有數。

「化轉環屬」，「屬」是連在一起，這種合作的進程，中間是不斷變化的，剛開始決定與某人合作的時候，不見得知道將來的發展，要深談之後才會知道，這個變化連接起來就像圓環一樣。

「各有形勢」，在事態變化圓轉的時候，中間是連續的，你要掌握住這個千變萬化、隨時變化的形勢。「反覆相求」，有時候一次不能夠完全搞清楚，還要一遍一遍地求，一定要搞清楚。「因事為制」，「制」即掌握主動，一定要掌握到那個關鍵的鑰匙。事情是千變萬化的，不能只靠言，還要看事，看對方怎麼做事，看看大家對事情的看法有沒有差距，做事情的習慣是什麼，再決定能不能共事。就像〈飛箝篇〉所講，有時是看對方的氣勢，有時是看對方的才能，有時是看對方有沒有資源。「因事為制」，充滿了彈性，靈活機變，你得跟上這個變化。

「是以聖人居天地之間」，像鬼谷子這種人，很有信心建功立業，他說人生天地之間要覺得自己是聖人。「立身、御世、施教、揚聲、明名也」，立足社會，有效地控管世事，一旦取得一定的影響力，就可以發揮自己的教化作用，使自己的聲名傳揚，顯示於外，真正造成影響力。如兩千年之後，我們還知道有蘇秦、張儀縱橫的故事。對於獵取聲名，鬼谷子一點也沒有避諱。

換句話說，縱橫家在大爭之世的戰國時代，從不諱言他的人生追求，認為人生短短幾十年，居天地之間，要「立身、御世、施教、揚聲，明名」，造成很大的影響力，沒有說要隱居，也沒有說要修德，更不會說這個世界不好，自己要去極樂世界早點解脫。他們的想法很積極、很正面，千方百計尋找機會，觀時世，看對象。「必因事物之會」，「因」即順承，必定順著人、事、物發展變化的關鍵點，即因緣相聚的交匯點，在時移世易、時來運轉中，看看有沒有緣找到合作的對象。很多事物一天到晚都在變動，一定要因，要抓住事物之會，然後充分利用。「觀天時之宜」，觀察天時合適不合適。「因以所多所少」，搞清楚自己所做的是多還是少，斟酌損益，增加或減少，要很冷靜地計算。什麼東西多了，什麼東西不夠，是對方、我，還是環境、天時的原因？「以此先知之，與之轉化」，根據忤合的原理瞭解事物的大致發展趨勢，再根據事物的形勢變化而轉變自己的決策。這就是居天地之間的聖人比常人厲害的地方，他可以先知，掌握大勢的發展方向，每天都在修正、轉變策略。戰國時期的大商人呂不韋，雖然最後下場不好，但是在開始時還是創造了奇蹟，無中生有，以「奇貨可居」的策略走出了一條從政的大道。他把全部的身家押在當時被認為是棄子的秦國質趙的嬴異人身上，經過秦國幾代國君後，最終呂不韋得以主掌秦國的大政，成為權傾天下的秦國丞相。這是怎樣的眼光呢？當時秦趙兩國之間的變化以及嬴異人回國作為儲君的可能性，他是怎麼知道的呢？這種無中生有的本事才是大能，根據形勢和事物的變化，在人棄我取的情況下，慢慢培養機會，結果成就大功。

(二)

世無常貴，事無常師。聖人無常與，無不與；無所聽，無不聽。成於事而合於計謀，與之為主。合於彼而離於此，計謀不兩忠，必有反忤；反於此，忤於彼；忤於此，反於彼。其術也。

「世無常貴」，一個人的身價，是不確定的，是根據行情來決定的。貴是沒有一定的，就像《易經》中的歸妹卦（䷵）跟漸卦（䷴）的關係，誰是小老婆，誰是大老婆，是不一定的。歸妹卦初爻，「歸妹以娣，跛能履，征吉」，跛腳的變成了大老婆，因為跛腳先跟獨眼龍（指第二爻「眇能視，利幽人之爭」）合作，然後把獨眼龍幹掉。有人以為自己一定是大老婆，最後卻變成小老婆（娣），成了出嫁時的贈品。身價隨時而變，出手一定要把握時機。有時候要惜售，有時候不能惜售，價格是隨時變動的。「事無常師」，任何事情沒有不變的師法對象。聖人沒有固定的老師。老師要是不成了，你就只能學那一點東西，老師要是藏一手，你不就學成殘廢了？廣泛地學習才能觸類旁通，發展出自己的一套思想、行為原則。「世無常貴」，有人現在貴，明年可能就進監牢。「事無常師」，在某一點上他算是老師，可能在別的方面他卻很拙劣。

「聖人無常與，無不與；無所聽，無不聽」，「與」是贊同，像交好的國家叫「與國」，兩者水乳交融，我需要你，你需要我。但是，聖人認為蜜月不能長久，可能今年兩國之間的關係好得很，明年就不一定了，搞不好還玩對抗。像美國拚命要討好越南、日本，但他們在第二次世界大戰中及戰後互相殺了多少人呢？「聖人無常與」，說明我們交好的對象也是不一定的，世事無常，變化無常，所以不要死心塌地，以為關係不會變了。我們現在交好，就做好現在的事情，並不代表將來一輩子「與」到最後了。什麼人可以合作，要視當時的需要以及自己的需要而定。「無不與」，也沒有永遠的不交好。要永遠保持靈活的方式，即建交的可能。為什麼要樹敵呢？現在不跟他合作，因為還想不出來怎麼合作，但是將來說不定可以合作。「無不與」就是跟所有人保留合作的空間。很多創業的夥伴到最後還能夠「與」的有多少？跟劉邦「與」的，好像後來都不見了；投靠朱元璋的，也不見了。真正了不起的人能看透：「無常與」，充滿了彈性，「比之匪人」可以，「系小子」也可以。「無不與」，你怎麼知道將來會跟誰在一起？都得示好，即使沒有實際的合作關係，也要保留活的人脈，雙方保留一個良好的印象。拒絕人家也不要說得太直白，只是目前緣分還不到，說不定將來有很大的合作空間。

「無所聽，無不聽」，沒有說一定要聽誰的，也沒有說永遠不聽誰的。你講的我都聽，但是聽了之後如何裁定、落實，那是另外一回事。我並沒有說不聽，我願意聽，只是沒有說非要聽誰的不可。這樣的人充滿了彈性。假如你有實力，對方可能暫時對你不中意，但現在不中意，說不定將來可能又中意了。就像我們經常看到一些人過去身邊有誰誰誰，現在卻是另外一個人了。「無所聽，無不聽」，端看時勢怎麼變化，看大家彼此合作的滿意度。誰能說一定是什麼或者重點是什麼呢？只要「成於事」，對方可以授權，自己能夠施展拳腳，「而合於計謀」，我所獻的策略他都聽了，「與之為主」，那就甘心輔佐對方。能夠成事，計謀能夠合，能言聽計從，就如諸葛亮講的，劉備都聽，張良的建議，劉邦馬上採納，這就是「成於事而合於計謀，與之為主」。

注意，這需要有專業的分寸，不能亂來，千萬不要腳踏兩條船，要保留好的印象和未來合作空間。任何人都很在乎忠誠。如果你是間諜，沒被發現還好，一旦被發現，對方一定除掉你或者永不錄用。這就是「合於彼而離於此，計謀不兩忠」。「必有反忤」，「反忤」就是「忤合」，「忤」是沒法合作，「反」就是合。「反於此，忤於彼；忤於此，反於彼。其術也」，你跟這邊合，就跟那邊不合，或者你跟這邊不合，就跟那邊合。這就是根據實際情況靈活運用忤合之術。彼和此屬於對立的，是不可能合作的，它們注定勢不兩立。你選擇的時候就要想好，選擇跟這一邊合作，就忤逆了另外一邊。就像伊尹、姜子牙，在沒做出決定前，他們有選擇空間，一旦投靠各自的主人後，就只有忠誠效命了。「計謀不兩忠」，你不能拿一套東西到這邊賣，到那邊也賣。賣兩邊，領雙薪，除非你是在用反間計，否則沒有任何人能夠容忍這種事情。合於彼就離於此，既然覺得那邊適合，就把這邊的事情辭掉。要是他們勢不兩立，你說你對兩邊都很忠誠，有這種事嗎？《易經》中的隨卦（䷐）有時是係小失大，有時是係大失小（第二爻「係小子，失丈夫」和第三爻「係丈夫，失小子」），在做決定的時候，只有一個效忠的對象。

可見，選擇老闆的時候要慎重，也別隨便得罪人。既然知道真主之所在，有更好的選擇對象，就要安排退路，要給前任保留一個良好的印象，至少表面上的關係要維持。也就是說，採用忤合之術求真主的時候，必須做到幽隱深意，讓對方不能有所明，搞不清楚你心中的決定，才不至於有覆敗之禍。陶弘景對於這一點深有體會，他說：「既忠不兩施，故宜行忤合之術。反忤者，意欲反合於此，必行忤於彼；忤者，設疑似之事，令昧者不知覺其事業。」為人做事要忠誠，既然現任老闆不合適，求得合適的老闆後決定要拒絕現任老闆，那就不要造成傷害，不要讓現任太丟面子。這時要行忤合之術，讓他搞不清楚你內心真正的想法。這樣做的風險其實很高，尤其在戰國時代，逼出這麼精巧的思維、謀略，也不為奇，處理不好的話，一下子就沒命了。不想待的地方，不要斷然拒絕，要讓對方搞不清楚，這些迷魂陣可以為你爭取做出最後決定的時間和空間。

（三）

> 用之於天下，必量天下而與之；用之於國，必量國而與之；用之於家，必量家而與之；用之於身，必量身材能氣勢而與之；大小進退，其用一也。必先謀慮計定，而後行之以飛箝之術。

這套方法，「用之於天下，必量天下而與之」。把忤合之術用在全世界，就要把全世界衡量一下，然後決定跟誰交好。「用之於國」，用在一個邦國，「必量國而與之」，要和這個國家開展密切的合作，也得把它研究清楚，衡量該國有沒有發展前途，能讓你大展宏圖。像諸葛亮造勢之後，劉備來了，他「必量劉備而與之」，「量國而與之」。那時劉備還沒有什麼勢力呢，但在後來的三國中，諸葛亮選了一個最小的蜀國。諸葛亮如果再等一等，會不會有更大的機會？畢竟蜀國是最小的，而且最先滅亡，看來諸葛亮還是有一點憋不住，因為臥得太久。如果再待久一點，曹操會不會去找他？孫權會不會去找他？這都是有可能的。用之於天下和國家，都是權量的工夫。那麼「用之於家」呢？不管是用到小家庭還是大夫之家，「必量家而與之」，都要經過精密的計算，才能與之交好。「用之於身」，用到個人，「必量身材能氣勢而與之」，必看對方的才能、品行、器質、地位再決定合作與否。

「大小進退，其用一也」，用在大小、進退等策略上，運用的原則都是一致的。就看你的機會、因緣，但是都要計算，選一個伴侶，選一個同志，都要好好考慮，不要隨便決定。原則是，不要過度遷就，也不要過度強求。「必先謀慮計定，而後行之以飛箝之術」，「飛箝」又來了，必定先用忤合之術做好周密的策劃，然後用飛箝之術來實施、實現。

關於「進退」，這一點一定要把握分寸。想走的時候自己心裡清楚就行，不要當場做出很決絕的表現。要是碰到高手，就你那點三腳貓的掩飾工夫，對方一看你的鬼樣子就知道你不想幹了，在你沒走之前就會偷偷幹掉你或者找機會把你除掉。所以，想要遁退的時候要「好遯」（《易經．遯卦》第四爻「好遯，君子吉，小人否」），好來好去。大家都讀兵法，用兵的時候就有較量，所以你心裡一定要知道有沒有碰到高手，自己的進退不能夠讓對方太清楚。尤其要退的時候，心裡不想幹了，但是你的態度要讓對方摸不透。

（四）

古之善背向者，乃協四海，包諸侯，忤合之地而化轉之，然後求合。故伊尹五就湯，五就桀，而不能有所明，然後合於湯。呂尚三就文王，三入殷，而不能有所明，然後合於文王。此知天命之箝，故歸之不疑也。

「古之善背向者」，「背向」即忤合，要往哪兒去叫「向」，要離開哪裡叫「背」，即古代善於運用忤合之術的人。「善背向」，這一點要處理好，「乃協四海，包諸侯」，可以協同天子統御天下，把諸侯充分掌握在自己手中。也就是說，掌握全世界都沒有問題，不管諸侯之間是中立還是對立，都能掌握。

「忤合之地而化轉之，然後求合」，當然，最後還是要找到一個中心，即可以輔佐的對象，而且是長期合作的對象。「忤合之地」，中間就要決定，不經歷、不談話、不考校，怎麼知道最後還誰合適呢？「化轉之」，要很圓融。其實，從《易經》的角度看，〈忤合篇〉整篇就是在踩老虎尾巴。伴君如伴虎，一路小心，到最後就很圓融，即履卦（䷉）上爻的「視履考祥，其旋元吉」，應對無礙。爻變就是兌卦（䷹），因為你太會說了，說得人家內心歡喜，欣然認可。一路走過來，遭遇那麼多豺狼虎豹，履險如夷，「履而泰，然後安」，下面就開泰。與好多人合作過，沒有一個是結怨的。能合則合，不能合，也不要踩到他的痛點，不要被他咬死，到最後周旋無礙。「忤合之地而化轉之」，有人能合作，有人必須拋開，都能很圓融地處理。「然後以之求合」，然後找到真正的合作對象。

「故伊尹五就湯，五就桀，而不能有所明，然後合於湯」，「就」是投靠，「而」是「因為」。伊尹五次投奔湯，然後又五次離開湯投奔桀，因為心裡明白在桀那邊不能夠發揮自己的聰明智慧，沒有光明的前途，最後還是投奔了湯。要知道，湯和桀是勢不兩立的，但伊尹可以來來去去，進去了出來，出來還可以再進去，能出能入，而且人家不為難他。「合於湯」，是經過慎重考量的。他也不是沒有給桀機會，至少和桀合作的可能並非完全沒有。桀就讓大才在眼皮底下溜過，湯則言聽計從。

「呂尚三就文王，三入殷，而不能有所明，然後合於文王」，姜子牙三次投奔周文王，又三次離開投奔商紂王，因為在紂王那邊完全不能夠發揮自己的才能，和他完全沒有默契，說不通也行不通，最後只好和文王合作。

「此知天命之箝」，天命出現了，哪一個朝代起來，哪一個組織起來，都是有天命的。正如《易經》所說的「自天佑之，吉无不利」，要看清楚大形勢，天命屬誰就是誰。所以，作為縱橫家，要挑老闆，一定要挑到天命所歸之人，這就是「此知天命之箝」。「故歸之不疑也」，想通了，就去投靠他，絕不猶豫。這裡，用的還是那個「箝」字，允諾有時候要看情況，拒絕別人的方式有千種萬種。我們不管做大事、做小事，還是找伴侶、談戀愛，這樣的經驗一定有很多。尤其是女生，拒絕別人不能過於隨便，不然很容易得罪別人。拒絕的本領其實有人天生就會，尤其是長得比較有姿色的，通常很懂得怎樣拒絕人更好。她一定「飛箝」，絕對不會說你死皮賴臉，而是說你很優秀，說你這種人未來一定有很好的伴侶，但不是我，我們沒有這個緣分。真是可惜啊！拒絕你，我心裡也很難過。美女說這樣的話，你還好意思再去追求她嗎？這其實是忤，不是合，是為了防止你翻臉，「飛箝」就在這時候用，講好聽的。「飛箝」這種工夫，基本功一般人都會，但用到最高境界時，可以用來對付那些強大的國家、團體、企業或者是重要對象，而且用得出神入化。

（五）

非至聖達奧，不能御世；非勞心苦思，不能原事；不悉心見情，不能成名；材質不惠，不能

用兵；忠實無真，不能知人。故忤合之道，己必自度材能知睿，量長短遠近孰不如。乃可以進，乃可以退；乃可以縱，乃可以橫。

「非至聖達奧」，「達奧」即達到最深奧的層次。沒有像聖人一樣通達高深的境界，是不能統御世界的。也就是說，工夫不夠，千萬不要丟醜，棋差一著，往往縛手縛腳。就像學《易經》，沒有學到化境，沒有練到人卦合一，就是再學二十年，人還是人，卦還是卦。

「非勞心苦思，不能原事」，「原」是動詞，即追本溯源，原始要終。不是費盡心力苦苦思索，就沒有追本溯源的能力。「能原事」，什麼事情都能夠探到根。所以，對於任何事情，要下「原」的工夫，一定要勞心苦思，不然就無法通透。

「不悉心見情，不能成名」，不悉心發現事情的真實情況，就不能成名。采之於心曰「悉」，要想成名，別人心裡所想的就要完全瞭解，尤其在你佈的局裡面，相關的人物心裡所想的，你要完全能夠洞察。所有人的心，不管是「明夷之心」、「天地之心」，還是「有孚惠心」、算計人的心、損己利人的心等，都要瞭解。人的情就是從心裡面流出來的，沒有心就沒有情，喜怒哀懼愛惡欲，一定要洞察。如果「悉心見情」都辦不到，不知道對方真正的意圖，如對方為什麼會生氣，為什麼突然講出這麼溫暖的話來，這些都不瞭解，還談什麼成名呢？

「材質不惠，不能用兵」，所有的競爭都要看材質，即看看你是什麼材料，看看你的根器如何。如果「材質不惠」，惠就是「慧」，你本身不是冰雪聰明，考慮事情不是特別周到、一點就透，不是那種材料，就「不能用兵」，如果你用兵會害死人。

「忠實無真，不能知人」，有些人忠厚老實，卻無真知灼見。這說明，他們夠笨，不可能有察人之明。《禮記・經解》說：「溫柔敦厚，詩教也……其為人也，溫柔敦厚而不愚，則深於詩者也。」意即《詩經》教化人要溫柔敦厚，但不可以使之愚昧。有些人是濫好人，對什麼人都相信，沒有防人之心，別人問一他答十。不愚昧，還能夠無不利，很重要。如果沒有對生命的真知灼見，看到人講的話都相信，以為世界上都是好人，這就是善良的人常常會一輩子很不愉快的原因。有些人被人家賣掉，還在幫著數鈔票。這樣的人不夠強悍，不夠真，不瞭解人生的真實是什麼。「忠實無真，不能知人」，完全沒有體會人生的真實，這樣做太危險了。人需要善良，可是必須要強悍，這樣善良才有用，才能夠遏惡揚善。忠實還要「真」，才能知人。知人太難了，《人物志》、《冰鑒》、《鬼谷子》都教你知人，可是，歷史上在知人方面能夠不犯錯誤的人幾乎沒有，多多少少都犯錯。

按照老子的邏輯，一個人能夠自知才能知人：「知人者智，自知者明。」不自知的人就不能知人，自知的人就有創造的能力。道家修行很高的叫真人。

「故忤合之道，己必自度材能知睿，量長短遠近孰不如」，所以，要運用忤合的原則，一定要忖度自己的材質、能力、智慧、睿智，衡量自己與對方的長處、短處，權衡優勢和劣勢，確定對方不如自己之後再實施。這就告訴我們，要自知，知道自己有多少分量，才能知人。如果修為不高，比你修為高的，你絕對看不懂，比你邪惡的，你也看不懂。最高的洞察的智慧即睿智，用佛教術語講是般若智。你跟誰處得來或者跟誰要絕對保持距離，一定要有自知之明。跟人家一見面，就要明白自己什麼地方超過人家，什麼地方不如人家。什麼事情是長，什麼事情是短，什麼事情是遠，什麼事情是近，都要瞭解。一切都瞭解了，就可以決定「乃可以進，乃可以退，乃可以縱，乃可以橫」。做到了，就可進可退，縱橫天下了。

關於這一篇，我感覺比較深奧的就是「忠實無真，不能知人」。我們不要誤會「真」，真的人可能一天到晚講假話，因為不能不講假話。見人說人話，見鬼說鬼話，這才是一個真人。如果見到什麼人都講一樣的話，恐怕是一個笨蛋，這人被人家賣了，也許還在懵懂中。

揣篇第七

〈揣篇〉和〈摩篇〉是相鄰的兩篇，「揣摩」二字都與手有關，它們有什麼不同呢？「揣」是動作剛開始，先試探一下；「摩」是要開始下手，產生近距離接觸。「摩」之後，就要提出方案，要權衡，這就是「權」，即〈權篇〉；進而提出確定的一個方案——「謀」（〈謀篇〉）；然後共同做一個決定——〈決篇〉。任何事情都是這樣，由遠而近，由表及裡，再做決定。

(一)

古之善用天下者，必量天下之權，而揣諸侯之情。量權不審，不知強弱輕重之稱；揣情不審，不知隱匿變化之動靜。

「古之善用天下者，必量天下之權，而揣諸侯之情」，古代善於操縱天下的人，必定先考量天下形勢的變化，而且他到哪一個國家的時候，也先揣測那個國家的國情。

「量權不審」，如果對天下勢力和諸侯國綜合國力不能詳察，就「不知強弱輕重之稱」，不會知道各諸侯國國力誰強誰弱、地位誰輕誰重。

「揣情不審」，對領導人的心理揣測不準確。「不知隱匿變化之動靜」，不知道很多的內情，對方內心隱秘的想法就無從得知。這些內情沒人會主動告訴你，你一定要揣，要試探，才可瞭解民情、君心。這些內情隱匿的變化，決定對方的動靜，所以要揣情、詳審。

兵法家也好，縱橫家也好，在戰國時期，都是懷揣天下之志。對於大國、小國彼此結盟或者對抗的關係，當然要掂量，做到心中有數。這一點在哪一個時代都適用。尤其是我們現在所處的二十一世紀，全球化特徵很明顯。世界格局雖然有對抗、有爭霸，但是各自的聯繫日趨緊密，誰想在這個格局中掌握話語權，就要憑綜合國力來說話，包括經濟、國防、科技、政治、外交、文化等實力。正因為各國聯繫緊密，新的世界大戰很難發生，故外交成了最大的戰場。外交斡旋，就要揣情審慎。對於各個國家，有些資料一定要掌握，心中永遠都有一個大地圖，評估不同陣營中的國力及結盟關係，這就叫「量天下之權」。「而揣諸侯之情」，天下列國，尤其是那些大國，組織了一些攻守同盟，要研究其實力到底如何，我們應怎麼評估，如果發生衝突，彼此的勝負可能是怎樣。戰國時期，那些國君心裡怎麼想，不見得會告訴別人。作為策士，就要揣摩上意，不然怎麼去說服人家，投其所好，幫他除去心腹大患呢？人一定是陷在種種情裡頭的，領導人也是一樣，而且通常很難直接瞭解到，尤其是你還沒有到他身邊以前，怎麼能夠憑空想像呢？要瞭解他們內心中真正的想法和期盼，就要用揣的方法，不斷地試探。

還有「量權不審」，權衡國力要非常審慎，不是所有公開的資料都可以相信。有的資料可能注水，或故意有所保留。我們考量一個企業的實力、一個國家的實力，要評估合理不合理，其結構對不對，有沒有藏私，有沒有假象，要像會計審賬一樣，量權而審。如果「量權不審」，就

「不知強弱輕重之稱」，對大國小國的勢力對比，誰強誰弱，誰輕誰重，就失去了判斷力，跟事實有距離。現在這個世界其實也沒有那麼複雜，做賊的通常一定喊抓賊。現在的世界可謂是恐怖平衡，大家都掌握了毀滅對方的武器，但是誰也不敢動。如果實力懸殊，就有爆發戰爭的可能。如果「揣情不審」，就不能抓住領導人心中真正的想法，「不知隱匿變化之動靜」。領導人的想法一般都藏得很深。有的是故意藏起來的，並且經常變化。就是我們自己的思維在一天中都不知道要變多少次，起心動念，不時變化，一下這麼想，一下那麼想。想法生變，感情就變，對一件事情的態度可能就會發生變化。如果不講出來，外人怎麼看得出來呢？所以這種揣情的工夫必須非常細膩。

（二）

何謂量權？曰：度於大小，謀於眾寡，稱貨財有無之數，料人民多少、饒乏、有餘不足幾何？辨地形之險易，孰利孰害？謀慮孰長孰短？揆君臣之親疏，孰賢孰不肖？與賓客之智慧，孰少孰多？觀天時之禍福，孰吉孰凶？諸侯之交，孰用孰不用？百姓之心，去就變化，孰安孰危？孰好孰憎？反側孰辨？能知此者，是謂量權。

下面就「何謂量權」這段話展開。〈揣篇〉的中心內容有兩項：一個是量權，一個是揣情。前者是針對團體，後者是針對團體中的最高領導人。這兩個工夫都得下。

「度於大小，謀於眾寡」，「大小」就是大國、小國或國強、國弱，「度於大小」就是要衡量一個國家的地域大小，這一點很容易掌握，基本上有資料可循。「眾寡」就是人口數。現在有很多人口大國，不要太低估其實力。雖然人均產值或者各方面沒有那麼好，但是它有潛力，有著巨大的市場。可能一段時間內，這些人是作為廉價的勞工，但是他們會很快由生產者變成消費者。中國人口多，市場潛力可以說是全球最大的，十多億的人口，就算只有一億的精英，其消費能力和生產能力也令人咋舌。「眾寡」既包括人口消費，也包括人口的生產力，這些情況一定要掌握。綜合國力的強弱、人民的眾寡，一個要度，一個要謀。

「稱貨財有無之數」，就是考量經濟實力了，這個國家的資源分佈、供需關係也得稱量。「料人民多少、饒乏、有餘不足幾何」，怎麼又涉及「人民多少」呢？這就和人均經濟水準有關了。「饒乏」，富饒還是匱乏，像沿海比較富，內陸就比較窮，有的地方很富饒，有的地方很匱乏，都是不平均的。要考慮貧富懸殊與否，資源配置合理與否。不能只看總數，要看人均和地域，由此可知這個國家國內的矛盾和問題所在。「有餘」，「不足」，有些產品有剩餘，多的就出口，換取匱乏的產品。這些情況「幾何」，統統都要有一筆賬。

「辨地形之險易，孰利孰害」，然後看這個國家的幅員疆土，其地形險要與平易之處要辨別清楚。有的國家國土面積不小，但是崇山峻嶺或者沙漠廣佈，導致地廣人稀，沒有多少地方是能用的。有的國家地勢就很平曠，例如平原就好種地，人群也可以聚居。當然，「地形之險易」除了涉及經濟生產、資源配置，還涉及軍事。地形非常險的，可能易守難攻，如果是平原地帶，軍隊很容易長驅直入。這種情況「孰利孰害」，要明辨。地險對發展生產和繁衍人口顯然不是很有利，但防禦敵人時是有效的屏障。平易地形，有利於發展生產和聚集人口，但想防禦敵人的進攻卻頗費精力。哪些是有利的因素，哪些是包袱，都要明辨。

「謀慮孰長孰短」，就是弄清這個國家有沒有能人。這些謀士為國家打算，是有長久之計，還是明顯地短視？有的人深謀遠慮，考慮到了國家的長遠規劃，有的人目光如豆，只想到了眼前的利益。在整個縱橫時代，謀長謀短，攸關國家存亡、強弱。所以，不管是國家戰略佈局，還是企業經營規劃，要想謀得持續發展，就要有很長遠的眼光。企業要培養核心競爭力，要觀時代潮流，要長期投資，可能投資十年都無法回收成本，這就需要長遠佈局的謀慮。這一點對台灣企業來說，就很難做到。大概是因為島內政局變幻，一切不確定的因素養成了企業主靈活、耍賴的習性，讓他們做長久的規劃特別難。可見，大環境不確定，人就不容易做長遠的規劃，所以計長還是計短，也跟環境因素有關。台灣企業這種靈活經營、缺乏長久規劃的做法，後果慢慢就會顯現。當然，企業不一定全是長期規劃，有時短期、中期的規劃也是必要的，只要不妨害長期的規劃，是在大的發展趨勢內，那也是無妨的。《易經》中的屯卦（䷂）說「利建侯，勿用，有攸往」，「利建侯」就是佈局，「勿用」就是短期勿用，「有攸往」就是中長期有所往。如果一天到晚沒有長期規劃，連近處的事情都會出問題。

「揆君臣之親疏，孰賢孰不肖」，「揆」即揣測，「君臣之親疏」，指國君與臣子的關係親疏。有些君臣好像距離很近，其實疏遠得很；有的關係看起來好遠，但國君很器重這個人。到底實情怎樣，這就需要揣測，不能根據表面現象去判斷。有的人貌合心不合；有的人同床異夢；有的人平常疏於聯繫，其實關係密切得很。是離心離德，還是二人同心？這些都需要揣測。「孰賢孰不肖」，臣子們誰賢誰不賢，也是需要考慮的問題。

「與賓客之智慧，孰少孰多」，「賓客」指幕僚，但古代講的賓客，多半跟外交有關。外交，不能只在房間裡頭出謀劃策，還要出去交際斡旋。這些人的智慧檔次是不同的，但是他們的地位特別重要，臨機應變的智慧是衡量一個外交使節的標準。作為外人，人家的機會不會輕易留給你，你只能在旁邊看。面對這種情況，有的人智慧創意層出不窮，有的人搞兩下子就油盡燈枯、什麼辦法也拿不出來了，這就是智慧的「孰少孰多」。

除了做到以上這些，還得看大環境。「觀天時之禍福」，福無雙至，禍不單行，天時有的時候是多災多禍，有的時候很祥和。大環境很重要，它決定了一切。「孰吉孰凶？」有人在彌天大禍中受損比較少，他就容易吉，有的人損失大，結果就凶。這就需要觀察天象時序的變化，何時給人帶來福祉或禍患，何時行事為吉或為凶。

「諸侯之交，孰用孰不用」，諸侯之間的交往，哪些可以利用，哪些不可以利用。要注意的是，有些諸侯國表面上是盟邦，但有事時不一定用得上。作為盟邦，哪一些國家在急難的時候願意真給你幫忙，哪一些卻作壁上觀或者切斷關係，這些虛實要知道。就像美國和很多國家結盟，但需要美國出手的時候，它會裝糊塗，不出手相助。可見，所謂的交往，有時只是虛張聲勢，不要奢望他們到時全部會來救你。患難見真情，有交情不一定有用。有時候，那些沒交情的反而出來幫忙了。

「百姓之心」，即民意，很重要。「去就變化」，民心向背是隨時變化的，如果民意很穩定，基本沒有什麼變化，國家就會很穩定。「孰安孰危」，這種民心的變化，什麼樣是安全的，什麼樣是危險的，要瞭解。「民惟邦本，本固邦寧」（《尚書》），一定是這樣的。「孰好孰憎」，百姓討厭什麼、喜歡什麼，也要清楚。老百姓特別愛誰，特別恨誰，即「民之所好，民之所惡」特別重要。百姓的想法不一定對，但是你一定要重視。主流民意喜歡，你就得喜歡，這才是民之父母，不要跟民意唱反調，要掌握主流。如果大家都討厭貪污，那就要拚命抓貪污。

「反側孰辨」是什麼意思？有人認為「反側」就是「反覆」，反覆推測；「孰辨」就是「孰便」，即哪一種方式是最好的、最便利的。這樣的理解絕對錯了。什麼叫「反側孰辨」？也就是對上面「量權」的每一個專案，徹底瞭解、分析完，看其中有沒有什麼不安的因素。不安的因素包括失意的政客、心懷不軌之人。這就是可能引發危機的因素，但還沒有導致政變的發生。這些人在等機會。有時候可能是你身邊最親近的人，他心存異志，如果有外敵打入，他很可能會裡應外合。這種潛伏的可怕勢力、不同企圖的人，暫時還沒有發起行動，統統稱作「反側」，即在你身邊的危險因素。你身邊的人反意已決，但是他隱藏得很好，搞一些陰謀破壞，你也察覺不到，時機一到他就會造反。作為一個說客，評估一個團體之中哪些人有二心，就得下量權的工夫了。領導人如何，老百姓如何，邦交怎麼樣，大環境禍福吉凶如何，君臣之間的關係如何，外交人才的智慧如何，還有異議分子藏在哪裡，他們之間勾結的情形如何，這些都要有一個評估。假如你要替這個團體賣力，老闆授權之後，你就要鎖定並消滅這些「反側」，不要讓他有機會出手。這就是「反側孰辨」，要掌握內部的矛盾，把蠢蠢欲動的敵對勢力扼殺於萌芽狀態。

（三）

揣情者，必以其甚喜之時，往而極其欲也；其有欲也，不能隱其情。必以其甚懼之時，往而極其惡也；其有惡也，不能隱其情。情欲必出其變。感動而不知其變者，乃且錯其人，勿與語，而更問其所親，知其所安。夫情變於內者，形見於外，故常必以其見者而知其隱者，此所謂測深揣情。

揣情即測探對方內心隱秘的實情。「揣情者，必以其甚喜之時，往而極其欲也」，善於揣情的人，必定利用人情的喜怒哀樂，在這個領導人最高興的時候去迎合他，並盡力滿足對方的欲望。「其有欲也，不能隱其情」，人一旦有了欲望，內心的真情就很難隱藏。

「必以其甚懼之時，往而極其惡也」，一定要在對方最恐懼的時候去見他，最大限度地誘發其內心的恐懼憎惡。「其有惡也，不能隱其情」，對方一旦有厭惡、恐懼的表現，內心的真情也是很難隱藏的。這就告訴我們，要徹底抓住領導人情感的變化。如果一個人很冷靜，喜怒不形於色，就很難鬥，因為他的內心沒有失去平衡。所以，要真正瞭解一個人，尤其是領導人心中真正的想法，一定要利用一些極端的狀況，才能夠看得出來。人在「甚喜、甚惡之時」，高興過頭或恐懼厭惡之極時，很難掩藏自己的情緒，他深藏在內心中的好惡，就會被人探知。人逢喜事精神爽，難免暢所欲言；一旦遇到討厭的事，就會咬牙切齒。這些情況一旦被有心人掌握，就可以由此揣測到對方內心的真實想法。如何揣測？「極其欲也」、「極其惡也」，要變本加厲地增加強度。人非常高興的時候，沒有辦法遏制情緒，言語上就不如平常謹慎，等到他心生警覺的時候，你已經瞭解一大部分了。這就叫得意忘形、樂極生悲。平常不敢隨便講的一些話，一高興時就跑出來了，可以通過這些話掌握到重要資訊。在人甚喜、甚惡之時，再推他一把，煽風點火，極其欲、惡，很多隱秘的東西就出來了。你一旦知道他心中真正想的是什麼，那就投其所好。「其有欲也」，就沒有辦法隱藏內心中的情感。一個領導人的情感，如果被外界抓到了，那可就糟糕了。《易經》中的兌卦（䷹）上爻「引兌」就是如此。一旦懂得「引」，只要他露一個毛線頭，就可以把他的隱私拽出來。通常一個領導人會防範周嚴的，可是他碰到特別喜好、特別厭惡的事情，就很難掩飾，然後你給他擴大、渲染，就可以什麼東西都揣測得清清楚楚了。可見，人在有欲的時候，欲令智昏，就不可能再隱藏自己的感情，所以，不但是領導人需要隱藏自己的感情，一般人也要如此。有的人特別害怕某事，色厲內荏，表面上還說不怕，其實他擔心得不得了，他特別害怕、極度恐懼的時候，你就把恐懼再擴大，他就會馬上繳械了。

「情欲必出其變」，一個人內心中真正的好惡，一定會在這種情感的極端變化之中顯露出來。假如他保持冷靜，喜怒不形於色，這個人就很難對付。但是，人不可能永遠這樣，總有一些事情會引起其情緒的變化。這時從旁冷靜觀察，就可能掌握真相。

對於一些特別難對付的，隱藏情欲特別到位的人，這一招不一定用得上，那就「感動而不知其變者，乃且錯其人，勿與語，而更問其所親，知其所安」。「感動」，有所感就會有所動，如果我們運用前面的極歡喜、極恐懼去觸動他內心中的情，還是沒有辦法瞭解他內心真正的喜怒哀懼的變化，這個人就是特別有忍耐力，也可能他警覺到你在試探，能夠咬牙克制住，臉上完全看不出任何東西。碰到這種高手，千萬不要再用老招，得變了，暫時放棄，「乃且錯其人」，「錯」即「措」，放置一旁，「勿與語」，不要再跟他談了。你想辦法勾出對方的想法，用盡諸如捭闔、抵巇、飛箝、反覆的手法，這個人還是難搞，好像一塊鐵板，沒有感情，那麼「錯其人」，你暫時擱置，不要強攻，強攻可能達不到目的，更會引起他的警覺。不要再跟他說了，去問跟他關係很密切的人，從側面去套出實情。那就是「而更問其所親」，他總有很親近的心腹、比較瞭解他的人，可以從他平常很親近、很相信的人那裡去瞭解真相。「知其所安」，他怎麼會有這種「非人」的表現，就瞭解了。面對一個懲忿窒欲的高手，就得從他身邊的人去瞭解他為什麼會這樣。

「夫情變於內者，形見於外」，正常情況下是這樣，「誠於中，形於外」，內心情感發生變化，外面一定會表現出來。普通人一定是如此的，可是在極度鬥爭的職場、官場、商場、外交場合或者是戰場，你就要想辦法克制，正如俗話說「智者不怒」。《孫子兵法》說「主不可以怒而興師，將不可以慍而致戰」，也就是說，明君良將不可以因為心裡不痛快就發動戰爭，所以得冷靜。形一定不能見於外，見於外就被人家利用。「故常必以其見者而知其隱者」，因此常常可以從他表現出來的資訊去探測他內心中真正的想法。藏得很深時，就測深一點。人一般是這樣的，測試一下、試探一下，內情就跑出來，顯現在外面。由外知其內，《人物志》、《冰鑒》全部是這一套，只看冰山的一角，就把下面的全部都掌握了。《易經》說，觀其所感、觀其所恒、觀其所聚，則天地萬物之情可見矣。對於看不見的東西，我們要由看得見的那一部分去推測，「此所謂測深揣情」，這就是「測深揣情」。

（四）

故計國事者，則當審量權；說人主，則當審揣情。謀慮情欲，必出於此。乃可貴，乃可賤；

乃可重，乃可輕；乃可利，乃可害；乃可成，乃可敗：其數一也。故雖有先王之道，聖智之謀，非揣情，隱匿無可索之。此謀之大本也，而說之法也。

「故計國事者，則當審量權」，所以謀劃國家大事的人，就要審慎運用權量之法，瞭解國家的綜合國力水準。對於國家大事，量權之前一定要加上審的工夫，千萬不要搞錯，千萬不要倉促下結論，要冷靜，一審再審。

「說人主，則當審揣情」，遊說國君，就要用揣情之法，探知對方心裡真實的想法。「謀慮情欲，必出於此」，一切的謀略考慮、真情喜好，都出自這裡。要搞清楚對方真正想什麼，要揣度，謀慮和情欲都從這裡來。你要是搞不清楚他真正喜歡什麼，傾向於什麼，那你的建議沒有用。要投其所好，就得知道他心中真正想幹的事，謀慮也出於此，情欲也出於此。

「乃可貴，乃可賤；乃可重，乃可輕；乃可利，乃可害；乃可成，乃可敗」，一旦掌握了實情，我們就可以操縱他，量權精確，揣情也精確。可以讓他貴，也可以讓他賤；要他重就重，要他輕就輕；可以讓他獲利，也可以讓他損失；可以讓他成功，也可以讓他失敗。一切好像完全被你操縱於股掌之間。所以，一個人把自己的真情洩露了就這麼可怕，完全受人家操縱。

「其數一也」，「一」特別重要。老子說「王侯得一以為天下貞」。道家從老子開始講「得一」，要抓住要點，因為殊途同歸，所以要掌握要害、關鍵。「天下之動，貞夫一」，以一就可以喻萬，所以，完全掌握了對方的心理，就可以將其玩弄於股掌之間。

「故雖有先王之道，聖智之謀，非揣情，隱匿無可索之。此謀之大本也，而說之法也。」

作為一個說客，作者告訴你，這是謀的大本，一定得會這一套工夫，這是遊說的方法。「雖有先王之道」，雖然有先賢聖王的那些大道理、聖人智者的謀略，但是要是不下揣情的工夫，尤其是戰國時代，不下鬼谷子這一套細微的工夫，那你就沒有辦法探知亂世之中人心的複雜。所以光是有「先王之道、聖智之謀」還不夠，「非揣情」不可為之。要搞清楚對象，不能見到什麼人都講那一套，像孟子到處兜售仁義，遇到戰國時代的梁惠王，第一面就談不攏了。人家要富強，你跟他說仁義。梁惠王正在新敗的時候，要雪恥復仇，結果孟子跟他講仁義。梁惠王一見孟子就說：「叟不遠千里而來，亦將有以利吾國者乎？」這才是他想要的。有的人表面上假仁假義，心中想的還是富貴利達，你要是不把這個弄清楚，那就「無可索之」。先王之道再好也沒用，人家根本就沒有興趣。商鞅見秦孝公也是如此，剛開始也講先王之道、聖智之謀，秦孝公都快睡著了。商鞅後來又繞了幾個彎，才把秦王真實的想法勾出來。《孫子兵法．始計篇》就說「索其情」，人家不會直接告訴你，要想辦法把它引誘出來。「非揣情」，不下這個工夫，「隱匿無可索之」，統統都是不可能的。「此謀之大本，而說之法」，鬼谷子在那個時代很堅定地認為（事實上也是如此）：想要做事，要建構平台、運用資源，就得用這種手段。

（五）

常有事於人，人莫能先，先事而至，此最難為。故曰揣情最難守司。言必時有謀慮，故觀蜎飛蠕動，無不有利害，可以生事美。生事者，幾之勢也。此揣情飾言成文章而後論之也。

「常有事於人」，心中有謀劃，能揣情和量權，「人莫能先」，沒有人能夠與之搶得先機，他在大爭之世永遠跑在最前面，競爭中總能贏在起點、贏在中間、贏在終點，人家永遠趕不上，望塵莫及。「人莫能先」，這就是競爭的本質。

「先事而至」，想做事情，還沒做，就知道「履霜堅冰至」，懂得知機應變。能夠預先知道，有先見之明，是因為早就下了工夫了。很多事情剛一發生就能看出其發展趨勢，「此最難為」。斷大事斷得準，揣情揣得準，而且先一步出手，遙遙領先，是很不容易做到的。人們都想爭到那個位置，結果很多人都落後了，他卻能一騎絕塵。先知少，先行者也少。為什麼有的人變成了領導者，別人追都追不上？就因為看得準、謀劃深，「常有事於人」，找對了對象，不會「比之匪人」（《易經．比卦》）。大家都想做事，都想爭先，可是有的人早就佈局了，時機一到就下手。「此最難為」，這是一般人最難做到的，做不到就沒有辦法搶先。

「故曰揣情最難守司」，我們去瞭解那個關鍵的人內心中的情感，其情感還不是一直不變的，要時刻掌握他的情緒，才能與時偕行，所定的計謀都合乎時宜，合乎關鍵人物情感的變化。這種揣情術是最難做到的。每當對方一變化，你就能夠掌握其為什麼會變，並相應調整，隨機應變，牢牢掌握其情緒的變化，這就叫「守司」。但是，即使做到了一定程度的掌控，你還要守密，不能讓競爭者知道，要永遠控制得當。做到這些真的很難。

「言必時其謀慮」，老闆情緒、欲望的變化，會影響他的謀慮，你就要跟得上，要隨時變化。跟著時走，才能做決策，這絕對是動態的。下面的話很多人看了都很受觸動。鬼谷子運用自然法則，講明不但人這麼複雜的萬物之靈起心動念難以明白，就連小蟲子也是。「故觀蜎飛蠕動，無不有利害，可以生事美」，「蜎」指蚊子的幼蟲。這句話的意思是，看小蟲子飛動或者蠕動，無不包含利害關係，由此可以悟出如何把事情做成功。這種小飛蟲、小爬蟲，都是機，都流露出想幹什麼，它們所有行動的主導就是生存的利害。孫子說，兵不能隨便動，如果動，一定要合乎利才動。他怎麼不說「合乎義」呢？因為利害原則在主導。小蟲子每一個細微的動作都考慮到利害，人更是了。冷靜觀察小蟲子爬飛的動作，都可以分析出利益法則。會操縱的人、會觀察的人，任何一個小的資訊都不放過，然後他就可以按照自己的目的進行最好的利用。像飛蛾撲火，飛蛾認為火對牠有利，那你就要運用。有些人對名利有渴盼，你就可以操縱他。「可以生事美」，可以做成你想做的事情，而且做得很成功。

「生事者，幾之勢也」，做大事的人，要掌握時機的發展趨勢。事情有了徵兆，展開來就叫勢，後面想要發展，就要運用勢。「此揣情飾言成文章而後論之也」，這就要求我們在揣情中善於修飾言辭，然後再進行論說。話要講得漂亮，足以打動人心，要讓人忘勞忘死。有些話不能講得太直接、太難聽，要粉飾一下，要講得像官樣文章。如外交辭令就要飾言，要美化，還要有章法，有起承轉合，講得冠冕堂皇，然後大家再討論討論。這就叫揣情，知道是一回事，還要美化美化，「成文章而後論之」。言辭修飾是必要的，儒家講「修辭立其誠」。在人間世，實際上很多在職場上流行的修辭根本沒有「立其誠」，都是包裝過度。

整個〈揣篇〉在講什麼呢？用《易經》來講就是噬嗑卦（䷔），噬嗑卦下一卦就是賁卦（䷕）的文飾。都是鬥爭，叢林法則，莫不有利害。縱橫家去見那些國君，不也是互相利用嗎？要建功立業，要富國強兵，這是一種交易，進行的就是噬嗑（鬥爭）。有噬嗑，一定要懂得賁（包裝）。

摩篇第八

我們看〈摩篇〉。關於「摩」，陶弘景說：「摩者，順而撫之也。摩得其情，則順而撫之以成其事。」它是〈揣篇〉的姊妹篇，人們一般以「揣摩」合稱。〈揣篇〉提到揣情很重要，因為真正能夠超脫情的人幾乎沒有。揣情，即探知人內心隱秘的實情。〈揣篇〉提到，想成功探知對方的真情，要在對方「甚喜」或「甚惡」的極端情況下測得。但是，在現實生活中，人的情緒或心理狀況往往並不處在極端狀態下，所以〈摩篇〉講的就是在正常情況下，更細膩地探測人的內心狀態。這是一種近距離接觸，就像成語「耳鬢廝磨」所說的男女親近程度一樣。

(一)

摩者，揣之術也；內符者，揣之主也。用之有道，其道必隱。微摩之，以其所欲，測而探之，內符必應。其所應也，必有為之。故微而去之，是謂塞窌匿端，隱貌逃情，而人不知，故能成其事而無患。摩之在此，符應在彼，從而用之，事無不可。

「摩者，揣之術也」，摩也是揣術的一種。揣是大範圍，摩是細工夫。摩的時候，地方不要搞錯，只有搔到了癢處，才可以摩。人內心中的感情，在外面會表現出相應的狀態，即「內符也，揣之主也」，情感動於內，外面就有一些相符合的反應或表現。這就像把一根竹子砍成兩半，最後可以契合一樣，若合符節。除了大奸巨惡、特別冷靜的人，一個人心中任何情感動盪，絕對影響到外在的表情。「內符」，就是要由外至內，通過摩的手段將人內心的隱情探測出來，這是揣的主要目的。

「用之有道，其道必隱」，要把摩的手段運用自如，在摩的時候，可以不讓人家知道，因為你做得很隱蔽，不能讓人家知道；我在說好聽的，在你身上下工夫，對你有所求，讓你愉快。高手就是這樣，人家不知道他在用摩的手段，藏得很深，不易察覺。

「微摩之，以其所欲，測而探之，內符必應」，悄悄地運用摩的手法，滿足對方的欲望，暗地裡測探其真實情況，對方在欲望的驅使下內心一定有反應，並表現在外面。「其所應也，必有為之」，一旦有了反應，對方必定有所作為。也就是說，要瞭解對方內心中想要什麼，就要投其所好，用他所想要的東西去摩，一步一步來，一定會有反應，會有你心目中想要的東西出來。既然內情在外面有一定的顯現，他就會有所行動了。你講一些言辭，或者實施一些試探手段，他有反應了，下面就要有所作為。《易經．繫辭傳》說：「是以君子將有為也，將有行也，問焉而以言，其受命也如嚮。無有遠近幽深，遂知來物。」意思是說，君子準備有所行動時，用言語去探問，他就會做出反應，並且像回音一樣表現出來。無論是遠的、近的、幽隱的、艱深的，未來的狀況都可以讓人得知。

可見，如果裡外相應，你做的試探起作用了，對方必然有所行動，因為他已經被你牽引了。

但是，這個時候你反而要撤，要留有自保的餘地，「故微而去之」，說服對方去做一些事情，自己去推動。此時目的已經達到了，那你要開始收斂，不要涉入太深，要暗地裡撤離現場。看來，這些縱橫家，不管怎麼遊說君王，首先都要給自己留一條退路。如果煽風點火成功，國君按預定計畫開始行動，那就要開始低調了。否則，別人都知道你在後面謀劃，而有的領導人可能也不願意讓人知道有人在自己背後出謀劃策，那些當朝的反對派更是不願意你憑些許言辭就得高位，那樣會損害他們的利益，他們就會聯合起來對付你。還有，如果你傾囊相授，所有的錦囊妙計都提出來了，連下面的執行方案都有了，國君也會判斷形勢。就像勾踐不會在復國未成時殺文種，但是吳國一滅，他就容不下文種了。在戰國時代，策士們不一定要忠誠於哪一個國君，他們一定在恰到好處的時候給自己留一條去路，而且還是「微而去之」，不讓人家感覺自己要引退，而是替自己做一個保護層，藏身幕後，像微風吹過一樣，悄然置身事外。

「是謂塞窌匿端，隱貌逃情，而人不知，故能成其事而無患。」「窌」是藏東西的地洞，就是地窖；「端」，即頭緒。這就叫隱藏自己，堵住漏洞，就連一點頭緒都要藏起來，隱蔽自己的外在表現和內心的真實想法，能夠使別人都不知道，這樣事情就辦成功了，且不會帶來後患。也就是說，你對危機都能防患於未然。人生的很多坎坷就是源於得意忘形，沒有塞住漏洞，讓人家一猜就中。所以，一旦功成，千萬不要高調行事，要防的人太多，一是嫉妒的人，二是你進言的對象。對於這些情況，都要留一手，在必要的時候可以全身而退，正所謂「來無影，去無蹤」。人要留退路，要低調，就是為了防止一切不可預測的禍患。人心微妙難知，知人知面不知心，一些雄才之主的起心動念，還有外人的嫉妒，不能不防。狡兔死，走狗烹，歷來多有。「微而去之」，行藏自如，神不知鬼不覺，任何一點蛛絲馬跡都不留，別人不知道你心裡已經在為自己謀退路，這樣就不會有禍患或後遺症存在，又能把事情做成。

「摩之在此，符應在彼」，這邊用摩的術，那邊完全如你的指引，出現相應的反應，清清楚楚。而你自己有什麼想法，對方完全不知道，外人更不知道。「從而應之」，做一個最佳的回應。「事無不可」，什麼事都能幹成。《易經》對我們的啟發也是如此。《易經》不是追求一時的吉凶成敗，而是追求最終的「无咎」。「无咎者，善補過也」，人常常在下了好大的工夫之後得到成功，就失態了，不是恃寵而驕，就是妄自尊大，本來應該待在幕後的卻跑到前台來，擋住了不少人的晉升之路。這不是在找死嗎？憑空給自己樹敵，變成眾矢之的。其實在後面操縱，離鬥爭的漩渦更遠，還可以從容地給自己留一條退路，千萬不要幫他人做嫁衣裳，結果自己卻死於非命。秦始皇見了韓非後，整個秦朝，甚至中國往後兩千多年，搞政治的都用韓非的思想理論，但韓非並沒有被秦始皇任用，而是被殺。

歷史上成事的人不少，但成其事還沒有後患的人，太少。有些人得了便宜賣乖，馬上標榜「我是王者師、我是帝王師」，後患就來了。所以，功成身退是謀臣最好的選擇，而且離開的動作不能太明顯。像張良的藉口是去修道；范蠡則去從商，和美女西施泛舟江湖。

(二)

古之善摩者，如操鉤而臨深淵，餌而投之，必得魚焉。故曰：主事日成，而人不知；主兵日勝，而人不畏也。聖人謀之於陰，故曰神；成之於陽，故曰明。所謂主事日成者，積德也，而民安之，不知其所以利；積善也，而民道之，不知其所以然；而天下比之神明也。主兵日勝者，常戰於不爭不費，而民不知所以服，不知所以畏，而天下比之神明。

「古之善摩者，如操鉤而臨深淵」，古代善於使用摩的手段的人，就好像拿著魚竿在深淵旁釣魚一樣。「操鉤」，有的版本寫作「操釣」，不過都差不多，反正釣魚得用鉤。「臨深淵」，這裡不是單純的靠近深淵，而是「如臨深淵」，因為人心也是險於深淵。「餌而投之」，一定有一個釣餌，名、利、權、色皆是，把餌丟到深水裡。「必得魚焉」，魚一定會吞餌，這樣就會釣到魚。善摩的人不急，對方剛開始沒有反應，因為還沒有碰到癢處，等到搔到癢處之後，對方就如癡如狂，吞下你丟下去的餌，上鉤了。而鉤後面的線，線上面的竿，牢牢掌握在你手上。

「主事日成，而人不知」，這種人輔佐國君、掌管政事，國家事業蒸蒸日上，而別人不知道是誰造成這樣的成功局面。「主兵日勝」，指揮軍事，每天都打勝仗；「而人不畏也」，別人看不懂其用兵之法，不知道害怕，但是結果是一場接一場的勝利。

「聖人謀之於陰，故曰神」，聖人的謀劃在暗中，是陰謀，在看不見的地方，所以稱作神。「成之於陽，故曰明」，可是他實際上的業績，成事在明處，大家都看到了，所以說是明。也就是說，大家只看到結果，卻不知道聖人是如何辦到的。

「所謂主事日成者，積德也」，所謂的主持政事每天都能成功的人，是因為他們在積累德行。可見，這些縱橫家的德不是一日之功，也是要日積月累而來的。「而民安之，不知其所以利」，妙在民眾享受到了福利，卻不知道是誰給了他們好處。這些老百姓得利了，還不知道到底是怎麼回事。

「積善也，而民道之，不知其所以然」，積累了很多善行和教化之功，民眾接受引導教化卻不知道原因。「道」，即導。「導之」，民眾就按照你設計的道路，不知不覺地照著走，但是不知道是怎麼回事。這就是高手，一般人根本就看不出來。就算是有彌天大禍，他也能在不知不覺中化解掉，而民眾完全不知道自己度過了一劫。做事完全沒有痕跡，就沒有辦法追蹤，沒有辦法追蹤就沒有辦法對付你。「而天下比之神明也」，這樣天下人就把他比作神。「陰陽不測之謂神」，《易經》從畫卦開始就是要「通神明之德，類萬物之情」，揣摩就是類情。

「主兵日勝者，常戰於不爭不費」，指揮打仗每天都能勝利的人，經常不用攻殺的手段，也不耗費人力、物力和財力，就贏得了戰爭。打勝仗不一定流血，高手就能如《孫子兵法》所云「不戰而屈人之兵」。〈謀攻篇〉說：「上兵伐謀，其次伐交，其次伐兵，其下攻城。攻城之法，為不得已。」意思是說，上乘的兵法是利用戰略挫敗敵人，其次則是通過外交，再次就是利用軍事威懾，最下等的方法就是攻城掠地。但是那種硬碰硬的攻佔城池，犧牲慘重，不得已時才使用。「常戰於不爭不費」，沒花錢，成本非常低，而事情解決了，這種思維就是全勝，不但保全了自己，還保全了敵人，不流血、不耗物力，紛爭就解決了。如果戰爭耗費巨大的物資，折損不少兵力，其勝利只能稱為慘勝，而且不能從根本上解決問題，常常留下不少後遺症。「戰於不爭不費」，可想而知有多難。「而民不知所以服，不知所以畏」，但是老百姓不知道是誰、怎樣使敵人服氣，也不知道是誰、怎樣使敵人畏懼。也就是說，根本就不知道是誰幹的，民眾以為是因為運氣：怎麼這麼好、這麼順呢？「而天下比之神明」，這樣的人天下都把他比作神明。這種人做事可謂到了最高境界，真人不露相。可見，摩之術細緻入微，想達成什麼效果就可以達成什麼效果，而且是在不知不覺中成就事功。

（三）

其摩者，有以平，有以正；有以喜，有以怒；有以名，有以行；有以廉，有以信；有以利，有以卑。平者，靜也。正者，宜也。喜者，悅也。怒者，動也。名者，發也。行者，成也。廉者，潔也。信者，期也。利者，求也。卑者，諂也。故聖人所以獨用者，眾人皆有之；然無成功者，其用之非也。

「其摩者，有以平，有以正」，摩之術有多種：有的時候是很平和地跟人家諫言，不會激動得臉紅脖子粗；有的時候則大義凜然，義正詞嚴。這些方式都是不固定的，要看對象，看事情，決定怎麼摩。「有以喜，有以怒」，有時趁對方最高興的時候，有時則是在對方生氣的時候再激怒對方，達到某種目的。「有以名，有以行」，有的是名義，有的是實際的行動。「有以廉」，有的時候要清廉，一介不取，不要粘鍋。「有以信」，有時候就講誠信。「有以利」，以利動人，這個永遠有效。「有以卑」，有時放下身段，要低調。這個說服術，就像魔術中的工具箱，各式各樣都準備好，看實際情況再決定用哪一種方式。其實上面說的並不是全部，只是舉例而已。

下面就具體解釋了。「平者，靜也」，平的方式就是讓對方保持冷靜處事。「正者，宜也」，正的方式就是讓對方知道怎麼做合適。先幫他分析，然後教他正確地應對。「喜者，悅也」，喜的方式就是讓對方高興。很多人喜歡曲意逢迎，說得人心裡高興。「怒者，動也」，故意採用激怒的方式，就是讓對方失去平衡，在盛怒之下，就做出決定，這個決定正是我們所希望的結果。「名者，發也」，名的方式就是讓對方的名聲得到傳播。「行者，成也」，行的方式就是幫對方把事情做成。「廉者，潔也」，廉的方式就是讓對方能夠做到廉潔自律。「信者，期也」，信的方式就是讓對方期盼在未來什麼時間點實現什麼事情，即對未來有盼望，多講幾次之後，他就完全相信了。「利者，求也」，利的方式就是讓對方覺得可以得到所求的東西。「卑者，諂也」，這個講得好難聽，很低調的謙卑的方式，竟然是諂媚。

「故聖人所以獨用者，眾人皆有之」，所以聖人看似用了獨特的辦法，用得非常成功，其實這些一般人也會用，就是用得不好，不看對象，不察言觀色，不會像聖人一樣靈活機變。聖人用的這些招數，眾人都會用，只是用的時位不當。「然無成功者，其用之非也」，很少有人成功，就在於沒有掌握好規律。有些人費盡心力，總是被人家趕出去，到頭來還是沒有辦法達到自己的目的，更別說得到人家的信任了。其實，聖人所用的方法，不是什麼奧秘，每個人都擁有，但是一般人不會因時因地制宜，不懂得靈活運用。聖人使用的都是很普通的東西，但是他善於組合運用，就能夠開物成務。一般人用之不得當，連察言觀色都不懂，結果天天得罪人。「眾人皆有之，然無成功者」，為什麼一般人都不能成功，只有聖人能成功呢？聖人用得太高明。一般人為什麼失敗呢？一般人不會用，往往弄巧成拙。

（四）

故謀莫難於周密，說莫難於悉聽，事莫難於必成。此三者，唯聖人然後能任之。故謀必欲周密，必擇其所與通者說也。故曰或結而無隙也。夫事成必合於數，故曰道、數與時相偶者也。

「故謀莫難於周密」，這句話好懂，「周密」指滴水不漏，不密則如《易經・繫辭傳》中的「君不密則失臣，臣不密則失身，機事不密則害成」。謀劃最難做到的是周詳嚴密。有時候法不傳六耳，只可以有兩個人知道，但是為什麼常常會洩露出來呢？主要在於自己守得不夠緊。

「說莫難於悉聽」，做說客，要說服人家，讓他都聽你的，也很難。劉備就沒有完全聽諸葛亮的，他的慘敗就是因為在重要關頭沒有聽諸葛亮的。「悉聽」，即完全聽，劉邦對張良的話大概如此，這樣的上司對張良來說，真的是難得。也許他們真是特別有緣，能聚在一起共大事。「悉聽」的原因是每一次建議都經過反覆權衡，經得起考驗。但是，有時謀臣對國君提十條建議，國君九條都聽了，只有一條不聽，而這一條建議最關鍵，那前面的努力全白費。

「事莫難於必成」，任何事情哪有百分之百的把握呢？真的很難講，有時陰差陽錯，有時事情受到干擾，中間會突生變化。你怎麼能確定一定能成呢？謀事在人，成事在天，人千算萬算，不如老天掐指一算。老天一算，前面的事情全部顛覆掉。所以成事特別難，敗事特別容易。《易經》第三卦屯卦（䷂），說的就是事情的開始。第二爻告訴我們要「匪寇婚媾」，即廣結善緣，不要隨便樹敵。樹的敵人不管是大還是小，他要是想破壞你的事情，太容易了。你不讓他入局，使得他沒有辦法成功，那麼他也不會讓你成功，搞破壞都很容易。「此三者，唯聖人然後能任之」，「謀周密」、「說悉聽」、「事必成」，這三點只有聖人才能做到。

「故謀必欲周密，必擇其所與通者說也」，所以計謀一定要做到周密不缺，必須選擇能夠與自己心意相通的人商量。也就是說，講話要找到知音，才能有效地溝通。謀劃想要周密，絕不外泄，一定要選擇說的對象。有些人絕對不能跟他講任何機密，要是把一個重大機密跟這種人說了，那你就不要想周密了。「故曰或結而無隙也」，你們之間的結盟關係，完全沒有一點縫讓人可鑽。

「夫事成必合於數」，事情要成必合於數。數，變數、定數、河洛之數、大衍之數，都是有規矩的。「故曰道、數與時相偶者也」，「道、數、時」這三者要完全配合，事情才能成。要合乎「道」，失道凶也；要合乎數，數沒到，時機不對，或者太多，或者太少，都不會成事，反而會敗事。「與時相偶」，道、數要與時機相合，這三者要配合得恰到好處。

（五）

說者聽，必合於情，故曰情合者聽。故物歸類，抱薪趨火，燥者先燃；平地注水，濕者先濡；此物類相應，於勢譬猶是也。此言內符之應外摩也如是。故曰摩之以其類焉，有不相應者，乃摩之以其欲，焉有不聽者？故曰獨行之道。夫幾者不晚，成而不拘，久而化成。

「說者聽，必合於情」，為什麼你遊說人家時，人家會聽你的呢？「合於情」也，你所講的完全合於對方內心的真情。也就是說，你在說服人家之前，已經掌握了如何「合於情」，所以你一說，人家就聽從。「故曰情合者聽」，因為你和對方內情切合，情投意合，對方才會聽取你所說的。

「故物歸類」，人事物，都可以做一個巧妙的分類。「抱薪趨火，燥者先燃」，取柴投入火堆，乾燥的柴火會先燃燒。「平地注水，濕者先濡」，往平地注入水，濕潤的地面先積水。「此物類相應，於勢譬猶是也」，這就是物以類聚，相互感應，趨勢也差不多是這樣。「抱薪趨火，燥者先燃；平地注水，濕者先濡」和《易經．乾卦．文言傳》所說的「水流濕，火就燥；雲從龍，風從虎，聖人作而萬物睹」完全一樣，而「物類相應」所揭示的方以類聚、物以群分，則和「本乎天者親上，本乎地者親下，則各從其類也」相似。我們抱著一堆乾柴放入火中，一定是乾燥的易燒；平地注水，先前濕的地方，水最容易流溢。所以，有時候見人就要說人話，見鬼就要說鬼話。見到鬼說人話，沒有用；見到人說鬼話，他嫌你骯髒。「此言內符之應外摩也如是」，這裡說的裡面產生如你所預期的效果，完全符應外面摩的工夫，也是講「物類相應」這個道理。摩是用口頭言語或肢體語言感應，「外摩也如是」，一定要搞清楚他的狀況。

「故曰摩之以其類焉」，所以說，運用摩的方式，就是用同類去感應，即物類相應。「有不相應者，乃摩之以其欲，焉有不聽者」，如果沒有預期的反應，就用滿足對方所想的辦法來誘使其上道，這樣對方怎麼會不聽從呢？說到了人心中特別想要的東西，等於是搔到癢處，對方就只有被牽著鼻子走的份了。「故曰獨行之道」，所以說，這種摩的方法技巧，是聖人獨有的。

「夫幾者不晚」，見機而作，就不會錯過時機。聖人知道要掌握機，隨機應變，見機而作，當機立斷，絕對不錯失時機。「成而不拘」，這和老子所說的「功成而弗居」一樣，要成功了，他卻慢慢往後面退，不將功勞據為己有。如果你反其道，一定要居功，結果就會導致所有人對你都不滿。所以，不要居功，進退要有節，不要被欲望束縛住。「久而化成」，長久下去，便能獲得最後的成功。「久」就是恆久的概念，這是長期修煉的工夫，是一個縱橫家內在的修為。沒有那樣的修為，面臨千變萬化、牛鬼蛇神，怎能找到引起共鳴的節拍，然後成事，成事之後自己還不遭殃呢？

從《易經》的角度來說，〈摩篇〉就是大壯卦（䷡）的二爻、五爻。二、五相應，屬陰陽相配。說客主要是在下卦，大壯卦有衝勁，但要「利貞」，固守就有利。第二爻爻辭稱「貞吉」，固守就吉，不要妄動。而五爻「喪羊于易，无悔」，君位對全局的判斷出現問題，故國君被二爻的摩之術打動，只好聽從。但是君臣之間的相應結果不壞，二爻、五爻齊動是革卦（䷰），改變五爻所處的不利局面。大壯卦整體來說，是不能輕舉妄動的，所有的進都要預留退路，所以要君臣合力，才能穩住局面。

權篇第九

〈權篇〉跟〈謀篇〉都比較長。權是權衡，對縱橫家來講，特別重要，一定要抓住平衡，還要掌握遊說的對象。這個國家的資源，國君內心的實情，以及邦國之間的紛爭、合作，這裡面的平衡關係，必須要掌握得非常精確。而且，權是很難的，因為它不是固定的，是隨時變化的，要經常稱量，絕對不能離譜，所以要把平衡點找出來，然後靈活權變，契合形勢。這就需要非常敏銳的感覺，才能隨時掌握瞬間的動態變化。

(一)

說者，說之也；說之者，資之也。飾言者，假之也；假之者，益損也。應對者，利辭也；利辭者，輕論也。成義者，明之也；明之者，符驗也。難言者，卻論也；卻論者，釣幾也。

「說者，說之也；說之者，資之也」，這就是鬼谷子的行文，飄忽不定，要耐心琢磨。「說者，說之也」，動人心弦的說話技巧、話術，可以說得人家很高興，讓他忘勞忘死，這就完全掌握了對方的「情」。所以，要說服，就要用言詞打動對方的內心，說到其心坎上，讓他覺得很舒服。「說之者，資之也」，「資之」，「資」就是獲取的意思，先掌握他的資料，由他的資料入手做文章。你說話的素材，取之於對方的特點。想說服的對象不同，說法一定不同，因為他們的情不同，想要的也不一樣，當然就不能千篇一律，就得針對不同對象採取不同的說法。換句話說，你要瞭解對方的人性、人情特點，然後變成你說服他的素材。每個人都不一樣，同樣一件事情，針對不同的人得有不同的說法。跟外國人沒有辦法講中國話，你要講他能夠懂的語言。「資」很重要，我們說話是為了說服人，要說服人，就要把對方種種必要的資料拿來組合，作為說服他的依據。所以，說服不同的人，不能盲目，也不能千篇一律，要看對象來決定，根據對象的特點來決定如何說服。

「飾言者」，要打動人通常都要有精心的包裝，即華麗的言辭，說得很漂亮、很動人，說的話要修飾。為什麼要修飾呢？「假之也」，就是要有所假借，假借很漂亮的言詞、很動人的辭令，進行遊說的工作。雖然有時候不盡真實，或者有誇張，但是能勾起人家配合的欲望。「假之者，益損也」，要借助動人的言辭，就要對言辭加以增減的修飾工夫，即斟酌損益。這個得精打細算，而且損益是隨時變化的，「損益盈虛，與時偕行」（《易經．損卦》），全看對方的反應，察言觀色。這一套說法對方沒反應，沒興趣，那就要馬上換，不必要的言辭去掉，重要的趕快講出來。人有時候說太多廢話，達不到效果；有時候說得太簡短，也沒有辦法動人。想要解決問題，做出決策，或者促使對方做出決策，經常得微調，假借文辭來說服對方。能夠達到效果，中間必須不斷地修正，隨時調整，讓你的講話永遠能夠動人，吸引對方的注意力，激發他的共鳴，達到你的目的。

「應對者，利辭也」，這是縱橫家的本事，牙尖嘴利，說話鋒芒畢露，很有力道。這就是人際的應對，有些人應對就很笨拙，剛毅木訥，不能在言詞上佔上風。「利辭者，輕論也」，輕是什麼意思呢？輕鬆自在。一個人有利辭的本領，就容易主導整個說話的過程，這對他來講很輕鬆，好像很容易；而一些口拙的人，或者是過分老實的人，講一點點小謊話都臉紅氣粗，一旦面臨質疑，則期期艾艾，當然無法達到目的了。

「成義者，明之也」，說話要想自圓其說，講出一套道理來，就要說清楚、講明白，不嚴重違反邏輯。「明之者」，能夠讓人明白；「符驗也」，取得說服效果，說的話很快可以得到驗證。也就是說，你所說的不是空言，而且在落實的時候，講的跟做的真的是一回事。「符驗」，才有說服力，這是最起碼的工夫。

「難言者」，碰到困難了，好像對方不那麼容易信服。「卻論也」，那就要採取適度的退卻，不要一直往前衝。往前衝對方不接受，一定是產生某些問題了。沒有關係，馬上採取戰術上暫時性的撤退，不要急著達到目的，退下來想一想，修正言辭，再去說服。適度的退卻是因為目前不能推進，就要梳理一下到底是怎麼回事。此時，千萬不要盲目地往前衝，急著攤牌不會有好結果的。就像《易經》中專以話術著稱的兌卦（䷹）第三爻「來兌凶」，就是急著想攤牌，失去了耐心，讓人家看破內情，不敢輕易答應和你簽約。所以，不能一直往前進，有時候發現不順，遇到困難了，或者招致對方的質疑、問難，這時要低調，採取往後退的方式，退一步或者慢一點也沒有關係，搞清楚再出發。退卻就表明現在不是逼著人家做出最後決定的時候，這時就給你一個冷靜觀察以便修正的機會。退有什麼好處呢？談判、遊說的空間拉寬了，大家又有了斡旋的餘地。「卻論者，釣幾也」，就像一個老漁翁一樣，要釣出那個「幾（機）」。換句話說，原先對對方的一些判斷存在問題，還有一些藏得很深的「機」，諸如隱伏的危機、轉機。知機應變有問題，以致判斷錯誤，那就要退一步，想辦法把「機」引誘出來。藉著適度的退卻，讓「機」在進退有序之中轉化，你原來還不知道的「機」就可以顯現出來。所以，不要老往前衝，像大壯卦（䷡）一樣往前衝絕對是死路一條。大壯卦的另外一面就是遯（䷠），即懂得適度的退卻。要圓滿達到目的，就不能急，急躁會引起人家警覺。縱橫家的本領就如巽卦（䷸），在深入低調中，能夠做到見風轉舵，而且低調、無形、快速。兵法強調，勝敗是兵家常事，打敗了要穩住陣腳，要適度地退卻。言辭的戰場也是一樣，有時需要退卻，一退天地寬，事情會產生一些變化，氣場立變。

(二)

佞言者，諂而干忠。諛言者，博而干智。平言者，決而干勇。戚言者，權而干信。靜言者，反而干勝。先意承欲者，諂也。繁稱文辭者，博也。縱舍不疑者，決也。策選進謀者，權也。先分不足以窒非者，反也。

「佞言者，諂而干忠」，「佞言者」是說口才特別好、能說會道的人。「佞言者」不是拍馬屁、逢迎，講人家愛聽的話，就是進讒言，中傷他不喜歡的人。在《論語》中對「佞」是批判的，〈公冶長篇〉中載：或曰：「雍也仁而不佞。」子曰：「焉用佞？御人以口給，屢憎於人。

不知其仁，焉用佞？」有人說孔子的學生冉雍很有愛心，但是口才不好。孔子回答說：何必要能言善辯呢？靠伶牙俐齒和人辯論，常常招致別人的討厭。孔子認為用能說會道對付別人，有時會言過其實，使人反感，即使口服，也會心不服。還有，仁者不要特意去追求「佞」。「佞言者，諂而干忠」，「干」是「求」的意思，「干忠」就是求得一個忠的美名，給對方一個很忠的印象。這種能說會道的人，所說的話並不是發自內心。其目的是投人所好，諂媚於人，希望達到某種目的：想要拍馬屁的對象覺得自己忠心耿耿，一切為他設想。這種人諂媚迎合，揣摩上意，往往能夠隱藏自己的真實意圖而博得忠誠的名聲。這樣的人當然是有問題的，只是其說話漂亮，遮蓋了本來面目。

「諛言者，博而干智」，「諛」就是阿諛，喜歡在對方面前說奉承話的人，就是想讓人家覺得自己很聰明，求得智慧的名聲。在這裡，「干」還是求的意思，「干」的字形像一塊盾牌，人在社會上與別人打交道，先要打造一塊盾牌保護自己，如果撈過界就是《說文解字》所說的「干，犯也」。也就是說，不能總是待在一個地方，要越界，越界就是有所求。原來沒有的，現在想要求到，這就叫「干」。

「平言者，決而干勇」，講話很平實的人，他是想用一種決斷的方式表現一種氣魄，要求得勇者的名聲。這種人講話直截了當，不添油加醋，總是要有一些勇氣的。對於一般人來說，敢對所有人都講真話，那需要很大的勇氣。「平言者」，敢平實地說話，就是為求得一個「勇」的印象。

「戚言者，權而干信」，「戚言者」，顯出一副憂傷的樣子，說出悲戚的話。其實這種情況下的進言，是經過權衡的，也是一種權變的方式，臉上表現得很肅穆、很憂愁，陳述他的一些看法，讓人覺得他很值得信賴。至少，對方會覺得他會關心別人的一些傷痛，或者有憂國憂民的情懷。這樣一來，求得人家的信任就不在話下了。

「靜言者，反而干勝」，「反」就是反身修德，好像這個人有反省的習慣。通常能靜下心的人，比較能夠反省、調整自己，很平靜地講話。採取這麼一個態度，其實他的目的還是藉著靜言達到目的，即挫敗敵人，取得說服的效果。所以，遊說要取勝，不見得要唾沫橫飛，或者添油加醋。有時候大家都拚命搶著講話的時候，他顯得特別冷靜，講的東西也讓人家覺得很可靠，反而能獲得勝利。

由上可知，對一個成熟的說客來講，上面的五種說話技巧要集於一身。針對不同的對象，採用不同的談話技巧，配合臉上的表情、肢體語言，來達到你的目的。可以說，這種遊說的過程千變萬化，在你的說服「工具箱」裡不只要有一把錘子，還要有很多的鉤子、繩子等。目的都是有所求，都是要「干」。對象不同，場合不同，時機也不同，要能夠隨機應變，採用一種說法，來達到目的——求勝、求智、求忠、求勇、求信。

「先意承欲者，諂也」，這是解釋「佞言者，諂而干忠」。懂得揣摩別人的意思，別人還沒有講出來時，他就瞭解對方的心意、欲望，先講出來，這叫掌握先機，會迎合。所以，評估你會不會諂，要先看你能不能「先意承欲」，而且這個「諂」要恰到好處，講出的東西能夠滿足對方的意願。這種「諂」的工夫說起來容易，做起來卻不易，需要訓練。人家起心動念，當事人都還沒有完全清楚，作為說客的你卻第一時間清楚了。古代宮廷裡特別會伺候人的宮女、太監，皇帝、妃子還沒想好的事，他們就已經做好了。要端湯，還是要脫鞋，或者是要招妃子來，太監們早就準備好了。這種諂的工夫，能夠「先意承欲」，好像有測心術，特別懂得解讀對方的起心動念。不需要他說，一個眼神，一個肢體動作，或者咳嗽一聲，就曉得該怎麼做。

「繁稱文辭者，博也」，這是解釋「諛言者，博而干智」。說話無所不通，旁徵博引，見多識廣，這種人很有智慧，其特點就是「博」。當然，這需要超強的記憶力和領悟力，在不同的場合，能夠隨時引經據典。可見，「繁稱文辭」才有壓倒一切的氣勢，在任何場合都遊刃有餘。不管是擺龍門陣的場合，還是正式說服的場合，以至文人雅聚，「繁稱文辭」都不同。要在千萬人之中「繁稱文辭」，確實需要博。

「縱舍不疑者，決也」，人的決斷很乾脆，很明快，什麼東西要放下、要捨掉，絕不猶豫，取捨之間非常果斷，這就顯現出一種決的氣魄。男子漢大丈夫，一言而決，不扯東扯西。放掉就放掉，不放掉就不放掉，絕不懷疑，也不戀棧。這就是「平言者，決而干勇」。這都是工夫。

「策選進謀者，權也」，這是解釋「戚言者，權而干信」。要為人家策劃，貢獻你的謀略、策略，根據形勢變化選擇策略，這就叫權。「戚言者」就是根據形勢權且裝出一副哀戚的、同情的樣子。「策選進謀」，通常解決問題的方案、策略，不只是一種，要選最適合的貢獻出來，這就如電光石火一樣，馬上就要決策，能夠快速、靈活地講出來，讓你的策謀贏得人家的青睞。這種「權」的工夫不一般，而且有時臉色要非常認真，讓人覺得這個提出策略的人完全是站在他的立場設想的。

「先分不足以窒非者，反也」，為什麼要反省呢？因為有時候會踢到鐵板，沒有辦法說服對方，這時應該想到可能自己有問題了，原先判斷失誤，所以就要「反復其道」，馬上調整說法，因為這一套不管用，「先分不足」。自己原先的揣測，理由不夠充分，或者判斷失誤，沒有想到位，沒有真正地用心，就沒有辦法達到目的。「以窒非者」，「窒非」，人不可能不犯錯誤，一旦犯錯，心中馬上警醒，把錯的一端壓下去，馬上自我反省，趕快調整。也就是說，既然犯錯了，就要彌補漏洞，錯誤絕不能再犯。為避免臨場犯錯，平時就要從善如流，察言觀色，進行自我反省，經常檢驗自己的言辭有沒有錯。如果不能說服對方，或者對方態度勉強，馬上就得調整，加點料。這種快速的反省，就叫「反也」。此所謂「靜言者，反而干勝」，最後還是要求勝。一次不行，調整，下一次就要勝利，中間要快速反省。在談判場合，有時幾分鐘之內要較量、轉換很多次；很多時候，關鍵時刻失言，就會導致無法談下去，收不到預期的效果，談判就會破裂。所以，反應、反省真的要快，人要夠機敏。

這就是鬼谷子，要說服什麼樣的對象，用什麼樣的言談技巧，他的工具箱裡應有盡有。

(三)

故口者，機關也，所以開閉情意也；耳目者，心之佐助也，所以窺瞷奸邪。故曰參調而應，利道而動。故繁言而不亂、翺翔而不迷、變易而不危者，睹要得理。故無目者不可示以五色，無耳者不可告以五音。故不可以往者，無所開之也；不可以來者，無所受之也。物有不通者，聖人故不事也。古人有言曰：「口可以食，不可以言。」言者，有諱忌也。「眾口爍金」，言有曲故也。

「故口者，機關也，所以開閉情意也」，所以說，人的口是機關，是用來控制實情和心意的。口為什麼是機關呢？因為病從口入，禍從口出。口是一個機關，該開的時候就要開，該關的時候就要關。就像《易經》中的節卦（䷻）所說的「不出戶庭，无咎」，即不隨便出入，才可保无咎。嘴巴要保守秘密，因為「機事不密則害成」，做事不守秘密就會妨害到事情的成功。「口者，機關也」，看似平實，但不知道有多少英雄豪傑就在這裡犯錯，自以為聰明，口出狂言，結果導致失敗。所以，該說的時候要說，不該說的時候絕對不能說，就像《易經．繫辭傳》所說的「君子之道……或默或語」。開口的時候，情意要適度表現出來；閉的時候，人家則完全看不出來你的情意為何。

「耳目者，心之佐助也，所以窺瞯奸邪」，耳目是心的輔助，可以用來窺探奸邪。別人講的話我們要聽，別人行動時或者說話的表情，我們要用眼睛去看。在我們用心聽、用心看的時候，耳目可以幫忙我們的心去瞭解對方到底在講什麼。耳目全程配合，需要全神貫注，這樣才能抓住在言論場合中稍縱即逝的、重要無比的資訊。可能是一個眼神，可能是一個詞語，不注意的話很快就會被掩飾掉，這些話語和表情可以表現出對方突然的慌張或者內心的竊喜等。《易經》中的鼎卦（䷱）象徵政權，要坐得穩，就要「巽而耳目聰明」，要聚精會神，不能心有旁騖，這樣的話才能「窺瞯奸邪」，找對方講錯的話，找對方的弱點，總有奸邪之處可以找出來。

「故曰參調而應，利道而動」，「參」就是「三」，代表耳、目、口這三者。這三者要調和一致；耳朵聽的，眼睛看的，嘴巴裡講的，要協調一致，不能矛盾。用這三個指標來參考判斷，可以選擇有利的途徑，然後行動。我們講道理，要說服人，就要有利於弘揚真理，然後才能採取行動。動口，瞪大眼睛看，豎起耳朵聽，目的都是為了有利於行動。這三者都得凝神操作，互相呼應。

這樣便能做到：「故繁言而不亂、翱翔而不迷、變易而不危者，睹要得理。」「繁言而不亂」，這是基本功，眼睛、耳朵、口配合、協調一致，不管是長篇大論，還是複雜的事情，談起來都是有頭有緒，不會混淆。「翱翔而不迷」，自由展翅飛翔，絕不迷失方向。因為自己很清楚說話的主軸是什麼，目的是什麼，而人家聽你這樣講，也會覺得很清楚。「變易而不危者」，在言辭鋒芒畢露的場合中，局勢是千變萬化的，面對這種局勢變化始終安如泰山，立於不敗之地，絲毫不會覺得有危險。有時候一個人說錯一句話，別人就會抓住話柄反駁質問，這就是說話欠考量，言詞當中有毛病，讓自己陷於尷尬境地，甚至是危險境地。只有面對變化站得很穩，始終不怕，才能見招接招。做到了以上三者，就是「睹要得理」，因為看準了對方的要點而進行應對。

「故無目者不可示以五色，無耳者不可告以五音」，沒有視力的人不能展現各種顏色給他看，沒有聽力的人不能彈奏各種聲音給他聽。老子說「五色令人目盲，五音令人耳聾」，《金剛經》也說「若以色見我，以音聲求我，是人行邪道，不能見如來」，但是人在社交場合就是靠色、靠音聲來互動，一個人沒有眼睛，你給他看五色，不是開玩笑嗎？而有些人是色盲，對於變化的五色無法辨別。沒有聽力的人，你彈奏再好的音樂也沒用。所以，我們要搞清楚對象，在什麼場合講什麼樣的話，時然後言，不可以說的就別說了。

「故不可以往者，無所開之也」，這個人是不可救藥、不堪承教的，沒有辦法開示，說半天等於白說，因為他沒有辦法承受。還有「不可以來者」，有時候又不能來這邊對某些人講，因為他的根器不對，聽不進你的話，「無所受之也」，這樣做完全是浪費時間。有一些人就是聽不進別人的話，「故不可以往者，無所開之也」，那你何必浪費心力呢？「物有不通者」，人、事、物，不要認為一定是可以溝通的，有很多是說不通的；「聖人故不事也」，聖人就不會浪費時間去做這些事。人生有限，講話也耗氣力，講了半天，對他來講完全沒有意義，純粹是浪費時間，還不如節省這個工夫。

經過幾次試探之後就知道不必浪費時間，這個判斷是很重要的。有的人格局小，沒有辦法去承擔大的事情，即「無所受之也」。有一些人智慧未開，「無所開之也」，那就不必多說了。《易經》中的頤卦（䷚）就告訴我們要「慎言語，節飲食」，這裡也講：「古人有言曰：『口可以食，不可以言。』言者，有諱忌也。『眾口爍金』，言有曲故也。」古人有一句話：嘴巴是用來吃東西的，最好不要講話。我要是不教書，這一輩子講的話都可以算得出來，絕對可以留到下一輩子乃至下下輩子再用。有的人每天嘴巴就沒停過。上帝給你生一張嘴巴，主要用來吃飯的，少講話，因為「言者，有諱忌也」。有人生經驗的都知道，講話太可怕了，有時候言者無心，聽者有意，一句玩笑話可以創造終生的仇人，因為你講的話觸到人家的忌諱，導致人家恨你一輩子。避諱的東西要注意，就像「矬子面前別說短話」一樣。在面對一堆女生的時候，你千萬不能只讚美其中一個女生，否則你會為自己樹下不少「敵人」。忌諱，有的是政治的，有的是家庭的，為了不得罪人，那就儘量少講話，才會少犯錯。人言可畏，人喜歡蜚短流長，也不見得有證據，像我們現在的媒體完全沒有規範，捕風捉影，就把一件子虛烏有的事情描繪得有聲有色。人嘴兩張皮，怎麼說都好，你就是堅如金剛，都會被融掉，這就叫「眾口爍金」。「言有曲故也」，很多人扭曲事實的真相，是出於私心，不在乎栽贓冤枉別人。他心中到底存著怎樣一個想法呢？不可測，你繞半天也找不出真正的原因，因為人家有時候也不需要原因，他就是不爽，所以要歪曲事實。所以，為了避免這種情況，最好少講話，不要變成「眾口爍金」的目標。本來超有口才的縱橫家們，此刻快速轉變，轉入低調，不該說的時候永遠保持沉默。毓老師（愛新覺羅毓鋆）講中國人自保處世的智慧時說，人不可能不跟別人社交溝通，故要說玄，勿說閒。少講閒話，閒話傳久了會傳成什麼根本就不知道。所以，不要說閒話，見面就說玄奇的事，玄之又玄，反正沒有證據。不要談實際的東西，容易生出是非。你說人閒話，人家不會說你閒話嗎？「曲故」兩個字，包含了人生可怕的經驗，你永遠沒有辦法知道是怎麼回事，就扛了半輩子的黑鍋，因為眾口鑠金。可見，一定要注意忌諱。這不是真金不怕火煉，而是眾口鑠金，你解釋得過來嗎？

（四）

人之情，出言則欲聽，舉事則欲成。是故，智者不用其所短，而用愚人之所長；不用其所拙，而用愚人之所工：故不困也。言其有利者，從其所長也；言其有害者，避其所短也。故介蟲之捍也，必以堅厚；螫蟲之動也，必以毒螫。故禽獸知用其長，而談者知其用也。

「人之情，出言則欲聽。」人之常情是，話講出來，希望人家能產生共鳴，能夠附和。「舉事則欲成」，做事情就希望能夠成功。絕沒有人會說，希望自己做事情失敗。有些事情雖然不容易成功，但是人總是想成功。出言、舉事，欲聽、欲成，這就是人情，任何人都不能避免。但是，尺有所短，寸有所長，一個人不是全才，要瞭解自己的弱點，要有自知之明。有時候你看不起的人，他某方面就比你好，那麼你就要欣賞他的長處，運用他的長處，避開用自己最拙劣的地方，那麼，你做什麼事情都能兜得轉。在某些方面功力有限，就不要獻醜，要懂得藏拙，不然你出言不專精，馬上就會遭遇挫折；對所做的事情不是特別在行，就會失敗。

「是故，智者不用其所短」，因此，聰明的人不用自己的短處，「而用愚人之所長」，而是善用笨人的長處。社會上的人形形色色，再笨的人也有長處，這個方面說不定正是你的短處。「智者千慮，必有一失；愚者千慮，必有一得」，還有「三個臭皮匠，賽過諸葛亮」，說的就是這個道理。沒有人是全能的，所以避開自己之所短，用愚人之所長，這樣就沒有不可以用的人。「不用其所拙」，不用自己笨的地方，「而用愚人之所工」，你不會做的，可能你看不起的人做得特別好，那就要他做。「故不困也」，這樣一來你就比較受歡迎。不要一天到晚暴露自己的短處，碰到短處就讓賢，請別人代勞。這就是「智者不用其所短，而用愚人之所長；不用其所拙，而用愚人之所工：故不困也」。

「言其有利者，從其所長也」，看到有利的，我們就要儘量發揮其所長去追逐利益。「言其有害者，避其所短也」，用其短處不能保護利益的，我們就要想辦法避免。趨吉避凶，這是最起碼的要求。「故介蟲之捍也，必以堅厚」，那些長硬殼的蟲子捍衛自己，一定用堅固厚實的甲殼。像烏龜，打不過敵人就縮到龜殼裡頭。「螫蟲之動也，必以毒螫」，帶毒刺的蟲子在攻擊的時候，必定用牠的毒刺。「故禽獸知用其長，而談者知其用也」，因此，禽獸都懂得使用其長處，作為一個說客，應該知道儘量發揮自己的長處，避開短處，靠自己的長處來爭取生存的利益。

（五）

故曰辭言有五：曰病，曰恐，曰憂，曰怒，曰喜。病者，感衰氣而不神也；恐者，腸絕而無主也；憂者，閉塞而不泄也；怒者，妄動而不治也；喜者，宣散而無要也。此五者，精則用之，利則行之。故與智者言，依於博；與博者言，依於辯；與辯者言，依於要。與貴者言，依於勢；與富者言，依於高；與貧者言，依於利；與賤者言，依於謙；與勇者言，依於敢；與愚者言，依於銳：此其術也，而人常反之。

「故曰辭言有五」，一般人在言談中，有五種常犯的毛病。「曰病」，病懨懨的，沒精神，底氣不足。底氣很重要，修為、文化底蘊，那是根基，是裝不來的，需要經過長期蘊養，厚積薄發。病歪歪的沒有精神，底氣不足，能說服誰？「曰恐」，害怕。在我們這個時代，什麼地方是安全的，什麼地方埋伏著殺機，有時真的不可測。人害怕的時候，從他的言談中就聽得出來，怎麼裝也不行。這樣說出來的言辭就沒有力道，更不要說用道理說服別人。「曰憂」，人憂愁、憂慮的時候，也會影響言辭的說服力。「曰怒」，生氣的時候，口不擇言，會講很多你都不知道怎麼會講出來的話，純粹就是發洩憤怒，常常傷人傷己，造成很多遺憾。「曰喜」，太高興也不行，得意忘形，講話就散漫。以上五種毛病，其實都是身心處在很不平衡的狀態下發言，其說服力都會嚴重打折。

下面就進一步分析這五種毛病的成因。「病者，感衰氣而不神也」，病者，是底氣不足，即氣衰。沒有病的時候，聲如洪鐘，講話是震動人心的。可是在病的時候，就失去了平常那種神采，感動人的力量蕩然無存，因為感染到衰氣了。不是在一種很強的氣勢下，要少說話，「感衰氣而不神」，講話也沒有效果。

「恐者，腸絕而無主也」，中心無主，害怕，好像肝腸寸斷一樣，不知道怎麼辦，無所措其手足。大家看你中心無主，害怕得要命，這種情況下，講出來的話肯定沒有什麼效果。所以，反過來說，在變生不測的時候，才更顯出一個人的修為。

「憂者，閉塞而不泄也」，憂鬱的人長期閉塞而缺乏發洩的管道。這樣好危險，好可怕，時間久了肯定出問題。要是哪一天失控了，他覺得人生實在是很沒意思，又沒有辦法排遣憂鬱，就天天晚上玩「殺人遊戲」，那多可怕！不是只有狂躁的人才會攻擊，憂鬱的人憋久了，要是沒有宣洩的管道，也不知道什麼時候會出事。

「怒者，妄動而不治也」，人在生氣的時候，輕舉妄動，控制不住自己。憤怒之言會有種種的毛病，那時講話是不能算數的，但是很傷人。「妄動而不治」，就像《易經》中的大壯卦（䷡）第三爻或者第六爻，第三爻「小人用壯，君子用罔，貞厲。羝羊觸藩，羸其角」，第六爻「羝羊觸藩，不能退，不能遂，无攸利」。大壯卦血氣方剛，一旦發怒，就像發情的公羊觸藩，最後沒有辦法解開僵局。在不適合憤怒的場合，發怒了，結果羊角被卡住。第三爻爻變就是歸妹卦（䷵），控制不了自己的怒氣，結果沒有辦法善後。如果再嚴重一點，就是大壯第六爻造成的僵局，整個卡住，很難解套。這就是典型的「妄動而不治」。

「喜者，宣散而無要也」，一高興了，笑顏逐開，注意力就不集中，講話也沒重點。狂喜也不是一個好的狀態，這種情況下最好不要說話。可見，病也好，喜也好，怒也好，憂也好，恐也好，都會帶來負面的能量。

「此五者，精則用之，利則行之」，人常常犯言談上的這五種毛病，對受專業訓練的縱橫家來講，他精於言談，懂得避免這五種不適合講話的狀況，即「精則用之」。一般人碰到這五種情緒波蕩的時候，講話一定有問題。當然，人一天中總是有一些情緒，就算是很會講話的人，也會面臨這種情緒波動，只是他不受這些情緒干擾，他明白自己有恐、有喜、有怒、有憂、有病，但是他可以克服。在這五種狀況下，一般人不適合講話，怎麼講話都是扣分的，縱橫家在這種情況下，還能夠講話，並且產生效果，這是訓練出來的。作為一個職業說客，他會隱藏自己的情緒，隨時都可以發揮他的辯才而無礙。「利則行之」，人說話也好，做什麼也好，都是要追求利益的。只要是追求利益的時候，雖然情緒中有些波蕩，但還是可以駕馭，進而追求到他要的利益，這樣的人就是超越常人的人。常人很難做到這些，一定會受到情緒起伏的影響，只有專家才會「精則用之，利則行之」，不受情緒的干擾，若無其事。他承受打擊或者承受壓力的能力遠遠超過一般人。這就是化腐朽為神奇，在常人辦不到的地方，靠訓練做到了。

針對不同的遊說對象，應採取什麼樣的策略？

「故與智者言，依於博；與博者言，依於辯；與辯者言，依於要」。「與智者言」，對手是很有智慧的，要怎麼跟他講話呢？「依於博」，這時就要旁徵博引，隨時都可以把典故信手拈來，一講就是一大套，一下闡述這個，一下引用那個。對手很有智慧，你就要具備這樣的本事，才能夠壓住這個智者，不會讓他看輕。「與博者言」，有一些人是見聞非常廣博的，這時候你要「依於辯」，抓住一些要點，深入分析討論。因為這些人知道很多東西，但並不代表他瞭解深透。也就是說，對方見聞廣博，要是你能夠談得非常深透，還是可以取得主導權。這時要說服他，就要善於分析、辨析事理。

「與辯者言」，對方也是能說會道的，很會分析事理，就要「依於要」，要抓要點。有一些人看起來很會分析，但是不會抓住事情的要點，而你就要善於抓住要點。

碰到一些有權有勢的人物，即「與貴者言」，雖然對方地位很高，但你不要被他的氣勢壓倒，你要「依於勢」。地位高的人通常都有勢，你的勢不如人，就一定要找到平衡點。他有勢，我就順著他的勢，也展現這樣的氣勢，輸人不輸陣。孟子說「說大人，則藐之」，先藐視他，不要被他嚇倒。很多人去見達官貴人，一開始心裡就害怕，話也講不出來了，完全被那個官威給逼住了。所以，縱橫家們要訓練在權貴面前侃侃而談，好像無視其威權和勢力。

「與富者言，依於高」，與有錢人說話，不要比誰有錢，要比就比學問，你談吐高雅，講的東西他聽不懂，他就覺得你的學問剛好是他欠缺的。「與貧者言，依於利」，和貧困的人說話，就要立足於利益。與貧者言，就不能「依於高」，也不能「依於勢」，要「依於利」，利益當前，眼睛就亮了。「與賤者言，依於謙」，不要看不起身分低賤的人，不管他是誰，即使社會地位不高，在社會底層，你都要低調，千萬不要仗勢欺人，或者言詞間不自覺地露出讓人家受不了的樣子。一個人謙和的話，天地人鬼神都不會找你麻煩。長期被人踩在腳底下，始終沒有辦法改善，社會地位低的人心緒基本上不大平衡，你對他謙虛，他會心存感激。「與勇者言，依於敢」，有些人好勇鬥狠，你要是「依於敢」，他就覺得找到同道了。「與愚者言，依於銳」，與那種智慧比較低的人說話，要從細微處著眼。「此其術也，而人常反之」，上述這些就是遊說的原則，但是一般人常常違反這些原則。換句話說，這種術是要專修的，有些人是天生的，有些人就要靠後天的訓練，少犯錯，不要犯口過。人常常容易犯口過，所以要「慎言語，節飲食」（《易經．頤卦》），身、口、意不是都會犯錯嗎？《易經》有很多卦爻辭強調千萬要慎言。

（六）

是故，與智者言，將此以明之；與不智者言，將此以教之；而甚難為也。故言多類，事多變。故終日言不失其類，故此不亂；終日不變，而不失其主。故智貴不妄、聽貴聰、智貴明、辭貴奇。

前面講了一些分類，對象不同，依據就不同，掌握的要點就不同。因此，「與智者言」，跟聰明人講話，「將此以明之」，就根據前面的經驗說清楚、講明白。「與不智者言」，跟那些程度比較低的人說話，「將此以教之」，就要訓練他。「而甚難為也」，但是說起來容易，做到難。

「故言多類」，我們的言談有很多種類型。「事多變」，人事之所以難搞，就是因為多變。有時在一個場合中，就要經過好幾次變化。「故終日言不失其類，故此不亂」，一個經過訓練的人，即使是整天講話，還是井井有條，有倫有序，完全依循了規矩，有過錯也會自然地修正過來。「終日不變，而不失其主」，要主動控制整個談話，不能偏離，中間稍微有一點偏，就把它拽回來，不要錯開，這叫「不失其主」。碰到任何一種情境，都要「不失其主」。你想說的，想達到的目的，如果中間受到干擾，就再調整，不要偏離主線。「故智貴不妄」，所以，智慧的可貴在於能夠按照遊說的原則去辦理事情而不妄動。

「聽貴聰、智貴明、辭貴奇」，聽貴在聽得清楚明白，智慧貴在明辨事理，言辭貴在出奇制勝。兵法講究用奇，縱橫術中也要用奇，情況變化多端，不怕，還有匪夷所思的招式。縱橫家可以整天說話，也不會累，而且面臨各種變化的情境，或者是換了一批人，他仍可以不失其主，一直不會偏離自己講話的主旨，控制得非常好。

謀篇第十

謀士要進言，要出謀劃策，第一步就要搞清楚對象，瞭解對方，而且要瞭解真實情況。這就是前面的篇章所講的度材、量能、揣情，不同的對象又分成智、仁、勇、愚、不孝、貪六種，然後採取不同的計謀，運用的時候一定要守秘、出奇，讓對方在不知不覺中就上了套。這些前提工作很重要，為了說服對象，鋪墊的工作必須做到位，而且是法不傳六耳，絕對不可以在公眾場合講出來。這就叫謀，典型的陰謀，要瞭解你的對象，而且保密是重要無比的。

(一)

凡謀有道，必得其所因，以求其情；審得其情，乃立三儀。三儀者：曰上，曰中，曰下。參以立焉，以生奇；奇不知其所雍，始於古之所從。故鄭人之取玉也，載司南之車，為其不惑也。夫度材、量能、揣情者，亦事之司南也。

「凡謀有道，必得其所因，以求其情」，出謀劃策也是有道理、有規律的，一定要追尋對方面臨的問題產生的原因，找到對方當前處境的實情。你要說服的對象，遇到什麼問題，為什麼要這樣做，一定有他的原因。「得其所因」，然後從這件事去探求他的情，諸如喜、怒、哀、懼、愛、惡、欲等。人，不可能不受情的影響，人的情就是決定其做一件事情的理由。像有人做出一些慘絕人寰的事情，有時候理由很簡單，就因為他覺得活得不快樂，自殺沒有勇氣，那就殺人。所以，人的行為特別難測，要解決這些問題，最後還是要落實在人情中。

「審得其情」，知道這些情之後，「乃立三儀」，那就確立三個標準。「三儀者：曰上，曰中，曰下」，所謂的三儀，就是上智、中才、下愚。最上等的人通常很聰明，腦筋不壞，很有智慧，這種人一般是極少數。大部分人是中才，即中等資質。另外一種就是很笨的人了，這種人也不多。《論語》中孔子就說：「唯上智與下愚不移。」天生就有大智慧的人，永遠不會被世俗所改變；而愚人自己不願改變，別人更難以改變他。要看對方屬於哪一類人，再決定怎麼講。

「參以立焉，以生奇」，「參」即「三」，將這三種標準互相參考、比較，目的就是要出奇謀，通過遊說達到目的。一旦你定了計，制定了針對他的奇策，遊說就完全沒有障礙了。「奇不知其所雍」，「雍」即「壅」，壅塞。奇策一旦用了沒有行不通的，很順暢，可以無往而不勝。根據精準的定調，看對方是上智、是中材還是下愚，參考之後就立謀，出奇招，出奇辭，一用就很順暢。「始於古之所從」，奇策的方法不是鬼谷子這個時代才發明的，在鬼谷子之前，已經在古人的實踐中產生了。也就是說，作者認為自己不是創造發明者，只是整理古人的經驗之談。

分清楚對象的程度，搞清楚他心中想什麼，然後設定奇謀，一旦施奇謀不會行不通，而這些說法也沒有什麼了不起，都是過去很多能幹的高手留下來的經驗，這就是我們做事情的標準和方向，就像指南車一樣。「故鄭人之取玉也，載司南之車，為其不惑也」，以前鄭國人去找玉，一定駕上指南車，目的就是為了不迷路。找玉一定要有方向，這個方向不能搞錯，如果自己不能夠定方向，就要找工具幫你定方向，才可以取到寶玉。當然，鬼谷子這樣講，也向我們提供了研究中國古代科技史的材料。我們設謀要像司南之車，方向不能錯。我們做事情也有一個指南車：「夫度材、量能、揣情者，亦事之司南也」。度才、量能、揣情，看看對方的才，看看對方的能力，最重要的就是要揣情，瞭解事情的內情。有很多事情不是表面上看到的那樣，表面那些情況可能只是藉口、托詞或者煙幕彈，根本不可能以此真正解決問題。人常常都會掩飾，要充分瞭解你的對手，大方向絕對不能錯，也就是說我們處理任何事情都要有「指南車」。

(二)

故同情而相親者，其俱成者也；同欲而相疏者，其偏成者也；同惡而相親者，其俱害者也；同惡而相疏者，其偏害者也。故相益則親，相損則疏，其數行也，此所以察異同之分也。故牆壞於其隙，木毀於其節，斯蓋其分也。故變生事，事生謀，謀生計，計生議，議生說，說生進，進生退，退生制；因以制於事，故百事一道，而百度一數也。

「故同情而相親者」，情相同，彼此又親近，「其俱成者也」。為什麼他們會這麼親密？因為他們兩個能夠在一起合作，目標相同。兩個人這麼親近，想要的東西也一樣，不會互相嫉害，也不會產生競爭，通過共同努力，當然可以達成他們的目標。也就是說，感情不生變，想要的東西一樣，不構成利益的抵觸，沒有必要衝突，這樣的合作才能成功。

「同欲而相疏者，其偏成者也」，都想要同樣的東西，感情會疏離，是因為「偏成者也」，只允許一個人得到，另外一個人就得不到。前面的可以雙贏，這裡只有獨贏。誰選上主席了，另外一個就得落選。有時候革命感情都會翻臉，就因為他們處於絕對的利益衝突。「同欲」，都想當皇帝，都想追同一個女人，感情就疏遠了，這是「偏成」，不是「俱成」，只有一個能夠成功，這一偏，就是勢不兩立，有你無我，所以他們的關係不可能好。

「同惡而相親者，其俱害者也」，欲是你想要的，惡則是你特別討厭的東西。共同討厭一些東西，結果他們關係好得很，是因為共同討厭、共同害怕的東西讓他們風雨同舟、共同抵禦，所以他們關係特別密切。這就是《易經》中的蹇卦（䷦）原理之運用——「蹇之時用大矣哉」。《孫子兵法．九地篇》說：「夫吳人與越人相惡也，當其同舟而濟而遇風，其相救也如左右手。」吳人與越人是世仇，但是他們一旦同舟遇風，相救起來就如左右手一樣。因為他們有共同的敵人、共同的禍患，所以他們會暫時團結起來，互相救助。

「同惡而相疏者，其偏害者也」，共同討厭一個對象，結果情感還疏遠了，為什麼呢？因為「偏害者也」。前面說環境逼著他們要合作，而關係很親近，這裡為什麼相疏遠呢？因為他們都害怕的東西，只會害到其中一個人，甲受害，乙就不受害，甲跟乙就好不了，日漸疏遠。正因為不想風雨同舟，而是要競爭，以免被他們共同討厭的東西禍害到。既然其中有一個會為他們共同擔心的事情所害，他們之間的感情大概都會疏遠。所以，說白了，人情親近還是疏遠，就是利害關係，沒有別的。人就是趨吉避凶，有你想要的，有你討厭的、害怕的，不管是朋友還是家人，一旦面臨抉擇、進退，有競爭和利益衝突關係，不是你就是他，這種關係就叫偏。

「故相益則親，相損則疏，其數行也」，雙方關係那麼好是因為相得益彰，互相有利，而互相損害的關係就變疏遠，這是必然的規律。我們不要唱高調，環境決定可以親近，還是疏遠。像「同惡而相親者，其俱害者也」，國際關係不也是這樣嗎？美國跟越南，美國跟日本，他們同時對付中國，所以他們相親。雖然過去美國跟越南、日本有過戰爭，不知道互相殺多少人，可是環境不一樣了，他們都要對付中國。中國一強大，日本、美國、越南就覺得對他們構成了威脅，所以他們對於過去的仇恨就放下了，互相示好結盟。換句話說，所謂的國際外交、人際關係，都是此一時彼一時，不同的時代有不同的討厭對象和共同的利益，就會造成不同的親疏遠近。所以，沒有永遠的朋友，沒有永遠的敵人，只有永遠的利益。偏害、俱害、俱成、偏成，決定關係的親疏。「此所以察異同之分也」，要看到萬事萬物的異同的關鍵點，就像尋找瑕疵的細微處或結構的脆弱點。

「故牆壞於其隙」，一堵牆有縫隙了，這一結構的脆弱點到一定時間就可能崩掉整面牆。「木毀於其節」，樹木都有節，像竹子一樣，要砍樹的時候，節常常就是一個分段點。我們人體的關節，常常容易藏汙納垢，導致運轉不靈。木要毀就毀在那個節的地方，樹木一般從有節的地方折斷。所以，我們對於結構的縫隙、空隙處要不時修補，防止其未來崩壞。木頭的節是接縫的地方，如果朽掉了，將來有可能整個斷掉。人事也是一樣，不是一體成型的，很多人的合作關係為什麼禁受不起挑撥離間呢？因為他們不是一體，他們那種聯盟的關係是有節的，就像火車，如果把連接車廂的鉤子鬆脫，它們就會脫離。「斯蓋其分也」，牆的縫隙和樹木的節疤就是它們崩壞的分界處。在分節點的地方，最容易把它們分開。任何事物節節相連，就有可能讓它一分為二。這就告訴我們要懂得掌握人、事、物所有的關係，從其親疏遠近的關係中尋找進行挑撥離間、分化的節點和縫隙。

「故變生事，事生謀，謀生計，計生議，議生說，說生進，進生退，退生制，因以制於事」，「變生事」，人事充滿了種種變化，人生的很多事端就是從這種變故裡面出來的，感情變了，親疏變了，交情變了，就生出了事。像《易經》的蠱卦（䷑）既是變，也是事，代表一個新鮮的狀態開始慢慢長蟲。「事生謀」，一旦產生了事變，就要想辦法去解決。「謀生計」，要謀劃得很周到，就算產生了計策。某之言叫謀，十之言叫計，計比謀更高明、周全。「計生議」，一旦完整的方案定出來了，就得拉到檯面上讓大家討論。「議生說」，大家一起來討論，開始鋪陳、交流，各陳利弊，各陳己見。「說生進」，論說到最後，利弊都分析完，就集思廣益，決定採取什麼行動。「進生退」，在利弊分析中，任何事情都要有一個考量，有時候議決付諸行動，勇往直前去做，發現不如預期，踢到鐵板了，那就得退回修正。「退生制」，任何事情一定要有一個機制來管理，因為進退、成敗不是百分之百。〈摩篇〉就說過「事莫難於必成」，人都想把事情做成，可是一定能成功嗎？誰都沒有百分之百的勝算，萬一進展不利，要怎麼善後？有沒有安排退路？不能完全沒有制；進場有機制，退場也要有機制。縱橫家的策略，就如《易經》中的巽卦，巽為進退，進，還是退，要看風向。巽卦一定要看準風向才決定進或者暫時不進，所以巽卦的第一爻就講進退，在入口的地方，考慮進退，這樣就「利武人之貞」。《易經．說卦傳》說巽有進退的象，「為不果」，沒有辦法很確定、很果斷，因為他在評估、揣摩。「因以制於事」，一旦我們確立了這麼一個機制，由其決定是進是退，就可以制定針對事情的整個方案了。

換句話說，任何的制不能失控，是進，是退，是入，是出，一定要進行巽卦那麼深入的調查研究，正確掌握情況了再決定。如果在巽卦第三爻「頻巽吝」的時候，發現沒希望了，就想撤了，但是堅持下去的第四爻就「田獲三品」，收穫頗豐。

「故百事一道，而百度一數也」，古人大量的生活經驗，講起來都是這個道理。所以，從「變生事，事生謀，謀生計……退生制」一路走來，就像打仗一樣，不能夠衝了，只能敗退，但是要穩住陣腳，要敗而不潰，都是要靠制。沒有人會認為，敗就一定要敗到底。少輸就是贏，要少輸就要有一個制的權衡。

（三）

夫仁人輕貨，不可誘以利，可使出費；勇士輕難，不可懼以患，可使據危；智者達於數、明於理，不可欺以不誠，可示以道理，可使立功，是三才也。故愚者易蔽也，不肖者易懼也，貪者易誘也，是因事而裁之。故為強者，積於弱也；為直者，積於曲也；有餘者，積於不足也：此其道術行也。

這一段提到了儒家所說的智、仁、勇三達德，不過鬼谷子的說法和儒家的說法有區別。「夫仁人輕貨，不可誘以利，可使出費」，仁人君子把錢財看得很輕，這樣的人不能用利來引誘，但是可以使他獻出財物。仁人不要拿錢去引誘他，因為他清高，所以可以反過來讓他掏腰包贊助。讓他出錢，就要打動他的仁心，讓他覺得自己在做好事。

「勇士輕難，不可懼以患」，勇敢的人敢冒險犯難，就不能拿禍難讓他害怕。「可使據危」，這種人就要用他的長處，讓他到那種特別危險的地方去解除禍患。「智者達於數、明於理」，有智慧的人通達理氣象數，明白道理。「不可欺以不誠，可示以道理，可使立功」，千萬不要對極度聰明的人進行算計，或用欺詐的手段來矇騙他。欺騙和糊弄，在智者面前行不通，這時就要跟他講道理，讓他以智慧立功。

「是三才也」，「三才」就是智、仁、勇，這三種人才要各盡其用。仁者不要給他錢，還要讓他自己掏腰包；勇士就把他放在最危險的地方防守；智慧的人讓其以智慧謀劃立功。這就是充分發揮三才的長處，畢竟每個人都希望可以在適合的地方發揮自己的長處。

這是智、仁、勇。下面三個就不行了：「故愚者易蔽也，不肖者易懼也，貪者易誘也，是因事而裁之。」「愚者易蔽」，愚者和智者相對，愚笨的人容易被蒙蔽。愚者往往搞不清楚事情的真相，不知道什麼是好，什麼是壞，什麼是佛，什麼是魔，很容易受欺騙。「不肖者易懼」，不肖者和勇者相對。不肖的人膽太小，很容易害怕，故很容易就可以把他嚇住。「貪者易誘也」，貪者和仁者相對，仁者愛人，貪者愛己。人的貪欲一起，貪名、貪利、貪色，容易妄想，這樣的人就很容易受到引誘，給他點甜頭，就可以讓他上鉤。「是因事而裁之」，這就是根據不同的事情、對象，來決定應該怎麼做。對仁、勇、智的人，可以讓其發揮最大的功效；而愚者、不肖者、貪者不自知，讓他們做事特別難，可以先利誘，必要的時候可以切割。這就有點像佛教講的六道輪迴，一個是三善道，一個是三惡道，不同的對象，針對他的弱點，做建設性的事情。智、仁、勇之人也有弱點，就是想表現其智、仁、勇，那就運用其智、仁、勇，其實還是利用他的弱點。每個人都有罩門，不可能沒有瑕疵，只是有時候罩門在哪裡，別人不知道而已。

「故為強者，積於弱也；為直者，積於曲也；有餘者，積於不足也：此其道術行也。」這完全是對老子的智慧的發揮，從「老」到「鬼」，真可算得上是「老鬼學」。「故為強者，積於弱也」，之所以能那麼強大，乃積弱為強。弱，也是暫時的示弱。一示弱，就不會成為被打壓的目標，此時就可以藉機喘息。勾踐也是「為強者，積於弱也」。積弱，能忍讓就忍讓，到最後變成強了。如果在任何情況下，都要爭強鬥勝，那麼很快就會陣亡。「為強者，積於弱也」，這也是太極圖以陰制陽的原理。

「為直者，積於曲也」，老子說「曲則全」，「大曲若直」，最後還是直。中間懂得迂迴的，能受委屈，到最後成了，就不用再忍讓了。

「有餘者，積於不足也」，也是一樣的道理，之所以資源那麼多，就是從不足積累起來的。有餘、為直、為強，是最後成功、強盛的結果，中間的過程是不斷的積累。既然是弱、是曲、是不足，就不能硬碰硬，而是要保留實力，慢慢積累，到最後一戰功成。這就是老子所云「夫唯不爭，故天下莫能與之爭」。羽翼未豐時，逞血氣之勇，那將是狂風暴雨無終日。「此其道術行也」，道是基本的原理，術是從基本原理發展出來的種種方法。懂得這些道理，道術就可以實行了。在傳統的中國社會裡面，即便是不讀《鬼谷子》的人都明白一句俗話：「留得青山在，不怕沒柴燒」。必要的時候就要忍，含章括囊，最後出殺招就必勝。

（四）

故外親而內疏者，說內；內親而外疏者，說外。故因其疑以變之，因其見以然之，因其說以要之，因其勢以成之，因其惡以權之，因其患以斥之；摩而恐之，高而動之，微而證之，符而應之，擁而塞之，亂而惑之，是謂計謀。

這一段歷來有分歧，鬼谷子是針對哪一方講的，不是那麼明確。即使我們仔細地推斷，有一些地方還是語焉不詳。這就是《鬼谷子》難讀的地方。我們現在讀的《鬼谷子》的版本，從陶弘景注之後，已經經過細密的考證了，但是有一些東西搞清楚了，有一些東西仍然不是很清楚。所以《鬼谷子》就不像《孫子兵法》那樣流暢。

「故外親而內疏者，說內」，所以對外表親切而內心疏遠的人，要從內部下手。「外親」可能是因為某些理由經常接觸，其實是貌合神離、同床異夢，內心是很少接觸的。既然要說服對方，靠外表的親密是沒有辦法打入核心的。核心人員在交頭接耳時，一看見你就會迴避話題、轉移話鋒。假如你想打入核心發揮作用，一定要針對你鎖定的對象，想辦法打動他的心，就像〈內揵篇〉中說的一樣把他卡住，而且交往還不能有任何縫隙，讓他人挑撥離間。

「內親而外疏者，說外」，裡面關係近得很，但是外面關係很疏遠，那就要從外表著手去遊說，讓他表現出來。不然他外表裝著不理你，你很多事情就不方便處理。

可見，假使對方在外表上跟我們很親近，但是內心疏遠我們，沒把我們當自己人，我們就必須由對方的內心著手去做說服的工作，讓他真正地親近我們，做到內親外也親。假使對方內心親近我們，外表上與我們故意疏遠，不知道是為了什麼，可能是有他的考量，那我們必須由對方的外表著手，讓他內外都跟我們親近。這個說法是不是鬼谷子原來的意思？另外還有一個意思，即我們處理人際關係的時候，人之間到底是親還是疏，是真的還是假的？外表呈現的都是假象，有的人要裝成神仙眷侶，要裝成哥們兒，事實上是怎樣，大概只有天知道。有時候表面上好像很疏遠，其實是一家人，就是要引誘人家上當。

下面更複雜了：「故因其疑以變之，因其見以然之，因其說以要之，因其勢以成之，因其惡以權之，因其患以斥之；摩而恐之，高而動之，微而證之，符而應之，擁而塞之，亂而惑之，是謂計謀。」

「因其疑以變之」，靠著你的說服，把對方對你的疑慮和不放心改變過來。對方之所以對你不放心，一個是還在觀察、考證你，一個是旁邊有一些人進讒言、說壞話，讓他心中動疑，以至於有一些事情他不敢完全對你說出來。所以你要根據大概瞭解的對方對人、對事、對你種種的疑，想辦法變一變。要知道，疑是很要命的，一定要及時處理。一旦發現對方對你生疑，那就針對對方的疑慮，進行正面解釋或者迂迴解釋，讓對方通過你的某些話、某些表現把疑慮不著痕跡地化解掉。

「因其見以然之」，對方一定在言行上有一些表現或者他對某些事情有一些看法，你就附和他，說他講得很對。既然他對你提的很多東西有懷疑，他對自己的看法恐怕充滿自信，那你就附和一下，拍拍馬屁，迎合一下也無妨。這樣就比較容易把關係拉得更近一點。不管你對他的說法、表現是不是真的滿意，都沒關係，只要能夠扭轉你受懷疑的不利形勢和情境就好。

「因其說以要之」，除了對對方的說法表示附和之外，還要掌握要點。這是為了爭回計謀的主控權。抓到要點，才可以化被動為主動，消解他對你的疑慮。附和他腦筋中的一些觀念，然後他就會說得更多、表現得也更多；等到你瞭解更多之後，就要懂得抓回主控權。一個遊說者通常是無權無勢的，他去遊說一個有權有勢的人，是要藉力使力。既然是更瞭解他了，把距離拉得更近了，獲得了他的信任，慢慢知道他的底線是什麼了，就可以利用他來成就功業。這就是「因其勢以成之」，順著那個勢把事情做成。

「因其惡以權之」，任何人都有憎惡的對象，人的厭惡是非常有力量的，仇恨、憤怒、成見，都是可以利用的。感情用事，一己之惡，是任何人都不能避免的，那就好好權衡利用。

「因其患以斥之」，對方擔心什麼東西，你可以讓他不擔心，他馬上就覺得非你不可。

「因其疑、因其見、因其說、因其勢、因其惡、因其患」，都在「因」，都是對方本來就有的。但是你經過試探後，發現他還沒有完全跟你交心，經過「變之、然之、要之、成之、權之、斥之」的處理，就可以瞭解對方真正的意圖。有什麼風險，有什麼疑慮，你都可以幫他擺平，好像完全站在他的立場，設身處地去解決他的憂慮、擔心、害怕、厭惡，繼而就能掌握主控權，對方所有可以調度的資源都歸你分配。

「摩而恐之」，通過摩的手法使他感到害怕。可以恐嚇他，如果不這樣的話，可能就如何如何。前面是採取和對方相同的立場，待到瞭解他的內情後，自己的態度就越來越強了。原來是「因其見以然之」等，現在是「摩而恐之」，不是只有「揣」，還有近距離的「摩」，等於是完全瞭解對方了，便可以恐嚇他。這就很強勢了，自己明明是做客的，到最後完全瞭解他的心，征服他的情之後，硬的、軟的手段都可以來。該硬的時候就硬，該軟的時候就軟，該包蒙就包蒙，該擊蒙就擊蒙。

我們讀鬼谷子的書，是為了瞭解他的思想和教育方法。但是我們可不希望交這樣的朋友，因為他有那麼多可怕的招式。如果娶這樣的太太，不是被嚇死，就是被整死。「摩而恐之」，跟對方講強硬的話，利用他的恐懼。恐懼也是一種很強烈的能量，正能量、負能量都可以發揮作用，就看你會不會用。

「高而動之」，要打動他的時候，就要激勵他，講一些高遠的願景、目標。諸如名垂青史、千秋大業、創紀錄、史無前例，只要能打動對方，高帽子多點無妨。別管這些目標做不做得到，先激勵他。

「微而證之」，「證」字，有的版本寫成「正」。這裡把「高而動之」跟「微而證之」相對來說，一個是淨講高遠的理想，講得對方熱血沸騰，可是落實的時候，還是要微，要落在一般人沒注意到的地方。如果有不切實際的問題，還需要校正。換句話說，在群眾面前慷慨激昂，願景讓人充滿憧憬，但是要落實操作的時候，還是要調整，要注重務實的地方。我們講一些高遠的理想的時候，常常用喊的，把很多事情講得讓人熱血沸騰。實際操作時，可能在很多地方隱微不顯，不傷到面子。不需要喊口號，不需要激勵的時候，我們還是要做一些推敲、驗證。可是，「微」就不讓那麼多人知道了。人嘴兩張皮，對大庭廣眾說的，跟貼心的幕僚私底下推敲的，一定會有差距。既要務實，又要激勵大家奮鬥的熱情、追求高遠目標的熱情，所有的心理攻勢都要用。做事業跟在學校講學不一樣，要有最後的表現，是不是跟預期的一樣，這就看你的眼光準確不準確。我們不要求百分之百的精確，但是太離譜也是不行的。因為「符而應之」，最後還得經過這一關。事功的東西，不管前面花多少工夫，立多少目標，經過多少次調整，最後還是要確認結果的，一切以結果論。結果糟的話，不管你中間如何辯解，輸了就是輸了，結果就是不如預期。結果好，一美遮百醜，中間推理的過程即使很可笑，也都無所謂。「符而應之」很重要，我們看很多政治觀察、經濟預測，這幾十年世界變化很大，幾乎大部分的專家都預測錯了。

「擁而塞之」，「擁」即壅，利用他的瑕疵堵塞住，使他處於混亂迷惑中；「亂而惑之」，正好他中心無主，最後就取而代之。「是謂計謀」，以上這些都是計謀。你看，縱橫家永遠留了最後一手。可見，在說服過程中，可能會踢到鐵板，可能會遭遇疏遠，對方對你有很多保留，那你馬上就得調整，調整之後還是要掌握到對方深藏的情緒、心意，化被動為主動。下了這麼多工夫，如果還不能夠達到目的，那麼對方就是扶不起的阿斗。扶不起就另外找老闆來接，再不然就自己取而代之。如此說來，這個謀永遠是使自己立於不敗之地，可進可退。這個鬼谷子真的是陰險啊！

（五）

計謀之用，公不如私，私不如結；結比而無隙者也。正不如奇，奇流而不止者也。故說人主者，必與之言奇；說人臣者，必與之言私。其身內，其言外者，疏；其身外，其言深者，危。無以人之所不欲而強之於人，無以人之所不知而教之於人。人之有好也，學而順之；人之有惡也，避而諱之；故陰道而陽取之也。

下面則是非常重要的提醒。「計謀之用，公不如私，私不如結」，用計謀的時候，公開計謀不如少數人計謀，私下少數人計謀不如當事雙方結盟同心而謀。既然計謀包含很多陰謀詭計，當然絕不可能在公開的場合講出來，有一些人可能是來臥底的，所以用計謀的時候，儘量在比較安全的私密領域，不能動不動就「事無不可對人言」。那種機要會議，三五人的會議，討論的都不是能在大庭廣眾下討論的內容。所以，要選場合，像《易經》中的睽卦（䷥）第二爻「遇主于巷，无咎」，都要在小巷子中見面。找一個合適的地方，三五個陰謀家就可以謀劃，不能上電台，不能上網路，不能上電視。在公開的時候一定有很多忌諱，很多東西不能講，私底下可以講的東西就很多了。很多事情在公開的集思廣益的會議上，未必能講，而在不期而遇的私底下的場合，甚至在洗手間，有一些事情可以說出真正的想法。這就是私密領域相對於公開場合的好處，不必講那麼多冠冕堂皇的場面話，直接切入要害，甚至涉及彼此關心的利益。在公開場合講的，還要包裝，要講得大公無私，私下的場合才可能談一點私人真正關心的事。但是，「私不如結」，私底下的隱秘關係，還要交情深厚、非常貼心，就像結一樣，別人根本沒有辦法破壞。

「結比而無隙者也」，鬼谷子真是把所有的壞道道兒都想到了。既然「公不如私」，私又不如結，但有些結難免有些鬆動，還要「結比而無隙者也」，結盟的關係可以做到沒有任何縫隙。也就是說，共事的伙伴百分之百地契合，不讓人家有任何挑撥離間的空間，親比而無隙，連一點縫都沒有；關係經營之深，永遠不會被人家破壞。但是，我相信，這種結除了利用人情，還跟利益有莫大的關係，一旦東窗事發，其實那個結還是沒有用的，有些人馬上就要做污點證人。這是利益之交。人世間的友誼，或者是共事的同志，道義之交到底有多少呢？尤其在戰國時代，完全是利益掛帥。孔子說：「見利思義，見危授命，久要不忘平生之言。」（《論語．憲問》）信得過的朋友，幾十年沒見面了，還是相信你，人家如何說你的壞話，他都不會受影響。而對於利益之交的人來說，要破壞起來就太容易了，所以這樣的交誼是有問題的。從《易經》比卦中我們看到，利益相合者因為有共同的敵人而親近，基本上還是要算計，還是不可靠。一旦害人可以利己的時候，很多人都會做。可見，鬼谷子不是在跟你講仁義道德。在戰國時代，現實如此，只要計謀能應用於實際，就可以用。

「正不如奇，奇流而不止者也」，遵循常道不如使用奇計，要用匪夷所思的辦法、出人意料的怪招，連環不斷、千變萬化，這樣就很難對付。《孫子兵法．勢篇》說：「善出奇者，無窮如天地，不竭如江海。」有創意的人，計謀層出不窮，永遠有後招。還有，懂得出奇制勝的人，沒有道德陳規的包袱，出奇才可以源源不斷、沒有瑕疵。出奇制勝的高手，就像一個圓環，「無窮如天地，不竭如江海」。這就是「奇流而不止者也」，用在打仗或者外交談判上都一樣。老子說「以正治國」，治國得玩正經的；「以奇用兵」，兵者，詭道也，需要出奇制勝。

「故說人主者，必與之言奇」，戰國時候要遊說國君，不要老講那些正經的。商鞅在跟秦孝公講「正」的時候，秦孝公為了禮貌，堅持聽著，還是差一點睡著了；後來講「奇」了，連吃飯都忘了，可以談三天三夜。「說人臣者，必與之言私」，鬼谷子不跟我們講假話。跟國君講，因為整個國家是他的，要言奇，要動人主視聽；遊說重臣，要談跟他私人利益有關的。不然，他怎麼會在意呢？有些大臣表面上是吾皇萬歲，內心卻在想，哎呀，這件事情對我有什麼好處，是會升官，還是會發財？作為人臣，每個人都有自己的利益所在，你一定要瞭解重要的大臣，甚至要通過大臣去影響國君。一定要講到他最在意的東西，不要老是跟他說要忠於團體，要謀整體福利。這都不解渴，要說他最關心的私人利益，這樣他才有興趣聽，你們才可以往下談。如此一來，他才可能在國君面前幫你敲敲邊鼓，或者推動一些事情的實施。韓非子看很多事情不也是這樣嗎？他說父子之間，要以計算之心相對待。這個話說得是有一點過火了，但是，人性就是這樣。很多人的第一個想法就是這對我有什麼好處，我為什麼要盡力。可見，一個說客，要成事真的很難，他要面對的是眾生，如學者、官吏、企業家。我曾經說過漢朝鑿壁引光的匡衡，他從小就偷光，到後來做官的時候就貪財。他偷習慣了，即使做了大官，想的還是私人利益。所以，遊說人臣者，一定要以私人利益作為你說服的重點。

「其身內，其言外者，疏」，你們關係近，就如同是一家人，很多的秘密可以分享。可是你講話還見外，明明是同志，或者是同利、同益之人，你講的卻好像不是同志之間應該講的話，那麼你的同志或者聽的人，對你可能就有保留了，不再與你肝膽相照，你就會因為失去信任而被疏遠。因為你講的話不符合同志的身分，甚至幫外人講話。

「其身外，其言深者，危」，不管你的角色是什麼，你是核心外的人，可以參與機密的等級是不高的，但是你談的是內部的人才可以知道的事情，而且談得那麼深入，那麼你就危險了。因為你知道太多的內情，危及內部安全。這個分寸好難，有時這個謀劃中你可能是核心，多說無妨，而另外的事情是不要你參與的，你針對這件事講得很深入，就危險了。所謂的交淺不能言深，交深也不適合言淺，就是如此。交情深的時候，不必講話，一個眼神，一個動作，大家就有默契。正如莊子講的相視而笑，莫逆於心。所以分寸拿捏要很準。但是，如何確定在什麼事情上是內、什麼事情上是外呢？講了半天，還是四個字——人生難搞。你的身是內、是外，一定要搞清楚，一家人就講一家人話；不是一家人就談玄，別說閒。

「無以人之所不欲而強之於人」，別人不喜歡受的、不愛聽的，不要強加給他。注意「無」字，「無」是零容忍，不是「勿」，「勿」還沒有那麼嚴重，只是叫你不要。「無」是降低到零，千萬不要把別人不喜歡的強加給人家。別人不接受，不需要什麼理由，你就算認為對他好，也不行，一定要順勢、順情，不可強加。

「無以人之所不知而教之於人」，不要好為人師，不要認為一個指導者要高高在上，對方極有可能不接受。一般人總是到處去點化人，要教人這個、教人那個，還要強加一些自以為是的東西讓人家接受。

「人之有好也，學而順之；人之有惡也，避而諱之」，人都有好惡，一個人特別喜歡一些東西，或者他有優點，我們就順著他喜歡的東西，可能那也是他的弱點，但我們不要把他喜歡的東西說得一文不值。他有優點我們一定學習，也順著他來。還有，他特別討厭什麼，在他面前要儘量避而不談。就像我們學《春秋》，要「為尊者諱，為親者諱，為賢者諱」，要避諱，就算是罵人、批判人，也要繞彎，不能直接罵人，讓對方下不了台。這裡的「人之有好」或者「惡」，可以以「好惡」論，也可以以「好壞」論。以好惡來講，人的好惡是很難改的，人跟人也是有生克、有緣分的。他不喜歡一個人，不管你怎麼講，他也很難改。他喜歡一個人，不管你怎麼講，他都不會改變他的意向。以好壞來講，假定我要說服的對象有很多的優點，我就學；如果他有很多壞的地方，我就不談。從縱橫家的角度來講，他就是要達到目的，就是要利用人情中必有的好惡，「學而順之」、「避而諱之」。對方喜歡什麼、討厭什麼，就順著或者避開。矬子面前別說「短話」，和尚面前別罵「賊禿」。

「故陰道而陽取之」，「道」即導，揣摩是看不見的，就像走一條看不見的路，經過那個過程，實際上要得到的東西都得到了。完全討到對方的歡心，也不會碰他的心病。所以，人家就看到你升官發財，想要的東西都拿到了，可是人家不知道你是怎麼拿到的。這就是「陰道而陽取之」，人家只看到你勝利成功的結果。這麼難纏的老闆，你居然把他擺弄得服服帖帖，別人卻不知道你是怎麼做到的。

（六）

故去之者縱之，縱之者乘之。貌者不美又不惡，故至情托焉。可知者，可用也；不可知者，謀者所不用也。故曰：事貴制人，而不貴見制於人。制人者，握權也；見制於人者，制命也。故聖人之道陰，愚人之道陽；智者事易，而不智者事難。以此觀之，亡不可以為存，而危不可以為安；然而無為而貴智矣。

「故去之者縱之」，要想把這個人除掉，須先放縱他。諸葛亮對孟獲七擒七縱，就是為了收服他。「去之者」，有些人是不能合作的，甚至對你有危險。不管是老闆，還是他身邊的人，想把這個人除去，不要直接動手，可以採取欲擒故縱的手段：讓他先得意一段時間，正如老子所說的「將欲弱之，必故強之」，先放縱他的惡，讓他的惡最後變成眾矢之的，別人就幫你把他除掉了，就如《孟子．梁惠王》所說的「國人皆曰可殺，而後殺之」。《春秋》中有名的「鄭伯克段於鄢」，鄭莊公與胞弟共叔段爭奪君位，鄭莊公設計故意縱容共叔段與其母武姜，結果共叔段驕縱日久，起兵造反，莊公便以此討伐之。這就叫「去之者，縱之」，想除掉什麼人，除掉什麼障礙，先放縱、放任他。

「縱之者乘之」，待對方放縱到一定階段之後，你就有機會或者藉口除掉他。這種對付人的方法很厲害，屬於反其道而行之，讓對方變成所有人討厭的對象，你就佔據道德、輿論的高地，可以堂而皇之地討伐對方。另外，你給對方那麼多東西和空間，任其放縱，他就沒有辦法控制自己，結果也一定失敗。「鄭伯克段於鄢」中，哥哥這樣對付弟弟，「克」就表明政治不講親情，中國歷代的王朝政治都沒有辦法超脫這一點，唐太宗、朱元璋、趙光義、雍正都一樣。在歷史上，女人要很有智慧、很冷靜不容易，基本上都是感情用事。在鄭莊公與弟弟的爭奪中，武姜疼愛小兒子，討厭大兒子，結果大兒子就收拾小兒子。「去之者縱之，縱之者乘之」，鬼谷子好陰險，要的都給你，你能得到嗎？最後還是我的。

下面講的是另外一件事情：「貌者不美又不惡，故至情托焉。」要謀大事，如傳衣缽等重要的事情，一定要找對人。找錯人，結果糟糕不說，還丟臉，對不起祖師，也對不起團體。所以，一定要嚴格考核。「貌者不美又不惡」，在外表上，能做到喜怒不形於色，不美又不惡，這樣的人才可以參與機要、託付大事。也就是說，可以以機密相託的人不可以有明顯的情緒表現，尤其不能多嘴，能夠「含章括囊」，他喜歡什麼、討厭什麼，別人一點都看不出來。這樣的話，極機密的事情，才可以交給他。一些人情緒不易控制，口無遮攔，那麼他參與的機密事情，還沒開始做就先被講出來了。甚至他沒有參與，還捕風捉影，對外散佈謠言。這種人絕對不可以交付重任。可見，「至情」最重要，要冷靜沉著、謹言慎行，不管面臨什麼局面，都鎮定自若，不會驚慌失措，不會口無遮攔。《易經．繫辭傳》說「君不密則失臣，臣不密則失身，機事不密則害成」，這是絕對的真理。託付大事，就要挑這種不美不惡有分寸的人。他們的長相沒有什麼特殊，走在街上沒有任何地方引人注意，所有的行事低調到別人根本就不會注意到。這才是真正謀大事的人。在一個充滿敵意的錯綜複雜的環境中，要找合作者，就要找這種至情之人。就像禪宗五祖，經營了大半輩子的道場，最後才來了一個土里土氣的「貌者不美又不惡」的慧能和尚。

鬼谷子的計謀之用談了好多，再下面就是對付人了：「可知者，可用也；不可知者，謀者所不用也。」對人的使用上，如果能徹底瞭解對方，才能任用他；如果不夠瞭解對方，在謀劃時不要使用他。想用一個人，到底對他瞭解多少呢？你知道他的長處，知道他的弱點嗎？真正知道，才可以用，用他的長處做事。至於他的不可知的一面，就別用，也不要瞎猜，要是用錯了，那可就慘了。謀者一定是根據充分瞭解的東西去運用，如果不是真知道，千萬不要妄用。一定要把風險控制在安全範圍內，超過風險預估，絕對不用。可見，知人善任特別難，因為人會掩飾自己。假定要用這個人，一定要百分之百知道，瞭解透徹，才能用。如果沒有把握那就別用，寧願不用，也不能犯錯，犯錯的代價太高。這樣的話，局面才能永遠在你控制的範圍內，主導權在你手中，就不會受制於人。

「故曰：事貴制人，而不貴見制於人。制人者，握權也；見制於人者，制命也。」所以說，做任何事情貴在掌握主動，制約別人，而不是受制於人。控制別人的，就可以掌握主動權；受制於人的，命運就控制在別人之手。也就是說，要最大限度地掌握主動權，就算是剛開始被動，最後也要掌握實際的主動權。做任何事情，一定要佔上風，才能夠在關鍵的地方有控制力。如果是幫別人打工，完全受制於人，什麼事情都被人家卡死，那有什麼好玩的呢？「制人者」就掌握大權，想怎麼幹就可以按照你的想法去幹；「見制於人」，就被人家卡住要害，命懸人手，不能按照自己所想的去展開。故《易經．繫辭傳》提到憂患意識時，就提到巽卦是「德之制也、稱而隱、以行權」，重點在制人而不受制於人。

「故聖人之道陰，愚人之道陽；智者事易，而不智者事難。以此觀之，亡不可以為存，而危不可以為安」。最後下結論：「然而無為而貴智矣。」愚人之道是陽，聖人之道是陰。你現在應該知道了，陰導而陽取，想達到什麼目的，私底下做了很多的佈局，城府很深。聖人是在陰的時候下工夫，韜光養晦，暗中佈局。笨蛋才會把所有做的事情都暴露在陽光下。每個人都看得到他今天做什麼，明天做什麼，跟所有人都推心置腹，那不是找死嗎？「智者事易」，智慧的人做事情容易，因為在容易解決的徵兆階段，就像坤卦初爻「履霜，堅冰至」，在有霜的時候就下手了，別人還不知道。「不智者事難」，愚笨的人做事困難。因為愚笨的人在事情變得不可收拾的時候才發現，他沒有先見之明，到堅冰的時候無計可施、焦頭爛額。所以，預防勝於治療，這也是《易經》和《老子》的基本思想。

「以此觀之，亡不可以為存，危不可以為安；然而無為而貴智矣」，由此看來，雖然消失的東西不能再出現，已有的危險不能化為安全，但是人做事情，一定不要有為，要無為，智慧很重要。可見，成事太難，一定要無為，要貴智，不然沒有辦法救亡圖存、轉危為安。

（七）

智用於眾人之所不能知，而能用於眾人之所不能見。既用，見可否，擇事而為之，所以自為也。見不可，擇事而為之，所以為人也。故先王之道陰。言有之曰：「天地之化，在高與深；聖人制道，在隱與匿。」非獨忠信仁義也，中正而已矣。道理達於此之義，則可與語。由能得此，則可以穀遠近之誘。

「智用於眾人之所不能知，而能用於眾人之所不能見」，這兩句話和兵法相通。這種做事情的高手，他的智慧到了一般人完全不能夠瞭解的境界。一般人根本就沒有看到他做，他卻化解了一個大的災禍，拯救了全世界，別人還不知道他出手。眾人還沒感覺的時候，他已經在用智慧了。他的能力也是用在「眾人之所不能見」，別人都看不到。《孫子兵法．形篇》稱：「見勝不過眾人之所知，非善之善者也；戰勝而天下曰善，非善之善者也……故善戰者之勝也，無智名，無勇功，故其戰勝不忒。」「無智名，無勇功」，就是無形無象，一般人覺察不到。

「既用，見可否，擇事而為之，所以自為也。」「既用」，現在要用了，智跟能都要用，「見可否」，還要看這件事情到底能不能成。成事太難，很多人不能成事，但是他要搞破壞，讓你不能成事。成事不足、敗事有餘者大有人在。要評估事情到底能不能成，「擇事而為之」，選擇有成算的、可以成功的。假定太難，變數太多，競爭者太多，嫉妒、破壞者太多，不一定要選擇做。為什麼？「所以自為也」，因為要替自己打算，何必選那個最難的呢？那樣做會製造一堆敵人，變成眾矢之的。跟人家結一輩子的仇，事情還不能成，何必呢？所以做任何事不要只有單一目標，必要的時候要留備選項。尤其我們談判時，你要是只有一個目標可談，還非要把它做成不可，那你絕對陷入被動，因為你太想達到目的，人家就可以利用你這個心態予取予求。假如你還有備案，另有選項，這個做成也可以、不成也可以，別人就沒法來操縱你了。所以，只有一個談判對象，就很危險。像青年學子談戀愛不也是一樣嗎？要是非卿不娶，非君不嫁，這就陷入被動了。當然這是理論，如果談戀愛時腳踏兩隻船，那還是不可取的。一廂情願沒有用，挫折永遠是多過如意算盤，一定要有一些備胎，要有退路。擇事要選比較容易成功的、風險比較低的，不一定要求必勝，至少要求不敗。

「見不可，擇事而為之，所以為人也」，如果發現事情恐怕不容易成，很容易遭受破壞或者胎死腹中，還可以選那種風險小的事情；風險小，而且不容易被破壞，替自己留一條生路，這是替別人做事時的私下考慮。在評估的時候，事情明明不成了，可是人家一定要做，那就選一個風險小的給人家做，萬一失敗了，也不關我事。可見，縱橫家沒有那麼大的愛心，他一定給自己留後路：選一個風險小的。別人要做，別人要找死，「你要幹就幹吧」。他給自己留的一定是評估過的風險，做好了最壞的打算，所以能進能退、能出能入。在那個時代，機會那麼多，老闆那麼多，不是非這個不可。有時就要做最壞的打算，做最好的準備，至於「為人」就不必考慮那麼多了。

利益必然伴隨風險，一定要想到最壞的可能性是怎樣的。不要先想成功，要預想失敗的可能，如果失敗還是有路，那就可以試，一定是利害兩邊看。「故先王之道陰」，所以先王處世的法則講究「陰」，大部分都是在檯面下做的。

「言有之曰：『天地之化，在高與深；聖人制道，在隱與匿。』」「言有之曰」，俗話說，或者古語云。「天地之化，在高與深」，天地的造化太高深。「聖人制道，在隱與匿」，聖人治事的法則在於深藏不露。懂得藏，要藏鋒、要韜光養晦，這樣聖人才能夠佔據道的制高點。聖人之制道，至少要防人、要自保。

下面所講的很有意思。「非獨忠信仁義也，中正而已矣」，並非單靠忠信仁義，而是以中正處世罷了。忠信仁義是美德，但中正並不等於忠信仁義。一些書呆子滿口仁義道德，要愛天下人，希望幫助天下人，在亂世一定是滿頭包。我們內心中正，有愛心，希望幫助別人，可是我們必須要有應世的智慧，不要死守忠信仁義，否則人家會利用你的忠信仁義、利用你的慈悲、利用你的善良。我們可以不那麼利用別人，但是我們有真正為大眾服務的心，這就是「中正」。如此看來，中正就等於仁義忠信嗎？當然不是。同人卦（䷌）的「九五」稱「大師克相遇」，但是「以中直也」，它就是中正。所以，我們一直強調人要真誠、善良，但是你還必須強悍，要懂得降魔。

「道理達於此之義，則可與語」，瞭解道理達到這一點了，這樣的人你才可以跟他講計謀。「由能得此，則可以穀遠近之誘」，能夠懂得這些道理的，就能由近及遠，影響到很遠。「穀」即俸祿，做動詞就是養，養賢也。很多東西是要養的，不會你想要馬上就能有的，要培養人才，就要提供俸祿之類。人要有修為，就要修養。要養賢，要養生，要養心。「遠近」，茫茫人海中總是有人跟你關係比較近或比較遠，有沒有辦法發揮影響力，由近及遠，使近悅遠來？那個發揮影響力的過程，需要靠想法、理念影響人。引導人為善，提供一些誘因、激勵、願景，這都是「誘」的智慧。不能講了半天，純說教，或者說禁欲苦行，人家沒興趣，那你就只能單打獨鬥到底了，何談發揮實質影響力呢？「誘」就得讓人忘勞忘死，激發起人們參與行動的熱情、信仰的熱忱。「誘」也要會說、會表演，不但誘近，還能誘遠。這都是靠「一個」養的工夫發展成由近及遠的種種長遠的關係。能夠實踐這個道理的，就可以化育、影響遠近的人，使他們都歸向於義。也就是說，讓大家進入一個合理的規範，要歸於「義」，有時候要「誘」，才能由近及遠發展起來。你看有多難，有時你會碰到形形色色的人，會遭遇很多不順利；有時千算萬算不敵老天一算，一個大形勢的變動，就全部歸零。

決篇第十一

前面的揣、摩、權、謀，一件事情能下的工夫、能考慮的要點都齊備後，下面就要做決斷了。做決斷即〈決篇〉。「決」，要拍板定案。重大決議往往需要集思廣益的過程，就像《易經》的夬卦（䷪）所講的「揚于王庭」。前面的〈謀篇第十〉談得比較多，整篇的主旨就是我們解決問題的解卦（䷧）初爻「无咎」，即謀劃時不能慌亂，遠近親疏的關係以及對手是誰，都要搞清楚。解卦之後，經過損（䷨）、益（䷩）二卦的精算，就是夬卦。解卦是解，夬卦是決，解決問題之間就是「損益盈虛，與時偕行」的精打細算，是非常冷靜的分析。〈決篇〉就是怎麼做決策，決策之後的〈符言篇〉，談到了領導人作為決策人必須要有的修為。

（一）

凡決物，必托於疑者。善其用福，惡其有患。善至於誘也，終無惑偏。有利焉，去其利，則不受也；奇之所托。若有利於善者，隱托於惡，則不受矣，致疏遠。故其有使失利者，有使離害者，此事之失。

「凡決物，必托於疑者。善其用福，惡其有患」，所有的決策就是因為有疑問，才要尋求最好的解答。我們要決策，一定是要針對一些疑難雜症——從特別困難、特別不好解決的問題下手，才能夠激發我們去找到恰當的答案，這就是「必托於疑者」。如果沒有疑，哪裡來的決呢？決，就是決疑，解決問題。「善」，至古及今，善於做決策的，精於做決策的；「其用福」，他發揮了作用，大家都承受福報。沒有人不喜歡受福的，福也是很實惠的，不是虛的。人生面臨大大小小的決策，從個人到組織，必須要善於決策。如果決策善了，就使很多人得福。「惡」，如果決策很爛，決策者自以為是、剛愎自用，「其有患」，禍患馬上就來了，大家都倒楣。「善其用福，惡其有患」，所以決策很重要，誰都不喜歡患，誰都喜歡福。決策要正確，就一定要搞清楚狀況。有一些狀況還不清楚，要想辦法引蛇出洞，把它誘出來。誘出事情的真相，探知每一個人心中的利害想法。懂得誘的技巧，可以循循善誘。誘不是壞事，「包蒙」就懂得循循善誘。「善，至於誘也」，要是沒有辦法掌握真實的資訊，怎麼能夠做出正確的決策？所以，一定要想辦法，旁敲側擊也好、引蛇出洞也好、循循善誘也好，都要設一個釣餌把人家真正的想法釣出來。善於決策的人，不會根據錯誤的、表面的情報資訊做決斷。「終無惑偏」，如果能夠誘出事情的真相，就不會迷惑了，決策就不會走偏。這些話是基本常識，不難懂。

「善至於誘也，終無惑偏」，不會有迷惑，不會有偏頗，不會偏離正道。「誘」字在《鬼谷子》裡面常用。在《易經》中，專門講說話技術的兌卦（䷹）是最有吸引力、最不著痕跡的，能讓大家忘勞忘死地追隨他，沒有辦法不接受他的觀點。上爻「引兌」，能夠影響第五爻的領導人，使其死心塌地地相信，具有致命的吸引力。誘，沒有一點魅力怎麼誘呢？中孚卦（䷼）第二爻其實也就是在引、在誘，「鳴鶴在陰」，不在乎你在陰在陽，只看你說什麼。「其子和之，我有好爵，吾與爾靡之」，分享是很舒服的事情，利益眾生。還有豫卦（䷏），讓大家群情激奮。萃卦（䷬），精英分子不需要花什麼成本，能吸引很多人追隨；萃卦的第二爻「引吉」，能夠「引」了就吉。

「有利焉，去其利，則不受也」，「利」，《孫子兵法》說「兵以詐立，以利動，以分合為變」，任何事情都是以利動的。「有利焉」，那些參與決策的人發現對自己有利，他會歡迎並投入。「去其利，則不受也」，如果認定對自己根本沒有利，他從中得不到任何的好處，他就不接受。這就是人性。「去其利」，顯然沒有任何對他有利的東西。還是「有利焉」好啊，大家都覺得得到利益了，才可以維持群體的和諧。所以《易經．乾卦．文言》說「利者，義之和也」。如果沒有利，他為什麼要參與？他怎麼會和平共處？「去其利，則不受也」，沒有利，絕不接受，抗拒到底。「奇之所托」，如果面臨一些失去利益的人的反彈，這個時候你要怎麼處理呢？強勢鎮壓，要求人家接受？還是說服他，讓他犧牲？不可能。這時候就要出奇制勝，要用奇招。《孫子兵法》云：「善出奇者，無窮如天地，不絕如江河」，頭腦靈活的人，能夠把不利的說成利，使不願意接受的都接受，那就得有非常的做法。打動人心，常規的方法不行，這時就用得上出奇的智慧。

「若有利於善者，隱托於惡，則不受矣，致疏遠」，人際關係由本來走得近，到最後「窩裡反」，一輩子都不往來了。為什麼會造成這種疏遠的關係呢？因為不能夠接受壞事情。「惡」，隱含了未來的善，「有利於善者」，但是「隱托於惡」，表面上看到的都是一些惡，是對對方不利的因素，其實對他可能是好的，社會也顯得更公平、更和諧。但是中間有一段時間看著是惡，對他來講是壞事情、是不好的決策，傷害到眼前的利益，這就叫「禍兮福所倚，惡兮善所倚」。事實上是有利於善的，但是因為它隱托於暫時的惡中，「則不受矣」。人情自然如此，有的人不願意想那麼多，或者不管你怎麼說明暫時的犧牲能夠促成長期的再發展，他還是不願意接受。因為表面的惡是現實的，大家都能夠看到。雖然長期看來惡會往善轉化，但是那得等到什麼時候？像《莊子・齊物論》中曾經說過一個寓言：「狙公賦芧，曰：『朝三而暮四。』眾狙皆怒。曰：『然則朝四而暮三。』眾狙皆悅。」你看，連猴子都知道朝三暮四，何況人呢？這個養猴子的老頭，每天早上給猴子吃三升栗子，晚上給猴子吃四升，猴子就不高興了；改為早上吃四升，晚上吃三升，猴子就高興了。殊不知，總量依然是七升。人這麼聰明的動物，有時也和動物一樣。因為眼前的利益受損，就不樂意接受，沒有想到長期會受益，故關係就日漸疏遠。

從經濟形勢來講，有些行業短期內確實吃虧，沒有辦法與其他行業競爭，但是長期來說，整個社會的經濟一旦形成良性循環，原先吃虧的行業會慢慢好轉，甚至好過其他行業。有些人就認為，眼前吃虧對他不好，他希望馬上獲利。你要跟他講「福兮，禍所倚」，更是「不受矣」。有些人眼裡，失去就是失去，失戀就是失戀，失業就是失業，失婚就是失婚……所以「致疏遠」，你要是堅持這樣做，你們的關係就越來越遠，因為他想要的東西沒有了，曾經給的收回去了。面對這種狀況，要想說服，就得出奇。

「故其有使失利者，有使離害者，此事之失」，「離害」，不是離開禍害，而是與禍相連。《易經》中的離卦（䷝）之離就有網罟之象，人在網中，出不來，正好掉到禍害裡頭。這句話的意思就是，一個決斷下來，有的人失去利益、吃虧了，有的人更倒楣，以致罹禍罹災，傾家蕩產，他們當然不高興。如果是這樣的話，這就說明當初的決策考慮未周，出現失誤，讓很多人倒楣，蒙受禍害。「失利」，甚至「離害」，說明決策有問題，沒有出奇制勝，沒有考慮到很多人的利益。做出這樣一個失誤的決策，如果你連一個補償的想法都沒有，只要求大家忍，那會很麻煩的。失利離害，沒有人願意，你說這是眼前的困難，實質上是獲利的，沒人會相信，現代人更沒有那個耐心。

由上可知，鬼谷子講的是實情，福兮禍之所倚，禍兮福之所伏。表面上看起來是有利的，其實可能隱含著不利；表面上看著是禍，其實搞不好隱藏著福報。福禍會相互轉化，可是人看不了那麼遠，要求一般人都去接受，確實難。從老子、鬼谷子、韓非這一路下來，包括孫武，他們也是嘴上掛著「道」，講自然規律，講人性，但是人事可怕，人心複雜，利害的因素太難看清。如果面對現實，要去度這種痛苦，就要去瞭解這裡面的污穢，不然你根本束手無策。不是靠念咒就可以解決問題的。那些宗教的領袖，絕對沒有我們想像的那麼簡單，像禪宗五祖弘忍就有宰相般的智慧，他能夠憋到最後一刻挑選傳人，而且還能夠想法子保護他十幾年，內心明明很欣賞慧能，但表面上絕不激發其同儕的嫉妒。若以為「事無不可對人言」，六祖早就死於暗殺了，弘忍多麼瞭解世故人情！這也是〈謀篇〉裡面的關鍵點：不要老是滿口忠信仁義，那一點用都沒有，但是你的行為和智慧以及思維要中正。中正並非僅僅是仁義道德，而是智慧，就是修為恰到好處，做出恰當的安排，才會有長遠的結果。弘忍保住了慧能這個法脈，禪宗到慧能的時候大放異彩。所以，為了將來的大放異彩，就要內心中正，不要一天到晚滿口仁義道德、阿彌陀佛，要以結果論，從長遠來看事情。可見，世間的智慧跟出世的智慧並不是不相通的，出世的和尚、道士一樣通人情世故，有老辣的智慧。

（二）

聖人所以能成其事者有五：有以陽德之者，有以陰賊之者，有以信誠之者，有以蔽匿之者，有以平素之者。陽勵於一言，陰勵於二言，平素、樞機以用；四者微而施之。於是度之往事，驗之來事，參之平素，可則決之。王公大人之事也，危而美名者，可則決之；不用費力而易成者，可則決之；用力犯勤苦，然而不得已而得之者，可則決之；去患者，可則決之；從福者，可則決之。

「聖人所以能成其事者有五」，傑出的人能夠成大事，主要是因為有五種不同的方法。哪五種呢？

「有以陽德之者」，從正面下手，用德行感化人、幫助人、造就人、照顧人等。這是大家都能看到的方法：去照顧人，幫他解決問題，對他有莫大的恩典。有用陽的，就有用陰的：「有以陰賊之者。」有的則是暗中下手，破壞他的陰謀。「賊」是害，但這裡不是指要暗中傷害、戕害某人，而是要消除人心中的惡念、陰謀。表面上不揭穿他，但是私底下就讓他的惡念、陰謀整個瓦解，讓其沒有辦法得逞。這屬於遏惡揚善，一般人從外表看不出來，而那個想要搞鬼的人，發現自己的惡被抑制住了，「有以陰賊之者」。這需要些工夫，既要顧全對方的面子，還得讓對方不敢輕舉妄動。「有以陽德之者，有以陰賊之者」，都能成事，因為我們做一件事情，有時候正面的人群策群力把它完成，也有一些反面的人嫉妒，自己不能成，他怕你成，就用盡心思破壞，但是我們讓他沒有辦法破壞，就得以陰對陰，這也能成事。成事不足、敗事有餘的人到處都是，我們不得不「以陰賊之」。

「有以信誠之者」，這個好懂，有的就是用誠信辦好事情。真誠跟善良還是非常重要的，那是人的本質，不過前提是你必須強悍，必須足智多謀。

「有以蔽匿之者」，有的是偷偷進行一些事情，絕不說出來，也不讓不需要知道的人知道。換句話說，這種檯面上的、冠冕堂皇的，一般人都看得到，但是檯面下的動作，諸如間諜網，鬥智鬥法，是檯面上不一定看得到的，照樣鬥得很激烈，即使看不見硝煙，還是在進行戰爭。槍桿子裡出政權，有時是陽面的軍事鬥爭，有時是暗中的間諜之戰，都很激烈。「有以蔽匿之者」，在歷史中，有時真相永遠不會被揭開，有些秘密被帶到了墳墓裡。所以說，不是所有的事情都在檯面上，檯面下交織的鬥爭同樣複雜、激烈。

「有以平素之者」，有的事情是用比較正常、平常的辦法就可以解決的，不需要用非常的方法。

以上五種方法，屬於陰的大概有兩種，一種是「陰賊之者」，一種是「蔽匿之者」。其他三種都可以說是陽面的，一般人看得到的。聖人針對芸芸眾生各式各樣的對象，用的其實還是陰、陽。其決策就像《易經》的夬卦（䷪），夬卦大部分是在檯面上，姤卦（䷫）則大部分在檯面下。但是夬中有姤、姤中有夬，夬卦的第三爻就是檯面下的互動：「君子夬夬獨行，遇雨若濡，有悔无咎。」夬卦的第三爻，就是第五爻不方便出面的時候派第三爻這個密使用民間的身分，去跟上爻談，互相試探底線，看可不可以尋求解決之道。這樣的談判當然是行蹤隱秘的。而姤卦中也有那種檯面上的決定性的一剎那，就是姤卦的第五爻：「以杞包瓜，含章，有隕自天。」前面不知道做了多麼細密、多麼長久的佈局，但是「有隕自天」（隕石從天而降）的時候，就一下子確定了。很多事情都是這樣，沒有事先鋪墊的陰，哪有後面的陽？如果純陽無陰，很多事情就不可能搞定；如果純陰無陽，那麼事情就沒完沒了。假定是用簡單的方法就可以解決的，就不要用非常辦法，為什麼要複雜化呢？所謂的奇招，是正招沒有用的時候，沒有辦法簡單解決的就得用奇，用很多韜略陰謀。

「陽勵於一言，陰勵於二言，平素、樞機以用；四者微而施之。」「一」不是數量詞，而是整體不可分割的意思，即專注。「陽勵於一言」，我們想用明的方式來施恩、照顧人，贏取人家的支持，那就要專誠、專注，即真誠地激勵對方達到效果。「陰勵於二言」，在陰的情況下，以隱暗的方式驅使對方，這就要「二言」。「二言」就讓人無所適從，使對方迷惑。這是因為發現對方不是一個好傢伙，就要讓他搞不清楚真正的狀況，你不能跟他開誠佈公，而是要故佈疑陣、虛虛實實。這屬於鬥智，而非欺騙。對方不是好人，而是一個破壞分子，那就不用客氣，讓他無所適從，搞不清楚到底是怎麼回事，他還不好問你。用「二言」來達到目的，就不要「一致」跟「致一」了。對好人簡單，是什麼就是什麼，說一不二；對壞人則虛虛實實。「平素、樞機以用」，「平素」，就是用平常的、正常的方法就可以解決。「樞機」，事物的關鍵、關竅。這就是說，事情並不奇特，總是有一些常規，但你還是要掌握關鍵之處來加以運用。「四者微而施之」，陽、陰、平素、樞機，這四者綜合使用，在隱微不顯的情況下來實施。

「於是度之往事，驗之來事，參之平素，可則決之」，「度」，忖度、推理；「驗」，驗證。能做到上述的要求，用過去的事做參考，以未來的事做驗證，再參照平常發生的事，就可以決斷了。過去發生過什麼事情，我們一定要瞭解，未來可能有什麼事情應驗，當下是什麼樣的形勢，都要客觀地計算、參考，然後做出正確的決斷。決策就是這樣。

「王公大人之事也」，給王公大人做事。鬼谷子所說的都是給王公大人們處理事務，像張儀、蘇秦就是。第一種是「危而美名者，可則決之」，「危」不是危險，是高的意思。假定王公大人要做決策了，他沒有辦法決定，我們要幫他分析並做出決策，做了這個決策，他會得到很多的美名，這是好事，可以直接做出決定。得到高的地位，崇高的美名，這當然好。第二種「不用費力而易成者，可則決之」，用力少而成功多的事情，何樂而不為呢？成本低，收益高，很容易成，沒有什麼太大的難處和太大的風險，而且不需要花太大的力氣，那當然好了，可以直接決定去做。第三種是「用力犯勤苦，然而不得已而得之者，可則決之」，還有一些事情也值得去做，不過做起來很辛苦、風險也高，但是非做不可，就要冒風險、分析利弊、控制風險，一定要做成。這跟前面「不用費力而易成者」是截然不同的。總有一些事情是容易辦的，有一些事情是不容易辦的，但是「不得已而為之」，不做不行，做了可能不賺錢或者賠錢，但是你非做不可。第四種是「去患者，可則決之」，做這件事情可以去掉一些禍患，當然要做。第五種「從福者，可則決之」，可以給我們帶來好處、帶來福報的事情，當然要做。

（三）

故夫決情定疑，萬事之基。以正治亂，決成敗，難為者。故先王乃用蓍龜者，以自決也。

「故夫決情定疑，萬事之基」，決策就是因為人情太難、人心太詭詐，所以善於決情定疑，是處理一切事情的基礎。做事情就是這樣，一個決策接著一個決策，累積出來整體的效果。「以正治亂」，拿正去治亂；「決成敗」，決定人生的成敗；「難為者」，下決斷是很難的事情。決策很難，因為很難真正做得圓融、圓滿，失敗卻很容易。像鬼谷子這樣的頂尖高手，他也說「難為者」，決策確實不容易。無論人生成功多少次，有時一次失敗就把前面所有的成就給毀了，要做到圓善有終，多難！通常這種智慧裁斷達到一定的高度時，人們都會有這種慨歎。像《論語》中孔子講歷史的時候，就說「才難」，人才特別難得。夏、商、周三代，人才就幾個，都能數得出來的，有的還犧牲了。所以我們不要覺得成事很容易，覺得天底下都是人才，沒有的事。

「故先王乃用蓍龜者」，有時候人算不如天算，最後還是沒有辦法，只好謀於卜筮，用龜殼和蓍草占卜，幫助自己做出決定。但最後還是得自決，根據你的經驗、智慧、修為來做出最後的決斷。

（四）

〈決篇〉用《易經》來歸納總結，其宗旨就是蠱卦（䷑）四爻齊變，變為豫卦（䷏）。未來就是豫卦，「驗之來事」，預示、預測未來。蠱卦就是事情難辨，很難突破體制上的很多麻煩事，所以要「幹蠱」，蠱就是過去的事情。蠱卦通過二、三、四、上爻的努力，達到了一個豫卦的前景。這就是〈決篇〉，所有的決策是立基於準確的預測上，決策之後，才能激發大家的熱情和鬥志，使其參與行動，那就是豫卦。但是，做出決策是不容易的。蠱卦，代表過去積累的弊端，體制上很難突破，貪腐、特權都是阻礙。第二爻「幹母之蠱，不可貞」，動都不能動，在短期內根本不能突破，因為領導人有問題。第二爻爻變就是艮卦（䷳），時止則止，時行則行，不見得永遠不能動，只是眼下阻力太大，不能動。第三爻「幹父之蠱，小有悔，无大咎」，還要維持改革的大方向，要突破。有時候人碰到「幹蠱」困難的時候會中途敗退，第三爻告訴我們，要挺到最後，即使「小有悔」，未來也「无大咎」，因為大方向是正確的。蠱卦的第三爻要突破的是什麼呢？就是特難突破的第四爻：「裕父之蠱，往見吝。」最後還是突破了，堅持到最後的第六爻稱「不事王侯，高尚其事」。蓋子揭開了，第六爻爻變，變成升卦（䷭）了，由「據亂世」變成「升平世」。組織的品質往上提升了一大步。四爻齊變是豫，未來看好。

說得很容易，突破好難，我們要有那個耐心才行。人們通常在「幹母之蠱，不可貞」的時候，充滿了挫折感，沒有耐心去周旋，常常就想放棄。

符言第十二

(一)

安徐正靜，其被節無不肉。善與而不靜，虛心平意，以待傾損。右主位。

「安徐正靜」，指國君或者領導人必須保持安穩、冷靜。「其被節無不肉」原為「其被節先肉」，但是後者意思是先吃肉，這當然是不可能的，絕對是有問題的。陶弘景注解這一句說：「被，及也；肉，肥也，謂饒裕也。言人若居位能安徐正靜，則所及之節度無不饒裕也。」「被」，就是及，即教化可以澤被天下。「肉」就是費，代表富饒、充裕。「節」，指任何事情不要過或不及，要恰到好處地把事情處理好，既漂亮，又有規範，時間、行動的節奏恰到好處。「其被節先肉」，他所能夠達到的節度先肉，這就有點講不通了。故陶說《道藏》本有錯字，應為「其被節無不肉」。意思就是影響力達於節度，事情處理得恰到好處，而且很寬裕、從容。像《易經》中的益卦（䷩）講「長裕而不設」，在亂世中，「長裕而不設」的憂患意識是非常重要的，其前面一定要損，一定要「懲忿窒欲」。人的欲望、情緒沒有得到有效的控管，就會出事。不經過損，損之又損，就不可能獲益；沒有無為，就不可能無不為，這些都涉及修為。領導人的修為，能夠做到從容、寬裕的節度，因為「安徐正靜」。「徐」，慢慢來，急躁沒有用；「正」，不能走偏路，正路有時候不會那麼快達到，好事多磨。「靜」，安靜，要「致虛極，守靜篤」。一個領導人居於君位，不管碰到什麼困難，依然很鎮定，做事情就不會失節，而是恰到好處，影響力所及都合乎節度，結果沒有不圓滿的。損卦（䷨）是「德之修也」，才會有益卦的「德之裕」，而且還不是偶然得到，是「長裕而不設」，怎麼做都對。

「善與而不靜，虛心平意，以待傾損」，我們先看後兩句的意思，即自己則平心靜氣，坐觀其變，等待對方傾覆、損毀。人的起心動念要虛、要平，耐心等待對方的傾損，這就說明在任何狀況下，都要鎮定、虛心、平易，等待我們討厭的對方滅亡。因為對方可能很毛躁、很霸道、很離譜，既然不是「安徐正靜」，處事一定不圓融，遲早會出事。我們不要著急，不要和他爭，就等著看他滅亡。造成對方傾覆的結果，其實就是因為「善與而不靜」，對方的領導人雖然很霸道、囂張，但是沒有沉靜的工夫，而又出手大方。「善與」，給這個人好處，結交那個關係，但是做不到真正的靜。而「虛心平意」的領導人，他「安徐正靜」，那麼他做事絕對合乎規範，處理得很圓融。有些人看著很大方，給這個、給那個，到處都是朋友，其實是組成了一串粽子，形成了共犯結構。但是修為不夠，做不到真正的沉靜，常常希望用最簡單的方法去把問題給解決，這就難免夜路走多了，常常會碰到鬼。所以，我們看到這種「善與而不靜」的領導人，即使他在成功的巔峰，我們也不必急。也有的版本把「靜」當成「爭」，變成了一個優點，善於布施，不跟人家爭。這樣的話，「虛心平意，以待傾損」，就得換一個說法了。我們且不管，還是照前面的講。「安徐正靜，其被節無不肉。善與而不靜，虛心平意，以待傾損」，這兩句話就是一個對照，一種是一個領導人「安徐正靜」，沒有什麼事情會讓他氣急敗壞、大難臨頭似的，什麼事情他都能處理得很好，「其被節無不肉」。另外一種人屬於梟雄型，「善與而不靜」，他就是做不到真正的靜，故我們暫時「虛心平意，以待傾損」，等到他勢盛的時節過去，就會出事，造成他最後的滅亡。我們中國人都有這種等待的工夫，不要求在每一次較量的時候都獲勝，甚至我們常常忍辱包羞，常常受挫折，沒有關係，留得青山在，就等著對方敗亡的那天，我們依然可以贏得最後的勝利。可見，人生中與人爭訟、鬥爭，總是難以避免，能夠大獲全勝的是少數。前面即使遭受很多挫折，只要「虛心平意，以待傾損」，對方因為「善與而不靜」，總會出事的。不然就沒有天道了。事所必至，有時候也不一定要我們出手，他自己造孽多了，自取滅亡。這種自取滅亡，在《黃帝陰符經》中也是明明白白寫著的。人做事情就是要沒有算勝心，要算敗：自己在最糟糕的狀況中能否挺住，最後可不可以扳回來？如果要反敗為勝，有一個先決條件，就是一定要活得很長，而且要很健康。如果慘敗之後，一下子想不開了，就自我了斷了，或者得了癌症，心裡憂鬱，就等不到勝利的那一天。所以，活得長比什麼都重要，不光活得長，還要身心健康，即「虛心平意」。

「右主位」，「右」，古代的文字是按從右到左的順序書寫，故稱「右」，用現在的話來說，就是「以上」。意思就是，以上是說主位的人應該如何去做。

㈡

目貴明，耳貴聰，心貴智。以天下之目視者，則無不見；以天下之耳聽者，則無不聞；以天下之心思慮者，則無不知；輻輳並進，則明不可塞。右主明。

「目貴明，耳貴聰，心貴智」，眼睛貴在清晰明亮，耳朵貴在靈敏機警，內心貴在充滿智慧。《人物志》說「聰明平淡，總達眾材」，耳目聰明看問題夠深入，富有智慧的心靈對問題能夠正確判斷。

「以天下之目視者，則無不見」，發動組織的力量到處佈局，讓天下那麼多眼睛幫你看，沒有什麼看不見的。「以天下之耳聽者，則無不聞」，如果用天下人的耳朵來傾聽，那麼沒有什麼聽不到的。「以天下之心思慮者，則無不知」，用天下人的智慧來思考、謀劃，沒有什麼不能知道的。這句話告訴我們不要剛愎自用，要運用很多有智慧的智囊團，幫你去謀劃思考。群策群力的好處，就是不會有認知的盲點。「輻輳並進，則明不可塞」，做到了上面的「無不見、無不聞、無不知」，即遍察、廣聞、全謀，就像馬車車輪的輻集中於車軸一樣，你的明就不會被蒙蔽。「右主明」，以上就是講領導人如何做到明。即一個領導人絕對要明智，看事情要看得透。這裡告訴我們，不要迷信一個人的眼睛、一個人的耳朵、一個人的心，一個人哪裡可以遍知天下事呢？必須用眾，才能做好領導。

（三）

德之術曰：勿堅而拒之，許之則防守，拒之則閉塞。高山仰之可極，深淵度之可測，神明之德術正靜，其莫之極。右主德。

「德之術」，修德要講方法。「勿堅而拒之」，不要這樣：人家跟你進言，還沒聽，就拒人於千里之外。也就是說，人家誠意來投效，不要輕易拒絕。如果你關上這扇門，就做了一個很不好的示範，那麼你只能跟自己熟悉的那些人混日子。所以不要「堅而拒之」，可以先試試看，不合適還可以辭退。「許之則防守」，如果接受他，允許他加入，就多一些人幫忙抵禦外敵。對於來的人，除了必要的考察外，要接受他，給他一個機會，允許他進來，他就幫你防守你的江山。因為人進入一個組織之中，就算是間諜，他表面上還是要表現出幫你防禦外敵的。「拒之則閉塞」，如果什麼都不考慮，就是不允許別人進門，那麼你的組織不可能成長；沒有新鮮的活水注入，必定會成為死水一潭。有的老闆完全聽不進別人的見解，什麼忠言都沒有辦法聽進去，慢慢就成了孤家寡人。

「高山仰之可極」，人家願意仰望，還是可以看到高山的頂端。「深淵度之可測」，淵深似海，如果說下定決心要去探測，還是可以測的。「神明之德術正靜」，像神明一樣的德，要求平正、平靜；「其莫之極」，這種風範無邊無際。這就是說，一個領導人的神明之德幾乎探不到邊，就如「陰陽不測之謂神」，有無邊無盡的智慧。領導人的「德」，比高山、大海還要不可測。高山、大海是有形的，人的智慧是無量無邊的。所以，顏回追隨孔子幾十年，最後喟然歎曰：「仰之彌高，鑽之彌堅；瞻之在前，忽焉在後。」（《論語．子罕》）還是望塵莫及。「右主德」，以上就是推崇德行的方法。

（四）

用賞貴信，用刑貴正。賞賜貴信，必驗耳目之所聞見，其所不聞見者，莫不暗化矣。誠暢於天下神明，而況奸者干君。右主賞。

下面就是「主賞」，領導人除了懲罰辦事不力的下屬外，平時還要賞賜下屬，一定要明正賞罰。

「用賞貴信」，該賞的一定要賞，不能吝賞，說了要賞就得賞，不要失信於下屬。「用刑貴正」，要處罰一個人，不能亂來，不能公報私仇，刑罰要公正，不能硬整得人家受冤。

「賞賜貴信，必驗耳目之所聞見」，為什麼會賞賜部下呢？因為你的耳目發現他確實有善行，確實有功勞，經過確認、驗核有功績，所以就賞賜，這樣大家才心服。

「其所不聞見者，莫不暗化矣」，人家真有善行，絕對不會漏掉，絕對給他一個榮賞。別人一看你是真正「賞賜貴信」，他就會覺得應該努力，他的努力總有一天會被肯定。如果賞罰公正，其他一些在暗中做壞事的可能就會收斂，因為怕被抓到，人的惡行、惡念就自然而然地自動調整，做好事的就得到激勵。管理一定是這樣，賞罰公正才能讓員工有成就感和認同感。

「誠暢於天下神明，而況奸者干君」，至誠如神，立信是非常重要的，能暢通於天下神明。任何組織中都有奸惡之人，動小心思，搞小動作。「干」就是「求」，他跟你套關係，其實在搞破壞，只要你的賞罰都是正確的，那就不足為懼了。剛才就講了，「其所不聞見者，莫不暗化」，這是明察、賞罰、誠信的作用。

「右主賞」，以上說的是如何行賞罰。

領導人，有的風格很深沉，但是很正派；有的人是深沉，但是邪僻；也有人正派，但是太露於外表，好對付得很。正派而深沉就難測了。「誠暢於天下神明」，《易經・繫辭傳》就經常講「神明」，「神」是講自然的造化，「明」是講人的智慧達到的境界。領導統御，只要抓幾個指標效應，其他人就統統不敢亂動，不敢為非，拚命行善。「奸者干君」，他離你很近，關係不正，必有所圖，那就讓他坐冷板凳。「親賢臣，遠小人」，這是正理，但歷史上很多人事還是倒過來，歷史的劇本就一而再、再而三地演下去。

（五）

一曰天之，二曰地之，三曰人之。四方上下，左右前後，熒惑之處安在。右主問。

這一則「主問」，一個領導人不可能什麼都知道，所以要諮詢，通過諮詢瞭解關鍵資訊，還要知道潛在的問題。不問怎麼知道呢？看報表不一定正確，說不定賬目是虛的。

「一曰天之，二曰地之，三曰人之」，天、地、人三才都來了。知天、知地、知人，要掌握大環境所有的資訊。天地之間的變化，還有人的變化（人情、人心、人事的變化），都要掌握。「四方上下，左右前後」，全方位都要掌握，一個領導人要掌握的就是全方位的關鍵資訊。而這些資訊有時候是靠問的，不能光看報告、看表面。然後還要知道有沒有一些潛伏的危機、禍患在暗中出現。瞭解這些要憑藉觀星象，即觀察「熒惑之處安在」。「熒惑」就是火星。瞭解火星的位置在哪裡，代指獲悉在暗中出現的重大禍患。

由於火星呈紅色，熒熒像火，亮度常變，而且其運動軌跡，時西向東，時東向西，令人迷惑，故古代人稱火星為「熒惑」，取「熒熒火光，離離亂惑」之意。

星象家認為，熒惑代表行為失禮，它出現，就預示有戰爭或災難，它隱沒，禍患會停止。故他們以熒惑所在的分野預測一國的吉凶。熒惑星預示著內亂、疾病、死喪、饑餓、戰爭等災難。

熒惑有戰爭、臣弒其君等象，在這裡就是一個比喻，是說表面上看不出問題，但其實隱含著重大的問題，是絕症、隱憂。所以領導人要居安思危，要察問，要防範，調查致命的弱點在何處。陽曆三月（陰曆二月），屬於《易經》中的大壯卦（䷡）月，諸事不吉，而西方的三月英文為March，源自古羅馬的戰神瑪爾斯，還有拉丁文的火星也源自瑪爾斯。可見，三月代表刀兵之災，陰曆二月稱大壯月，都是有來源的。大壯卦如一頭發情的公羊，血氣方剛，容易與人衝突。大壯容易造成破壞性的群眾運動，暴動特別多。故孔子說「君子有三畏：畏天命，畏大人，畏聖人之言」，要有所敬畏。如果什麼都不怕，那就糟了。

「右主問」，以上就是君主針對隱伏的問題所採取的措施：要找出來，早一點解決掉。

（六）

心為九竅之治，君為五官之長。為善者，君與之賞；為非者，君與之罰。君因其政之所以求，因與之，則不勞。聖人用之，故能賞之。因之循理，故能久長。右主因。

下面叫「主因」，道家、法家等術家特別重視運用一些既有的東西，即「因」，順勢利用，借力使力，才可成事。

「心為九竅之治」，人有九竅，臉上的七竅，加上前陰、後陰。「竅」是對外開口的，也是一切禍患的根源，在《易經》中就是兌卦，所以老子說要「塞其兌，閉其門，挫其銳，解其紛，和其光，同其塵」，所有的竅都是由心管制。「君為五官之長」，君是五官的首長。君王對他組織中的那些出入口有統領權。

「為善者，君與之賞；為非者，君與之罰」，做好事的人，君主會給他們賞賜，做壞事的人，君主會給他們懲罰。語意清楚，無須多解釋。

「君因其政之所以求，因與之，則不勞」，君主根據臣民的政績來任用，斟酌實際情況給予賞賜，這樣就不會勞民傷財。有人認為「求」是來，中間沒有「政」字，即「因其之所以來」，他來求見，心中必有所求，就要瞭解他求什麼，搞清楚他的來意，再給他，要名的給名，要利的給利。但是相對來講，想要的人，就要表現好，君主不必幫他去想。

「聖人用之，故能賞之」，聖人用人，白的能用，黑的也能用，黑白兩道都能用。每個人都有長處、短處，聖人都能用，故能很好地掌控他們。「因之循理」，按照自然的道理，按照人情、人性之理，去借力使力，「故能久長」，這樣就能天長地久。因的人就沒有什麼主觀的偏見，就是尊重客觀形勢，懂得運用，還懂得擴大運用。所以，為君者一定要懂得用，用的東西還是現存的東西，並沒有加上什麼自己的主觀想法，循著自然的道理，國祚就能久長。

「右主因」，以上就是講領導人善於運用形勢，如人與人之間的矛盾等，達成其政治目的。

（七）

人主不可不周。人主不周，則群臣生亂，寂乎其無常也，內外不通，安知所開？開閉不善，不見原也。右主周。

「主周」，即遍通事理。

「人主不可不周」，作為君主，需要全方位審時度勢，用人也是如此，一定是三百六十度廣泛瞭解外界狀況。

「人主不周，則群臣生亂」，如果君主在某些方面完全無知，或者不懂得駕馭，不懂得用人，下面的大臣就亂了。組織是全面的，人的身體也是全面的，就像「心為九竅之治」，所有器官歸它管。群臣一旦生亂，「寂乎其無常也」，世間突然無聲是不正常的。「內外不通，安知所開」，一個組織的毛病在於領導統御出現不周的狀況，所以內外會不通，大家有意見也不提出來，開會都保持沉默。要怎麼打開這個沉悶的局面呢？貌合心不合，同床異夢，難也。「闔閉不善，不見原也」，有些東西要開，有些東西要關，也處理不當，看不到事情的源頭。可見，「人主不周」，沒有做到周密，沒有全方位照顧到組織，就會滋生很多問題，如群臣生亂。這個組織一天到晚都是在一個無常的狀態下，就糟糕了，沒有定規。就像消防隊，一天到晚，這邊有火，那邊有火，忙於救火。一個長久的、正常的體制完全亂了。

「右主周」，以上就是講「主周」，要周全地掌握整體情況。

（八）

一曰長目，二曰飛耳，三曰樹明。明知千里之外，隱微之中，是謂洞天下奸，莫不暗變。右主參。

「主參」，就是多方面參考，不能靠單一管道的認知，就認為一定是這樣。那樣容易被蒙蔽。

多聽一點意見，所有的情報資訊要核實，參考幾方面的資訊，能夠互相印證，大概就可以形成正確的意見。如果彼此抵觸，可能就有問題了。不「參」的話，就不知道。「參」也是平視的意思，即重視每一個情報來源，然後整體思考，看它本身有沒有矛盾。

「一曰長目」，領導人有長目，像千里眼。「二曰飛耳」，領導人有飛耳，如順風耳，因為有人幫他看，幫他聽。「三曰樹明」，他到處去樹立一些打探機構，幫助他提升判斷的智慧、看得清楚。

「明知千里之外」，他在決策總部，即使在深宮大內，對天下事依然清清楚楚、瞭若指掌。「隱微之中」，有很多在暗中進行的，他也知道，每一個地方都有探子。你看，鬼谷子就是巽卦（䷸）那種智慧的發揮，深入、低調、無形無象，這種智慧其實也是人類經驗的總集。為了生存、鬥爭、擴大發展組織，一定是這樣。臥底、間諜，這是很古老的智慧，不教都會。出事了，才派情報員進去，那太晚了。有的人生下來就臥底，最後還變成那個地方的掌門人。「長目」，「飛耳」，「樹明」，「明知千里之外，隱微之中」，「是謂洞天下奸，莫不暗變」，這就叫作洞察天下奸邪，很多人還不知道，問題就已經解決了。在對方還沒有發動的時候，領導人就有動作了，對方的人不敢動，連臥底都不敢動。這樣，就可以讓對方知難而退。

「右主參」，以上就是說君主應該有全方位的情報來源，作為國是的參考。

（九）

循名而督實，按實而定名。名實相生，反相為情，故曰：名當則生於實，實生於理，理生於名實之德，德生於和，和生於當。右主名。

最後談「主名」，名實要相符，有些人愛吹牛，名頭搞得好大，結果是虎頭蛇尾，甚至根本不能成。好大言，少成事，名實不相符，對那種很誇張的名就不要有太高的預期，要考核後才能確認。

「循名而督實」，依照名分去考察實際。如果書面的方案寫得那麼美輪美奐，就要看最後到底做成什麼了，要核實，要督促，要督責。「按實而定名」，根據實際來確定名分。一定要經過校核，名實要相符。

「名實相生」，名要合乎實，實要合乎名，名實相符，這是互相。「反相為情」，如果名脫離了實，實脫離了名，就要整頓了，不能成立的事情，會誤導人。

「故曰：名當則生於實」，名恰當、正當了，是因為實際就是這樣。「實生於理」，按照道理就應該是這樣。「理生於名實之德，德生於和，和生於當」，道理產生於名實相符之德，德產生於和，和則產生於適當。不當則亂，名生於實，實生於德，一個實幹的人，他具備有德的修為，不是胡扯的。

「右主名」，以上就是講名實相符。

(十)

〈符言第十二〉講完了。這一篇主要是講領導人要有怎樣的修為，如何領導統御，提升感召力。很多事不必親力親為，要構造情報網，廣開資訊管道，作為有效管理的參考。這一篇的主旨，用《易經》來說就是家人卦（䷤）的初爻、五爻、上爻。先說君位第五爻。要當掌門人，領導一群人，當然要有一套。第五爻稱「王假有家，勿恤，吉」，「假」說明要有強大的執行力，又要有感染的理念，因為王的對象是家族團體，相親相愛，又很有組織效率。所以〈符言篇〉要求領導人做到家人卦第五爻，做到了，就不用擔心了，從理念到執行都很完美。還有〈小象傳〉所說的「交相愛」，也不可或缺。家人卦第五爻單爻變就是賁卦（䷕），家族團體在這樣的家長領導下，有文化，有教養。要知道「家和萬事興」絕對不容易做到。齊家才可以治國，家人卦上下對調就是鼎卦（䷱），鼎就是治國。家人卦是齊家，鼎卦是治國，齊家治國，由內而外，由下而上，內外、上下顛倒就是家國一體。當然，最重要的是領導人得有一套。還要把關，即對初爻的廣大基層，把關要嚴，要嚴格徵選——「閑有家，悔亡」，於是就少了很多麻煩。「閑」才能夠「有家」，「王假」才能「有家」，基層「閑」（把關）才能「有家」，都是維持這個團體不可或缺的。還有就是上爻「有孚威如，終吉」，〈小象傳〉說「反身之謂也」，說明領導人以身作則、反身修德是非常重要的，而且還要恩威並濟。自己做到了威，才有辦法要求別人。家人卦的上爻我們知道，有可能從家人發展到睽，親近的關係可能會變成鬧意見、鬧分裂，只有按照家人卦的上爻爻辭那樣做，才可免於睽。家人卦初爻是把前門關好，上爻則是把後門也關好，這樣就成為一個「家人，內也」的自足、相親相愛、具有競爭力又很有文化教養的團體。〈符言篇〉的主旨就應在家人卦初爻、五爻、上爻，重點在五爻。如果三爻齊變，那就是最好的卦——謙卦（䷎），團體的發展就可能「謙亨，君子有終」，資源的分配很合理，對外的處事也沒有問題，不會惹麻煩。

轉丸第十三、胠亂第十四（缺）

〈轉丸〉、〈胠亂〉兩篇已亡佚。劉勰《文心雕龍》稱：「〈轉丸〉騁其巧辭。」可見，那時〈轉丸〉篇尚未失傳。而〈胠亂〉篇則鮮見記錄。這兩篇亡佚時間已久，故本書不講。

本經陰符七術

中國學問講究實修，會背沒有用，沒有那樣的內力和修為，這些招式到你手上一眼就被人家看破。〈本經陰符七術〉和《黃帝陰符經》都有「陰符」二字。「陰符」，暗中符合，這種鬥爭的智慧，都經過檢驗。這一篇論述人如何修煉內在精神，以修煉內在精神為本。

「七術」，首先是「盛神法五龍」，這是第一功。神要有氣勢，要很有精神，始終是在很壯盛的狀態。神怎麼能達到盛呢？這就要練，「法五龍」，有點像《易經》乾卦所講的「時乘六龍以御天」，「六龍」就是一切。「五龍」，龍是古代想像中的神靈，具有超人能力，這裡的五龍代指宇宙萬物的變化。在天地之間，有不停循環流轉的金、木、水、火、土這五種元素。「法五龍」，修煉到最後即「士者通達之，神盛乃能養志」。

下面就是「養志法靈龜」。可見「本經陰符七術」是循序漸進的，修完第一層工夫「盛神」，再修第二層「養志」。志是要養的。我們的志，有時是少年時立的志，可不可以一直堅持到老呢？很多人遇到挫折之後，志就沒了。《禮記》中講一個人的志要經過考驗，要養，遭遇不斷的挫折，其志還是不改，就像《易經》困卦（䷮）所說的「致命遂志」，百折不撓，這才是真的志。志是要養的，養的時候就法靈龜。靈龜在《易經》哪一卦出現？頤卦（䷚），「舍爾靈龜，觀我朵頤」。養志，就是不能捨掉靈龜。一個人的志跟天命需要不斷地對話和較量，他的修為就如《禮記．樂記》所說：「情深而文明，氣盛而化神。和順積中而英華發外。」情感深厚就會文采鮮明，氣度宏大就會變化神奇，和順的情感聚積在心中，就會有美好的神采呈現在外表。其志就如《禮記．孔子閒居》稱：「清明在躬，志氣如神。」一個人堅定、從容，給人的感覺就不一樣，其氣度和意志有如神明。人一輩子在不同的時空情況下，始終有那個感覺，很不容易。好，這是養志。

第三個就是「實意法螣蛇」。「意」是虛的，永遠沒有辦法落實，「實意」就是要把意落實，指哪打哪，百發百中。「法螣蛇」，「螣蛇」在前面的〈反應篇第二〉中有「符應不失，如螣蛇之所指」，「螣蛇之所指」，絕對正確。「實意法螣蛇」，我們的意能不能落實，要很實際，不能發狂言。

前面三個是講自己的內修——「盛神、養志、實意」，人的意最容易虛，故要實，意念才可以發揮無比的能量。這三個是屬於自省，如同「內練一口氣」，後面的就是「外練筋骨皮」，要與人對陣，跟人競爭較量。敵人可能很強，你要懂得分他的威。

第四個是「分威法伏熊」。一頭大熊站起來，威風八面，但是可以分牠的威，讓牠不那麼強大。這就是面對強敵之術。經過前面的「盛神、養志、實意」，自己內心強大了，即使面對的敵人強大，我也能分他的威。像美國很強，如何讓美國的威「分」，有威還用不上？那就讓他備多力分，既要掌控歐洲，又要掌控亞洲，結果力量就不行了。美國總統一天到晚出國，經常對人講「美國絕不、絕不、絕不」，明明力有未逮，還在說謊話。可見，「分威法伏熊」是指面對的敵人很強大，但可以分他的威，讓他的力量打個八折。

第五個是「散勢法鷙鳥」。對方有很強大的力量，可以讓他「散勢」，讓其根本就打不到我，這就要學鷙鳥。關於「鷙鳥」，《太公六韜》稱：「鷙鳥將擊，卑飛斂翼；猛獸將搏，弭耳俯伏；聖人將動，必有愚色。」這有點像五禽戲，跟熊學，跟兇猛的鳥學，跟龍學，跟蛇學，還要跟靈龜學。敵人來了，我們能夠分威散勢，就像金庸小說《天龍八部》中的星宿老怪使用化功大法，敵人雖然強大，但能把他的力量化掉，再不然，就轉成己用。

第六個是「轉圓法猛獸」，這是向猛獸，如獅子、老虎學轉圓之法。做事情不能學方的有棱有角，要像圓那樣，轉圓「無竭如江河」。

第七招「損兌法靈蓍」，「兌」代表情欲，開竅的地方，「損」則要懲忿窒欲，不然會出大岔子。面對事情，不能生氣，要有智慧，要冷靜，即「損兌」，把欲望損掉，故我們要謹言慎行，節制自己的種種情慾，要跟「靈蓍」學習。「靈蓍」，即占卜用的蓍草，占事百發百中。「損兌法靈蓍」最後稱：「善損兌者，譬若決水於千仞之堤，轉圓石於萬仞之溪。而能行此者，形勢不得不然也。」這兩句好像是從《孫子兵法》中抄來的：〈形篇〉中有「若決積水於千仞之溪者，形也。」〈勢篇〉說：「如轉圓石於千仞之山，勢也。」「損兌法靈蓍」與前面六個術法動物不同，是法植物。

盛神法五龍

盛神中有五氣，神為之長，心為之舍，德為之大，養神之所歸諸道。道者，天地之始，一其紀也。物之所造，天之所生，包宏無形，化氣先天地而成，莫見其形，莫知其名，謂之神靈。故道者，神明之源，一其化端，是以德養五氣，心能得一，乃有其術。術者，心氣之道所由舍者，神乃為之使。九竅十二舍者，氣之門戶，心之總攝也。

「盛神法五龍」，精神要壯盛，才能折服人。要是一副很好欺負的樣子，不管是跟人家打，還是跟人家談，先就輸了三分氣勢。精、氣、神，人之三寶。神要養得很盛，則欲望一定要有所節制，絕對不能縱欲。《鬼谷子》是在《道藏》的系統中，提倡的是無為而治。在儒家來說，孟子也說「養心莫善於寡欲」。這些絕對是經驗之談。正如莊子所云，嗜欲越深，天機越淺，嗜欲越淺，天機越深。《易經》中的損卦（䷨）主「懲忿窒欲」，損欲就能「盛神」，精神特別飽滿。既然不會亂消耗，人就會變得無私。無私是所有智慧的老祖宗，一切智慧從無私來。儒、釋、道都是如此，沒有哪一個大師鼓勵縱欲，縱欲一定是死無葬身之地。「盛神」是內在的能量足夠，外面那些繁瑣的形式不再重要，在清心寡欲的時候，整個心態是平衡的。

「盛神中有五氣，神為之長，心為之舍，德為之大，養神之所歸諸道。」「五氣」，說法不一，有人說是指心、肝、脾、肺、腎等五類之氣，認為氣是萬物生成的根源，形成風雨、寒暑、陰陽等，在人體中表現為生命力、意志、感情。總的說來不外乎精氣神，練精化氣，練氣化神，練神還虛。壯盛的精神中有五種氣，氣勢不凡。這五氣中，「神為之長」，五氣中負責統攝的是神。「心為之舍」，心像旅館一樣，可以讓氣暫時休息。氣畢竟要有一個地方待著，不能一天到晚亂竄，動的時候動，安養的時候要安養，一定要有一個舍，像住旅館一樣，住幾個晚上，可以得到充分的休息。心裡面藏了這些氣，「氣」就在心中休息。休息是為了走更長遠的路。為什麼工作的人，一個星期要放兩天假呢？就是要休息好，準備下一個星期的工作。《易經》中漸卦（䷴）的雁行團隊，那麼讓人讚賞，是成功的團隊典範，其原因就在於循序漸進。每一個階段都有「舍」的地方，如「鴻漸于干」、「鴻漸于磐」、「鴻漸于陸」、「鴻漸于木」、「鴻漸于陵」，又回頭「鴻漸于陸」。每個地方都有基地，都有舍。我們的心就是精神、氣勢的「舍」，安養的所在，休息一下，先前消耗的氣馬上得到了補充，第二天精神更旺。

「神為之長，心為之舍」，這是講心神。下面就講道德。「德為之大」，修德太重要了，有的版本寫成「德為之人」，應該還是「大」比較順。進德修業很重要，儒家所說的三不朽，「太上有立德，其次有立功，其次有立言」，立言是最低的，說容易，做太難，建功都比修德容易。德的影響是超越時空的，功的影響可能就是一時的成敗，所以，德是值得追求的。「德為之大」，能不能夠有德，能不能夠有修為，能不能夠有善行，能不能夠對社會人事有貢獻，跟「盛神」、心氣的調養有關。談到了德，就得往上去探求到道：「養神之所歸諸道。」所有這些養神之所，最後還要回到自然的法則，即自然之道。人能夠修煉心神，該止就止，該動就動，然後練德；練德之後要復歸，要合於自然之道這一根本法則。

「道者，天地之始，一其紀也」，道是什麼？為什麼那麼重要？因為道是「天地之始」，是生天、生地、生人的。「一其紀也」，整個宇宙天地，有一個東西在維繫，井井有條，縱橫交織，是有組織來維繫的，這就是「紀」。《老子》云：「能知古始，是謂道紀。」正如《孫子兵法》講到情報網的建立，說最高領導人佈置情報網，發展各式各樣的間諜，中間沒有橫的聯繫，有時要把所有的間諜動員起來，花招百出，迷惑住敵人，這就是「五間俱起」，五種間諜都發動。「莫知其道」，面對錯綜複雜的變化，敵人暈了。「是謂神紀」，這是頂尖高手打情報戰，最高的一種手段，稱為「神紀」。紀很重要，家人卦（䷤）初爻不准別人隨便進門，是有紀律。如果沒有紀律，整個管理無效，組織就沒有辦法延續。帝王創業之後，希望有一些東西能夠延續。司馬遷的《史記》有「本紀」，這個延續是有法則的。人事有法則，自然也有法則。「天地之始，一其紀也」，自然法則維繫的東西是「一」，是整體不可分割的。道的紀，就顯現在「一」上。很多人搞不清楚老子的話，看到「道生一，一生二，二生三，三生萬物」，就說「一」就是道，這不是荒唐嗎？「一」，並非本身就是道，「一」就是道的整體性，不可分割。「一」，再分陰分陽，一陰一陽之謂道，一就生二。道太重要了，沒有東西能夠違反自然之道，人也得遵循。《易經》把六十四卦、三百八十四爻、四千零九十六種變化，統統演給我們看，它的演是根據什麼推的？就是根據這個「紀」——天則。

「物之所造，天之所生，包宏無形，化氣先天地而成，莫見其形，莫知其名，謂之神靈。」

「物之所造，天之所生」，意思簡單明瞭。萬事萬物是怎麼出現的？天生的，誕生孕育於自然之中。「包宏無形」，很多東西是沒有形的，看不見的東西太多了。最高的形是無形，無形就不可能洩密。《孫子兵法·虛實篇》稱「無形，則深間不能窺，智者不能謀」，臥底再深的間諜也沒有辦法知道真相，敵對陣營再聰明的腦袋，也沒有辦法謀算我們。因為我們無形無象、無懈可擊。

「包宏無形」，包羅萬象，無形無象。「化氣先天地而成」，造化之氣先天地而成。「莫見其形」，沒有人看到。「莫知其名」，沒有辦法給它一個名稱。這種東西要怎麼稱呼呢？勉強吧，「謂之神靈」。「盛神」也不是迷信，它本來就在所有東西誕生之前就出現了。

「故道者，神明之源，一其化端，是以德養五氣，心能得一，乃有其術。」道又是神明之源，神明有它的源頭，源頭就是道。「一其化端」，「一」是動詞，統一的意思，一是道變化的開端。能夠統合陰陽兩面的就是道，就像太極圖的整體是道，再分陰陽面，分陰分陽。

「是以德養五氣」，因此要用德來養五氣。孟子就「善養吾浩然之氣」。「心能得一」，這是老子的觀念，「天得一，地得一，王侯得一」。心要得一，要專注，不要老是三心二意，不要動不動就粗心大意。不專注，就不能得其渾全之意，「憧憧往來」的心就沒得一，所以咸卦（䷞）第四爻就要你正心誠意、貞吉悔亡，因為「憧憧往來，朋從爾思」，胡思亂想，就沒有好結果。

「是以德養五氣，心能得一」，所以，以德來養五氣，心就能夠透過德養得一。「乃有其術」，我們講〈本經陰符七術〉，要練基本功，要調養心神平衡，才會擁有這些術。光有術，如果沒有道，也會出紕漏。等到修到道了，術自然就有了，就像神通一樣。神通不是追求的目標，而是按照大道去修，修到一段時間，神通自然就有了。追求神通，賣弄神通，福報就離你很遠了。

「術者，心氣之道所由舍者，神乃為之使」，什麼叫術呢？很多人希望修到某種術，根本還是要心能得一，要養五氣。這是大法，沒有捷徑、沒有僥倖，急功近利也不行。「心氣之道所由舍者」，就在總結前面講的「心為之舍，神為之長」。「神乃為之使」，《易經・繫辭傳》說

「陰陽不測之謂神」，神的運用，神妙不測，好像天使一樣，可以傳達這樣的信息，可以顯示那樣的妙用。大本大源的道要修，修到那個道，自然就會有術。有了這個術，就懂得駕馭心氣的出入。

「九竅十二舍者，氣之門戶，心之總攝也」，「九竅十二舍」，是「氣之門戶，心之總攝也」。「九竅」沒有問題，「十二舍」是什麼呢？講「心為之舍」，像旅館一樣，有些東西要暫時寄一寄，那就叫「舍」。「舍」有十二個所在，是什麼我也不知道。說是「氣之門戶，心之總攝」，應該是跟中醫有關。全身不是練氣嗎？氣血不是要週流嗎？氣有一個舍，舍的好處就是安養，養足了好幹事，將來再動時，力量就很盛。

生受於天，謂之真人；真人者，與天為一。內修練而知之，謂之聖人；聖人者，以類知之。故人與生出於化物。知類在竅，有所疑惑，通於心術，心無其術，必有不通。其通也，五氣得養，務在舍神，此謂之化。化有五氣者，志也、思也、神也、德也；神其一長也。靜和者，養氣。氣得其和，四者不衰。四邊威勢無不為，存而舍之，是謂神化。歸於身，謂之真人。真人者，同天而合道，執一而養產萬類，懷天心，施德養，無為以包志、慮、思、意而行威勢者也。士者通達之，神盛乃能養志。

第二段有兩個名詞：一個是道家的莊子特別提出來的「真人」，真人是道家修煉的極致；另一個是儒家提出的「聖人」。真人與聖人顯然不是同一境界。《鬼谷子》屬於《道藏》的系統，真人比聖人要高級：真人歸真返璞，達到了天人合一的境界，屬於自然而然、從容自如的境界；聖人則有很多方面可能還要咬牙切齒地修煉，靠著很多人為的方法懲忿窒欲，還沒有達到與大道合一的自然而然的境界。

「生受於天，謂之真人」，天生天受，稱作真人。如此看來，人要是不修煉，剛生出來時也是真人，因為沒有什麼欲望，沒有什麼私心，也沒有什麼壞習氣，但滿月後就嗜欲漸深，不是真人，也會騙人了。道家的修行可以說就是歸真返璞——「損之又損，以至於無為」，「生受於天，謂之真人」。我們本來都是很真的，就像佛教所說的眾生本來是佛，只是因後天的習性沾染，以致越來越像魔。學佛就是把原本就有的佛性再開發出來，要征服內心的魔，再回到佛的境界去。回頭是岸，修成真人也是回頭找根源。《易經》中的復卦（䷗），幾乎就是儒、釋、道三教的共法，都是回去尋找內在的核心創造力，但又跟過去不完全一樣，要更進一層。儒家說「克己復禮」，道家說「致虛極，守靜篤，吾以觀復」，都是恢復本來就有的東西。

「真人者，與天為一」，真人與天本來是一個整體，根本就沒有割裂。人身小宇宙、天地大宇宙，完全是「自天佑之」，本來就有的。

「內修練而知之，謂之聖人」，要經過後天的修煉，不斷地化解，克制內心中不斷上湧的種種欲望，然後才可以達到一種智慧的境界，即瞭解道的境界，這個就叫聖人。真人本來就是與天合一，或者是到後來完全跟天合一；聖人則不是，要加上很多人為的努力，即「內修煉而知之」，才可「謂之聖人」。

「聖人者，以類知之」，「類」，類族辨物的類，觸類旁通的類。聖人能掌握以此類推的方法，解決疑難。「以類知之」，才可以「通神明之德，類萬物之情」。伏羲發明《易經》的卦、爻，就是「以類知之」，故伏羲被稱為聖人。

可見，聖人與真人，兩者真的不同。莊子講的真人，「其寢不夢，其覺無憂，其食不甘，其息深深。真人之息以踵，眾人之息以喉」，真人的氣息可謂綿綿不絕，氣息可以從腳後跟上來，不僅僅是丹田發氣，而我們一般人是用喉發音，話講得久一點就累。

真人與聖人，從《易經》的角度來說，哪一個高明？《易經》中最高的境界是大人，聖人的境界也相當不錯，聖人「知進退存亡而不失其正」，已經很難了。道家的莊子認為最高的是真人。鬼谷子說聖人是「以類知之」，孟子稱孔子為至聖是因為孔子「出乎其類，拔乎其萃」，就是一個類比的關係。「聖人以類知之」，這一比，馬上就知道比真人水準差多少了。真人和聖人是什麼卦象呢？真人就是需卦（䷄）的君位第五爻「需于酒食，貞吉」，需者，飲食之道也。爻一變就是泰卦，這說明真人很自然，飲食宴樂完全合乎自然的、天真的象，沒有咬牙切齒，也沒有任何痛苦，一切都很通泰。聖人就要有一些刻意的努力，為歸妹卦（䷵）第四爻「歸妹愆期，遲歸有時」；要經過一個長期的努力，還要能夠忍，要有耐心，要謹慎，爻變為臨卦（䷒），也就是說要慢慢修，不能強求，總有一天會打通。就像女孩子想出嫁，如果看到這個也想嫁，看到那個也想嫁，那怎麼嫁得出去？時間沒到，不要急，等時間到了，海闊天空，美滿良緣，自然就水到渠成。時候沒到，怎麼強求都是痛苦不堪。這一爻特別有意思，既然遲歸，沒有辦法圓滿達到目的，就不要怨天尤人，要等待時機，中間有無窮的耐心、好多的挫折，才能找到合適的對象。這也是《易經》的經文中唯一提到「時」的一爻，別的地方都沒有，時候到了，自然成。人生很多的終極追求是「愆期」的，遲歸、慢一點有什麼關係？時不至就是沒有辦法，時至了自然就開了，所以要懂得耐心等待。真人的需卦，不也是等待的意思嗎？是不是需要耐心等待，才能等到通泰的時候？需卦要等待，「歸妹愆期」不是更要等待嗎？等到智慧、德行圓滿成熟的時候，花開見佛。

可見，聖人後天斧鑿的痕跡難免。我們在很多的專業上會發現，有一些人是天才型的，不需要太多的努力學習，好像自然而然就能達到一個很好的境界。比如，有的人下棋時不需要考慮，憑直覺就可以下一步好棋。而有的人屬於苦思型的，要算來算去，才勉強可以贏一盤棋。這是沒有辦法的，很多東西是先天注定的，有人反應慢，有人反應快。

「故人與生出於化物」，人生活在天地間，就要隨萬物環境變化。人也好，萬物也好，都循著生老病死、榮枯盛衰、損益盈虛的自然法則，不斷在變化。你現在的形貌，你現在心裡所想的，跟你十年前、二十年前，甚至三十年前能一樣嗎？當然不一樣，一定是有變化的，誰都不能例外。

「知類在竅，有所疑惑，通於心術，心無其術，必有不通」，我們接受各類知識要留心我們的竅，面對這些疑惑，就得有心、有術，有智慧地去找最好的解答。心如果沒有術，思考、解決問題，做人做事，就沒有辦法通達。「知類在竅」，竅是對外開口的地方，也是最危險的地方，《易經》中「慎言語，節飲食」，都是對竅的掌握。「知類在竅」，可以通一切，因為竅是裡外資源交換的地方，流進流出，出入之所必經。要是失去節制了，不該出的時候出，不該入的時候入，那就一塌糊塗，會帶來無窮的煩惱。上文說聖人是歸妹卦第四爻，針對的就是內卦兌的竅。

聖人動靜合宜，他掌握了「愆期」，最後能夠把「歸妹」變成臨卦。聖人不就是「知類」嗎？「有所疑惑」，人生不可能沒有疑惑的。「通於心術」，面對這些疑惑，我們就得想著怎麼解決問題。心術很重要，尤其是要心術正，把術用在正能量的發揮上。心術不正，業障如山，問題就解決不了。心無術，碰到問題就蒙了，不知道怎麼解決，想不通，也看不懂，無所措其手足。

「其通也，五氣得養，務在舍神，此謂之化」，如果修煉通了呢？碰到任何疑難，心馬上就通了，能想到用什麼術去解決。「五氣得養」，務必內養五氣；「務在舍神」，而且要使神道歸於自身。這就是上文所說的「德養五氣，心能得一，乃有其術」，智慧源泉滾滾，取之不盡，用之不竭。我們要把精氣神的神——五氣之長，一定在還沒有用到它的時候，讓它得到一個安養。

「此之謂化」，此一過程稱為化，教化、造化。

「化有五氣者，志也、思也、神也、德也；神其一長也。」「化有五氣者」，這裡講的五氣是「志也、思也、神也、德也」，而且神是五氣之長。可是這裡說的是有五氣，少了一個，前後不對應，我們先不管它了。像《孫子兵法》那麼精練的文章，詞如珠玉，裡面也有說不通的。

「靜和者，養氣」，要用靜和之法養氣。老子講「致虛極，守靜篤」，說明道家很重視虛靜，毛毛躁躁是一定不行的。《易經》中，陰基本上是靜的多，陰極轉陽的動是非常稀罕的，靜極轉動的時候，一般是被逼到了牆角，無路可退，但是爆發出來的能量相當驚人。除了養靜，還要養和，「和」太難了，要發而皆中節。靜和所塑造的環境，才方便養氣。假如是非常浮躁、喧嚷的環境，絕不適合養氣。

「氣得其和，四者不衰」，所有氣的動，最後的結果是希望和。《易經》就是在追求和，雖然「乾道變化，各正性命」，但是要求能夠「保合太和，乃利貞」，然後才天下和平，「萬國咸寧」，都在追求和。兌卦照講是情慾開竅的卦，但它第一爻也叫「和兌」。《中庸》也講「致中和」，氣要得其和，才是最好的狀態。「四者不衰」，「四者」當然就是號稱化有五氣的「志、思、神、德」能夠不衰，不衰就盛。在和的情況下，不易消耗，綿綿若存，就能夠長盛不衰。

「四邊威勢無不為，存而舍之，是謂神化」。「四邊威勢無不為」，上述四者不衰，而且能呈現威勢，就能無所不為。人一旦氣盛，把持得住，精神充沛，散發出正能量，自然就有威儀出來。「無不為」就是無為，而後能無不為，氣就很暢。「存而舍之」，我們一旦練到這個地步了，還要把它積蓄起來。「是謂神化」。這就能夠做到收發自如了，到該用的時候顯現出來。「歸於身，謂之真人」，把這些東西都修到這一輩子的肉身上，就叫真人了。真人充滿了和氣，但是又有威勢，什麼都做得到，怎麼做都是合理的。

「真人者，同天而合道，執一而養產萬類，懷天心，施德養，無為以包志、慮、思、意而行威勢者也」。所謂的真人，就是能合天意，按萬物產於一的自然規律養護萬物，懷大志，施道德，養育萬民，以無所不包的思想威行於世界的人。真人「同天而合道」，抓住這個一，就可以化育萬物，不管你是哪一類，都能包容、調養。「懷天心，施德養」，就有一點像益卦（䷩）的第五爻君位「有孚惠心，勿問元吉，有孚惠我德」。無為能夠包人的志、慮、思、意，然後展現正能量，無堅不摧。恍如內家高手，氣勢磅礴。

「士者通達之，神盛乃能養志」，「士」，知識分子、公務員。士要是按照前面講的這一套來好好修煉，修煉到通達的境界，氣勢旺了，就能養志。也就是說第一篇的工夫修到了，就要修

第二篇「養志法靈龜」了。志是心的主宰，中心有主，方可臨機應變。

養志法靈龜

養志者，心氣之思不達也。有所欲，志存而思之。志者，欲之使也。欲多則心散，心散則志衰，志衰則思不達。故心氣一則欲不徨，欲不徨則志意不衰，志意不衰則思理達矣。理達則和通，和通則亂氣不煩於胸中，故內以養氣，外以知人。養志則心通矣，知人則職分明矣。

養志法靈龜的意思是養志的方法是效法靈龜。養志也要寡欲，不要被虎視眈眈的欲望給吞噬了，這是養生，也是修身、齊家、治國、平天下最重要的東西，即心中的靈明的主宰絕對不能失去。

「養志者，心氣之思不達也」。為什麼講完「盛神」之後要「養志」呢？因為志是「心之所主」，不是「心之所之」。朱熹解釋「志」時就說「心之所之曰志」，後來王船山覺得朱熹這個講法有語病：心念跑到哪裡就叫「志」，這還得了？欲望也是志，貪污也是志，那就大錯特錯了。凡人起心動念，好的並不多，壞的多。心有所主，中心有主宰，修得好，就可以變成大丈夫，像孟子所說的「富貴不能淫，貧賤不能移，威武不能屈」。心中沒有主宰，一旦碰到富貴、貧賤、威武，馬上舉手投降。為什麼要養志？為什麼內心一定要培養主宰，不要老去追逐欲望呢？因為「心氣之思不達也」，凡夫俗子一天到晚的心氣之思是不通達的，所以要養志。人出生後第一個月那個最好的狀態過去後，就越來越需要養志了。心氣之思會生很多的欲望、雜念和妄想顛倒，我們必須要養志，把被很多的欲望、貪念障蔽的心志打通。

當然，養志不是一個簡單的事情。下面直接就講了，「有所欲，志存而思之」，一個人心中有欲望，才會有想法，使欲望化為現實。「志存而思之」講的是一般的狀況，即沒有好好修煉的狀況：我們心中有種種的欲望，好像形成了心中的志，有些東西當下要不到，就希望這一輩子能夠要到，希望十年後能夠要到，然後朝思暮想、憧憧往來，受盡「求不得」之苦。「有所欲」就像《易經》有需卦（䷄），需求不滿足，就起爭訟（䷅），故訟卦出現；爭訟不成，就起兵爭，故有師卦（䷆）；打不過人，就希望聯合來搶奪，故有比卦（䷇）。念念不忘自己的欲求，所以就存在心裡頭，當成人生朝思暮想要追求的目標。如果當下能夠得到，馬上就出手了；如果當下不能，那就寧願忍著，忍到有一天能出手要到想要的東西。這就是我們的人生。

「志者，欲之使也」，這樣的志，完全是受欲望的驅使。如果是這樣，就合了《易經》中頤卦（䷚）的初爻，那時所謂的靈龜已經蒙塵，欲望驅使之故，受到第四爻的誘惑，變成了「虎視眈眈，其欲逐逐」，不斷地讓你內心中的靈龜一點一點地減少。「欲多則心散，心散則志衰，志衰則思不達」，欲望多則心思渙散，心思渙散志就會衰減，志衰減就會導致思路不暢達。「欲多則心散」，看這個也想要，看那個也想要，不是心散嗎？名也想要，利也想要，也不照照鏡子，這些都是你應該要的嗎？「心散則志衰」，心一旦散漫無一，就沒有主宰，變得脆弱不堪，無法集中精力。「志衰則思不達」，人一旦沒有志了，沒有了精準的思維力，看到的都是欲望，所以人犯錯就從拿不該拿的東西開始，只看到他想要的東西，周遭什麼都看不到了。欲令智昏，這是絕對的。當局者迷，旁觀者清。旁觀者一看覺得真好笑：怎麼看著是個聰明的人，會這樣不堪呢？其實，這樣的情況一點都不奇怪，這是人的眼睛中只看到想要的東西了，因為他心散智衰，「思不達」。

「故心氣一則欲不徨，欲不徨則志意不衰，志意不衰則思理達矣。」「心氣一則欲不徨」，我們要養志，就要練到心氣能夠專一，不要憧憧往來，這樣的話，欲望就不會彷徨，擾亂心神。「欲不徨則志意不衰」，欲望不能讓人彷徨，那麼心志就不會衰滅。「志意不衰則思理達矣」，心志不衰滅，那麼想什麼都會很通達。

「理達則和通，和通則亂氣不煩於胸中，故內以養氣，外以知人。」「理達則和通」，「和」，心平氣和，和諧。想通了去做，思想暢達則心氣和順。「和通則亂氣不煩於胸中」，心氣和順，心中就不會煩亂。一般人是陷在欲望糾纏中，亂氣就煩於胸中，做這件事不順，做那件事也不利，真的是好苦。「故內以養氣，外以知人」，因此，人對內要養氣，對外要明察各種人物。有法眼如電，就不會看錯。

「養志則心通矣，知人則職分明矣」，養志會使心暢通，對外能夠知人善任，把恰當的人安排在恰當位置上，該做什麼做什麼。

> 將欲用之於人，必先知其養氣志。知人氣盛衰，而養其志氣，察其所安，以知其所能。志不養，則心氣不固；心氣不固，則思慮不達；思慮不達，則志意不實。志意不實，則應對不猛；應對不猛，則志失而心氣虛；志失而心氣虛，則喪其神矣；神喪，則彷佛；彷佛，則參會不一。養志之始，務在安己；己安，則志意實堅；志意實堅，則威勢不分，神明常固守，

乃能分之。

「將欲用之於人」，我們瞭解一個人內在的修為，可以讓他知人善任，讓他瞭解群眾，自強不息之後，就能厚德載物、行地無疆、含弘光大。我們看對方是不是一個人才，就要看他的氣養得怎麼樣，志養得怎麼樣，必先瞭解一個人在「養氣志」上有沒有下工夫。「知人氣盛衰，而養其志氣，察其所安，以知其所能」，我們想要任用人，一定要先知道他養氣的工夫，知道他心氣的盛衰。知道他的心志狀態，看其養氣修志，觀察他是否穩健，就知道他的能力。人氣之盛衰，很重要。「察其所安，以知其所能」，看他的心安於什麼，是為瞭解他的能耐。《論語》中孔子說：「視其所以，觀其所由，察其所安，人焉廋哉？人焉廋哉？」通過對人的視、觀、察，一步步深入，如照妖鏡般，一般人的行為無法隱藏。智慧的光照加上老辣的處事經驗，可以清楚瞭解對方的動機、做事的方法。我們看歷史上很多梟雄，殺人如麻為的是鞏固他的政權。他心中沒有安全感，對任何人都不相信，很多人用完了，就處理掉，但是等到他年老氣衰的時候，沒法盛神，養志也出現問題，晚上就老做噩夢。

「志不養，則心氣不固」，不修養心志，心氣就不穩固。「固」，通常要長期蘊養。很多東西都是我們固有的，後來變壞了，偏離了，所以我們需要靠著修為去固守、堅持。像良知、良能是我們固有的，但是因為後天的習性污染以致失掉了，所以要把它們找回來。孟子說「可欲之謂善」，人與生俱來的欲望不可能完全斷掉，但是要讓它恰到好處，要發而中節，要讓欲望能夠為人所接受，不會傷害到人，這樣一來，欲望就是你成長的動力，就是善。讓欲望到「可」了，就是善，就化腐朽為神奇了。

「心氣不固，則思慮不達」，心氣不穩固，思慮就不通達。人一旦自私自利，受外來的欲望支配，那麼在任何狀況下，說的任何話，都是偏的，都不全、不正。靈龜是「固有之」，「虎視眈眈，其欲逐逐」是外來的誘惑，外來的不一定都會破壞「固有之」，固有的東西強了，可以把外來的吸收，變成「固有之」。佛教是外來的，現在變成中國文化不可缺少的一部分了，外來文化變成中華固有的文化。《易經》无妄卦（䷘）的〈彖傳〉講得太透徹了，它說「剛自外來而為主於內」，「為主於內」的不就是「固有之」的嗎？外來的統統都可以吸納進來。孟子說「可欲之謂善」，外來的欲望不見得一定壞，「可」了，就吸納進去，就變成你成長的動力、上進的熱忱，那不就是善嗎？為什麼你對外面很多東西那麼害怕？因為「心氣不固」。如果心氣固，那麼還怕什麼？人一旦獨立不懼，就勇猛精進、大雄無畏。

「思慮不達，則志意不實」，思慮不通達，意志就不堅定。注意，「意」最後要落實，即「實意」，這就是下一篇「實意法螣蛇」。人的精神、思維活動是整體，一個影響另一個，環環相扣。「志意不實，則應對不猛」，如果一個人志也不實，意也不實，工夫不到，那麼反應就不快捷。我們一天到晚待人接物，跟人打交道，應對猛的人，做事情就很麻利，黑白兩道都處理得非常圓滿。志意實，應對就猛，就可以克服困難。我們有時候怯於跟外人接觸，沒有那個氣勢，不敢迎戰，就是因為「志意不實」。色厲內荏，說的就是心氣虛的人，內在的能量不強，應對當然不猛。「應對不猛」，跟人講話結結巴巴，話還沒說出來，就被人家的氣勢壓倒，任人宰割；「則志失而心氣虛」，志也就流失了，心氣就虛了。「虛」是虛弱的「虛」，可不是虛心的

「虛」。「志失而心氣虛」，完蛋了；「則喪其神矣」，神也要喪了。「神喪，則仿佛」，神氣一旦喪失，就會失神落魄，什麼事情都抓不精準，連看事情都是恍恍惚惚。「仿佛，則參會不一」，在精神恍惚的狀態下，則志、氣、神三者就不協調了。「會」就是體會，「參」就是三合一，即志、氣、神這三個東西，沒有辦法統攝成渾然的狀態。精神恍恍惚惚，好像喝醉酒一樣，傷神，心氣虛，志失，怎麼能夠參證這麼高的道理，把這些東西統合。「參」，本來是平視的意思，天地人是平的，「參會」就是把很多東西聚在一起統合，但因精神恍惚，就辦不到了，沒有辦法融會貫通，所以處理外面的事情老是失敗、挨打。鬼谷子講外交談判是最重視精神意義的，對人應對要猛，有時候還要會還擊，打得人家沒有辦法招架。

「養志之始，務在安己」，修養心志之始，一定要先安定自己。剛開始就得自強不息，「己安，則志意實堅」，自己搞妥當了，意志才堅定。「志意實堅，則威勢不分」，有了堅定的意志才能有神威。志意實堅，威儀、氣勢就是一個整體，不會分散。集中才有力量，專注才有力量，「威勢不分」，「神明常固守，乃能分之」，神明常常能夠處於固守的狀態，就可以分敵人的威。這就是再下面的「分威法伏熊」，像一頭熊一樣躲在一邊等待機會出來，就可以分散敵人的威，養自己的威。

實意法騰蛇

實意者，氣之慮也。心欲安靜，慮欲深遠。心安靜則神策生，慮深遠則計謀成。神策生則志不可亂，計謀成則功不可間。意慮定則心遂安，心遂安則所行不錯，神自得矣。得則凝，識氣寄，奸邪得而倚之，詐謀得而惑之，言無由心矣。

「實意法螣蛇」，「實意」，「意」與「志」對應，是志所表現出來的意圖，「實意」就是要讓意實。「立日心」曰「意」，我們每天的起心動念不知道有多少，要立；每天的心，叫意。「螣蛇」，類似龍的神蛇，能騰雲駕霧在雲中飛舞，能屈能伸。我們的起心動念、正心誠意，也要像螣蛇一樣，不用卜就可以知道吉凶，在心裡過一過，就知道怎麼回事了。內心透明透亮，就懂得如何趨吉避凶。當然，要修才能達到這個境界。孔老夫子，「四十而不惑」，對於欲望的誘惑不再動心；「五十而知天命」，天命不見得完全跟著人的想法走，人志常常是跟天命相違的，尤其是人的欲望太多時。所以要瞭解天命，先不要惑於欲望，五十就能知天命。再修十年就是「六十而耳順」，很多東西是聲入心通，根本就不用想，一聽就知道是怎麼回事。看世間眾生相，處心積慮、動歪腦筋的，根本就不用深想，看他那個怪樣，心裡就有數了。這就是讓我們的意念應世的時候，不會上當，會看到事情的真相。還有就是要充實我們自己的「志」，我們好的想法要能夠落實，而且能夠預先知道怎麼做，可能的吉凶禍福是什麼。這就是「實意法螣蛇」。

「實意者，氣之慮也」，實意，是心氣思慮之所需。「慮」即思慮，與氣對應，受心氣主宰。思慮對於內在修煉很重要。我們在深思熟慮時，不希望被人家打擾，所以有時候要懂得偽裝，至少要懂得把自己跟外面的干擾隔離開，有一個清靜無染的空間讓我們深入思考。我們在思考的時候，要披著一張老虎皮，那就叫慮。披著一張老虎皮，一般人看著就怕，不敢上前來。打獵也要披著一張老虎皮，那叫虞，張口大叫。「慮（慮）」字外面是一張老虎皮，下面就是用心於田的「思」。我們學艮卦（䷳）的止欲修行，不受欲望的干擾，消弭如山的業障，就稱為「君子以思不出其位」。內心思慮的時候，氣要調順，「氣之慮也」，不是習氣、業障在思慮，如果是那樣的慮，就會全部落空。把那些負面的慮都排除，也是「氣之慮也」。「實意」，讓我們所有的「立日心」的意念都能落實，而不是在「憧憧往來」地空想。「氣之慮」，不是欲望之慮，不是天天這樣打算、那樣打算，那樣的意就沒法實。《易經》裡面，升卦（䷭）「升虛邑」，泡沫破碎，期望落空。既濟卦（䷾）說「東鄰殺牛，不如西鄰之禴祭，實受其福」，說明人生要務實，不要落空。

「心欲安靜，慮欲深遠」，心一定要想辦法讓它安靜下來，考慮事情一定要深遠。也就是說，心思和思慮不要看得太近，鼠目寸光，目光如豆，都不行。人無遠慮，必有近憂。沒有辦法掌握大趨勢，只看眼前的東西會出事；或者有時候眼前的東西看似起伏跳躍，其實整體來講，是沒有什麼變化的。所以，在看似起伏跳躍的時候，就做決定，一樣無法掌握主流趨勢。為了掌握整個大趨勢，就要根據中長程的規劃來校正短期行為。《易經》中的恒卦（䷟）為什麼能夠掌握大趨勢的原則，慮能深遠呢？尤其是恒卦第二爻，第二爻爻辭只有兩個字——「悔亡」。能夠堅持掌握正確、長久的大方向，不會犯錯，就在於能夠把犯錯的悔降到最低，而且「能久中」，掌握那個中道，短期雖然有出入，但是長期還是整體平衡。這就叫「立不易方」，有遠慮，不會有近憂。

「心欲安靜」，這是肯定的，安靜非常重要，心要是一天到晚「憧憧往來」，啥事也不行。「慮欲深遠」，不要想得那麼淺，沒有一個中長程的思考，所有短期的思考都會有問題。沒有積累，沒有沿著大勢所趨的主軸，一步一步往前走，就會困在短期的上升、下降內。屯卦（䷂）「勿用，有攸往」，就有短期、中長期相配套的思考，短期勿用，中長期有所往。這就是因為中長期要發展得「有所往」，所以短期就不能亂動，免得干擾到長期的計畫。屯卦講生命的開始，講創業伊始，是在打基礎、佈局的階段，思慮一定要深遠。但是，真正有深謀遠慮的現代人真的太少了。

心安靜有什麼好處呢？「心安靜則神策生」，這句比較好理解，要想產生神妙的策略，心志就不能亂。一旦奇計生出，對於想幹的事情要不改其志。在心安靜時，創意就會跑出來，就可以生出神策，可以出奇制勝。因為心夠靜，想得夠遠，一步一步事前都能料到。像張良，一步一步都算到了，而且變化非常地靈動。還有大唐名將、百戰百勝的李靖，打天下的時候他出的點子，也是整套的策謀。譬如可能會遇到什麼狀況，狀況如何排除，對方會如何反應，環環相扣，都想到了。這就要心靜，如同博弈，對方可能會下出什麼棋，要一清二楚，如果你只能看到下一步，那一定輸。為什麼我們常常手足無措、束手無策？因為心不靜。

「慮深遠則計謀成」，思慮深遠，計謀就能成熟。所以一定要看得遠，少說也要看個十年八年。「神策生則志不可亂」，有這麼高明的策，志不會亂。不管遭遇什麼狀況，依然胸有成竹。

「計謀成則功不可間」，計謀完成，成功是沒有人能夠摧毀、離間的。如果中間出現瑕疵，人家批評你，不要緊，只要我們的計謀成功，是沒有人能夠挑毛病的。「不可間」，就說明計謀非常完美。「間」是批評，看到人家成功，自己做不成，心裡就嫉妒，於是雞蛋裡挑骨頭。大禹王因為破壞了天下為公的傳統，孔子就說：「禹，吾無間然矣。」這句話就很有意思。孔子認為，大禹治水成功，救民於水火之中，本來很想批判他家天下，但看在治水無私的份上，也無話可說了，不想再批評他了。孔子雖說「吾無間然矣」，其實言下之意是真想大大地批判，但是看到他還是有貢獻，就不講得那麼過火了。

一個人成功，不知道有多少人想要破壞。有的人自己做不成，就想壞別人的事，不讓別人趕到他前面去。這樣的情況有時還不一定出現在敵對的一方，可能出現在友軍的一方、自己人裡面。人就是這樣，為了自己的私欲，淨幹些挑撥離間的事情。但是，一個完美的計謀是屹立不搖的，人家想破壞也破壞不了，想離間也離間不了。可見，人不能只想著做事，一定要考慮到人性的可怕，一定要懂得做人。不然的話，賣老命把事做成了，得罪了無數的人，最後功勞簿上還沒有你，別人直接撿去了，就像閩南話說的「整碗捧去」，白撿，因為你忘了「功是可能被人家間的」。「計謀成則功不可間」，這就爐火純青了，是我的就是我的，不會讓人家白撿。換句話說，人家想破壞都找不到縫，找不到任何下手的地方。「計謀成則功不可間」，這在人際關係或者君臣關係上很重要，有很多國君跟大將的關係就不知道有多少人想要破壞、進讒言，要「計謀成」就要「慮深遠」，讓你辛辛苦苦的功不被任何人破壞——「不可間」。

曾國藩從零開始，十幾年間無中生有：國家沒有兵，不給糧餉，自己搞團練，拉了一些農夫就幹起來，最後成功了，把太平天國消滅了。這個成功有些人一定是嫉妒得要死，加上他又是漢人，功高震主，所以不知道有多少參他的本子送到西太后處。譬如，有人提出要他把戰爭期間所耗費的錢財明細單據統統造冊報上來。曾國藩竭盡所能籌措到軍餉，採用了各種手段，哪裡還有什麼單據？這種「間」的行為，就是刁難，製造北京朝廷跟湖南人之間的猜忌。換句話說，你想要成功，一定要思考讓人家抓不到把柄，抓不到「間」。還好北京的主子是一個明白人，所有的告狀摺子原封不動統統交給曾大帥，這就代表對他的信賴。賬目是不是絕對沒有問題？當然有問題啊。曾國藩很清廉，他老弟曾國荃可不清廉，據說一箱一箱的金銀財寶往湖南老家送，這事天下人都知道，但是當時的朝廷沒有給曾國藩兵，沒有給曾國藩錢，他們拚死奪來的財富，為什麼不能造福鄉梓呢？所以，在亂世，這個沒有什麼好奇怪的，作為領導人也要遷就，除非你還想挑起內戰。最好的處理方式是大度包容，睜一眼閉一眼。曾國藩的日記，其實根本就不是寫給自己看的，是寫給間諜看的，然後上報北京。朝廷一看，這是忠臣，天天「吾日三省吾身」。日記是故意寫給人家看的，你就知道曾國藩多不容易。這就是「慮深遠則計謀成，計謀成則功不可間」。當老闆的，對打天下的人絕不能刻板，像劉邦就懂，他跟項羽決戰的時候，要把項羽身邊的謀臣范增除掉，最後成功了。辦這件事找的人就是陳平。陳平這個人私德不好，據說盜嫂受金，但是足智多謀。劉邦用的就是他的長處，結果用反間計真的成功了。他用陳平的時候，因為要離間項羽君臣之間的關係，就給了陳平四萬斤黃金，然後不問出入，最後也不要上繳，中間不需要有賬。其實這種送人家的錢，怎麼會有賬呢？哪一個敢有賬呢？沒有往來記錄，怎麼報賬？給你這麼多錢，反正要完成任務。如果劉邦找陳平去進行大的戰略破壞，還配給他一個會計師，那陳平就沒有什麼興致了。可見，在亂世，成功還要想著不要被人家破壞，因為人就是要破壞，就是要嫉妒，敵人破壞合理，自己人破壞也合理。如果功被人家間了，被人家整碗捧去了，說明計謀有問題，你的腦袋不緻密，活該！

「意慮定則心遂安，心遂安則所行不錯」，意志、思慮穩定則心境安詳，心境安詳則所作所行不會有大的差錯，精神愉快就容易使神思集中。在心安定的狀態下，至少不會犯致命的錯；「神自得矣」，自得其樂到了神的境界。頂尖高手就有這樣的修為，在成功的時候絕對能夠自保，還能夠長久。「實意法螣蛇」，指哪兒打哪兒，百分之百成功，任何人都沒有辦法挑剔，也沒有辦法否認，因為他腦筋特別清晰，從深謀遠慮開始就已經打下基礎。

「得則凝」，「凝」就是落實，成功了就要穩定、落實。《中庸》說「苟不至德，至道不凝焉」，最高的道一定要碰到最高的德才能落實。「凝」也是《易經》坤卦的工夫，坤卦就是要把乾卦的道落實，坤就是德。把夢想落實，不然是空，「品物流形」，要變成「地勢坤」。鼎卦（䷱）稱「正位凝命」，得正位才能把你的天命落實。

「識氣寄」，「寄」就是沒有根基，飄飄蕩蕩。見識、氣勢，華而不實，虛浮不落地。見識是「寄」的狀態，就像《易經》中的旅卦（䷷）一樣，失時、失勢、失位，沒有紮深的根基，所以很容易受外界的影響。人生旅程其實就是「寄」。沒有真正落地，飄飄蕩蕩，這樣的修為狀況就不行。「奸邪得而倚之」，那些壞人、壞事，就會來靠近你；「詐謀得而惑之」，開始使盡種種的詐謀來迷惑你；裡面虛，外面的東西就會進來。「言無由心也」，這種情況下，把關不嚴，負面的東西都會影響你，都會跑到你心裡頭，所以就干擾了你，難以做出正確的決策；你說的任何一句話，有時候自己都不曉得怎麼會說出來，好像沒有主宰、沒有一定的主張。「言無由心」，就不真誠，沒有感動人的力量，何況你還是主其事者，怎麼可以這樣呢？假如你的心意很定，「言」就很有分量，落地有聲。如果你的心飄飄蕩蕩，你講的話就無法影響別人。

故信心術守真一而不化，待人意慮之交會，聽之候之也。計謀者，存亡之樞機。慮不會，則聽不審矣；候之不得，計謀失矣，則意無所信、虛而無實。故計謀之慮，務在實意；實意必從心術始。無為而求，安靜五臟，和通六腑，精神魂魄固守不動，乃能內視反聽，定志慮之太虛，待神往來。以觀天地開闢，知萬物所造化，見陰陽之終始，原人事之政理。不出戶而知天下，不窺牖而見天道；不見而命，不行而至。是謂道知，以通神明，應於無方，而神宿矣。

「故信心術守真一而不化」，所以，我們應該怎麼樣呢？「信心術守真一」，要守真、守一，不可以隨便受外面的干擾，不要拿不定主意、三心二意，「而不化」就是不要受外面的影響。人如果內心不充實、不堅定，就會這邊風一吹，你也擺一下，那邊風一刮，你也擋一下。「信心術」、「守真一」，自己守住自己，堅信心術、守住真一，堅守你的靈龜。靈龜沒有舍，就不會葬送在「虎視眈眈，其欲逐逐」的外界干擾誘惑上。

「待人意慮之交會」，要瞭解人家的底線，同時要讓人在溝通的過程中搞清楚你在想什麼、堅持什麼，然後看有沒有交會。如果你的心思根本就是「憧憧往來」，聽別人的話時聽不到要點，自己的想法也無法有效地傳達給對方知道，那樣的話怎麼能獲得共識呢？怎麼能談判成功呢？所以要有耐心，我們談的時候，要耐心地讓別人跟我們達到交會。有的人就沒有那個耐心，或者談判場的氛圍不對，犯了「識氣寄」的毛病，當然不可能得到一個好的談判結果。

「聽之候之也」，我們要善聽，要深入聽，才能懂得人家到底在講什麼，而且在外交場合，很多話有弦外之音。

「計謀者，存亡之樞機」，計謀是或存或亡的樞機。「慮不會，則聽不審矣」，如果談判雙方的思慮沒有一個焦點，聽什麼都不真切。「審」，要像審案子一樣，要聽清楚，不要搞錯，生出誤會，不要淨陷在枝節中，導致真正的要點沒有聽到。對方的意態、對方特別堅持的底線沒搞清楚，就會前功盡棄，就因為你不善於聽。

「候之不得，計謀失矣，則意無所信、虛而無實」，等待時機，機會沒來到，計謀失效則意志不堅定，就會變得虛幻而不切實。我們耐心等候，結果沒有等到，說明原先準備的方案失敗。如果這樣，彼此之間的誠信就沒有辦法建立，「則意無所信」，沒有辦法建立互信的關係；「虛而無實」，落空了，談判沒結果。「故計謀之慮，務在實意，實意必從心術始」，這裡點題了，出現了「實意」。也就是說，在計謀的開始，務必做到實意，實意也必須從心術開始。

「無為而求，安靜五臟，和通六腑」，這一句說明鬼谷子還是承繼道家講的無為。人生追求這追求那，用有為的方式一般求不到，有時適得其反，引起人家的警覺。故要用無為的方式去追求，此即不爭之爭、不求之求。接下來好像在講養生了，身心本來就是一體的，五臟六腑都得安靜、和通。

「精神魂魄固守不動，乃能內視反聽，定志慮之太虛，待神往來」。「內視反聽」，這個詞很有名，是說人不要老往外面看，要練習往內心看，看穿人家的內心，也看穿自己的內心。復卦（䷗）的「克己復禮」就是內視，往裡面看有無窮的宇宙；「反復其道」則是反聽，聽聽你自己真正的心聲。人有時候搞不清楚自己真正要什麼，搞不清楚什麼才是大的，要堅守；什麼是小的，可以當籌碼來交換，導致因小失大。其實，大小不可能全要，尤其是談判的時候，要找平衡點。你要達到「內視反聽」這個境界，不要老到外面去找，要往裡面去聽真正的心聲。觀世音就是「內視反聽」。「反聞聞自性，性成無上道」，就是觀音菩薩的法門。「反聞聞自性」，返回來開發自性。自性生萬法，「乃能內視反聽」，就能夠定我們的志慮，到達一種太虛的境界，然後就等神的往來。「神」是最靈活的，周遭的形勢變動，能夠在瞬間瞭若指掌。

「以觀天地開闢，知萬物所造化，見陰陽之終始，原人事之政理」，以此觀天地之變化，悟解萬物造化的規律，知陰陽之交替，懂得人間之政理。開天闢地都可以觀，萬物靜觀皆自得。「知萬物所造化」，萬物在天地之中受造化影響；「見陰陽之終始」，一陰一陽，終而復始。「原人事之政理」，探求治國平天下這一套「人事之政理」。「原」，原始反終，就是追本溯源，把它徹底想明白。

「不出戶而知天下，不窺牖而見天道」，這是老子《道德經》上的話，天下文章一大抄。諸葛亮在南陽就知天下三分，我們現在在家裡上網就知道天下事，不出門就可以知曉天下大事，不開窗就可以看見日月星辰等天體變化之道。

「不見而命，不行而至」，不必見到民眾，民眾就能聽命而行；不必推行政令，天下就可以大治。腿都沒抬，已經達到目的。《易經．繫辭傳》講人的心念感通，就說「不疾而速，不行而至」。

「是謂道知」，這種智慧已經達到了道的境界，無所不知。我們一般人的「知」離「道知」很遠。「是謂道知」，就像佛教裡面給佛祖吹牛，說佛祖什麼都知道，他不必到那個地方就知道。「是謂道知」，說明站在一個最高的地方，千萬里都一覽無遺。「道知」即可，何必跑到現場呢？不需要。「不行而至」，因為你的心也沒毛病，「不疾而速」，「感而遂通天下之故」，連所以然都知道了。「不見而命」，有一些人不需要見面，也不一定要到現場，就可以發號施令。這就厲害了。「以通神明」，可以通神明之德，類萬物之情。「應於無方」，我們學到的本領，沒有方所的限制，放諸四海而皆準；怎麼來我們怎麼應，都應對得很漂亮。「而神宿矣」，最高的「神」就在我們身上。這就叫根器，一種是先天的根器，一種是後天的修習。修得好了，神就會在身上住下來，猶如金剛會護法，諸天神佛隨時都保佑，讓你有無窮的智慧。

分威法伏熊

分威者，神之覆也。故靜意固志，神歸其舍，則威覆盛矣。威覆盛，則內實堅；內實堅，則莫當；莫當，則能以分人之威而動其勢，如其天。以實取虛，以有取無，若以鎰稱銖。故動者必隨，唱者必和。撓其一指，觀其餘次，動變見形，無能間者。審於唱和，以間見間，動變明而威可分。將欲動變，必先養志伏意以視間。知其固實者，自養也；讓己者，養人也。故神存兵亡，乃為之形勢。

「分威法伏熊」，分威要效法行將偷襲的熊。前面是講內在的修為，現在講要分掉敵人的威。人跟人就是比氣，看誰氣長，看誰氣壯。敵人的威，也就是他散放出的一股力量，我們不要被他給嚇倒了，否則就沒有辦法站在平等的立場來談問題了。因此，我們要在氣勢上壓倒他，首先就要分掉他的威，讓他的力量不再那麼盛。這又要跟動物學了，即跟大熊學。熊是力大無窮的，牠要撲擊的時候，也懂得先藏起來，再突然出現嚇死人。「分威法伏熊」，偷襲的熊，把身體伏在地上，然後才採取行動，意指直前先要屈。「屈」就是在尋找機會，有一段時間要隱藏，突然出現就能分敵人之威，你的威就取得了相對的優勢。孟子說「說大人，則藐之」，遊說大人物，首先從心中就要先藐視他，不然你只有仰望，說話就會諂媚了。

「分威者，神之覆也」，分威，威要罩得住局面，大家在鬥神，我的神就要散放出去，要完全罩住，不要被對方壓住。

「故靜意固志，神歸其舍，則威覆盛矣」。我們的意念要靜，主張要固守，要挺得住，神就會住在我們這裡。心裡清靜，智慧就生，我們的氣勢就可以蓋過對方，不會被他嚇住。我們常常說的晃神，就是指心神恍惚、魂不守舍。所以，一定要讓心神回到該待的地方，即「舍」。神要歸其舍，一定是「靜意固志」，做到了，神就會回到它應該待的地方，應對才有神。如果「神歸其舍」，散發的氣場就能強過對方。

「威覆盛，則內實堅」，神威強盛，內部就更為堅強雄厚。「內實堅，則莫當」，內在堅強雄厚，別人就擋不住你。就如泰山石敢當，擋我者死。實而且堅，就把敵人給蓋過，敵人氣餒，你就氣壯，擋都擋不住你。「莫當，則能以分人之威」，敵人不能擋住你的氣勢，就能夠把對方的威勢分掉。沒有那麼強了，打折了，「而動其勢」，對方的勢也被你撼動了。「如其天」，「其」是指對方，別人對你就很敬畏，好像畏天一樣。天無私覆，我們都在天的覆蓋下，無所逃於天地之間，人沒有辦法逃脫，故都畏天。你的氣勢完全覆蓋了對方，就能分對方的威勢，動搖對方的威勢，好像變成他的老天了。這種較量取得了蓋過對方的效果，就是「以實取虛，以有取無，若以鎰稱銖」。「以實取虛」，你內實堅，對方氣餒，就心虛，這就是用實去取他的虛。「以有取無」，你有真玩意，對方可能是空無一物。「若以鎰稱銖」，鎰是銖的四五百倍，銖是很小的計量單位，「以鎰稱銖」就是佔有壓倒性的優勢。

取得了這種優勢，「故動者必隨」，你採取行動，對方一定得跟進。「唱者必和」，你提倡什麼，對方馬上就呼應。登高一呼，他馬上就附議，原因就在於你實力比他強，絕對回應。到了這種境界，就掌握了主動權。在錯綜複雜的情勢下，我們一旦掌握了主動權，掌握了關鍵點，從關鍵處下手，就可以瞭解其餘的部分了，這就叫「撓其一指，觀其餘次」，像我們的五個手指頭、腳趾頭，大拇指（趾）一動，其他的就跟進了。這就和《易經》咸卦（䷞）初爻「咸其拇」一樣，說的是大拇趾動了，其他都跟著動。「撓其一指」，是主變數，「觀其餘次」，是身體的自然反應，即其他的四個指（趾）頭都得跟進。咸卦初爻「咸其拇」，使得整個環境產生了根本上的重大變化，即爻變革卦，革故鼎新，徹底改變世界。大拇指（趾）是關鍵中的關鍵，把大拇指（趾）掰動，下面的就都動了。關鍵一動，其他的自然而然跟著動。笨的人就去撓那個小指頭，結果其他四個指頭根本就沒動。「撓其一指，觀其餘次」，就是會製造連鎖反應，所以要選對指頭，如果撓的不是大拇指，其他指頭根本就不會配合。在《易經》中有不少卦的第一爻出現腳趾頭的象，如大壯卦（䷡）的第一爻「壯其趾」，大拇趾發熱，可是不能成事。夬卦（䷪）初爻「壯于前趾，往不勝為咎」，重大的決策要慎重。艮卦（䷳）初爻「艮其趾，无咎，利永貞」，關鍵的部分止下來，才可无咎。噬嗑卦（䷔）的初爻，要限制人家的行動，「屨校滅趾」就无咎了。賁卦（䷕）初爻「賁其趾，舍車而徒」。好，這就是「撓其一指」，打蛇打七寸，擒賊要擒王，下面對方的反應都看到了。「動變見形」，掌握對方行動變化的情況；「無能間者」，對方就無法搞陰謀。這種情況下，就能掌握戰場上的優勢地位、談判中的主導權，沒有任何人能夠破壞，沒有任何瑕疵，沒有任何結構上的脆弱點。

「審於唱和」，在談判場中，有人會提建議，有人可能沉默不言，不附和，他有別的想法，也可能提相反的建議。到底誰的主張人家會應和，誰宣導的事情得到大多數人的附和，要審。要是你宣導的沒有人回應，那不就很糟糕嗎？所以，你一倡就一定有把握令對方和，講到大家都想的東西了，都會附和，人多就勢壯。「以間見間」，對立的雙方、競爭的雙方，都想自己沒有任何的縫可讓別人鑽，都想要找人家的縫。「以間見間」，就如同諜對諜，雙方都在找對方的弱點，不讓對方找到自己的間。「動變明而威可分也」，一旦是我們滴水不漏，而對方很多脆弱的地方被我方發現，那麼我們就要採取行動，造成情勢的變化，就可以分了對方的威，使事態對我們有利。這就是「以間見間」，抓到對方的罩門和弱點。人一旦某些關鍵的東西被對方挾持住，擁有再多的資源也用不上力。所以，我們要「審於唱和」，不要隨便倡，也不要隨便和。在那種劍拔弩張的場合，最好保持沉默，沉默的氛圍有時可以殺人。有時我們保持沉默既是為了保護自己，也是為了大家的利益，不要盲目或隨便附和、鼓掌，鼓掌都可能助人為惡，因為這是在給對方造聲勢。既然雙方都在找對方的弱點，那就要讓自己的弱點不被對方抓到，這就是博弈。一旦摸清楚對方的弱點，「動變明而威可分」，對方再強，也不怕他，一樣可以把他的力量分掉。

「將欲動變」，想要採取行動、改變情勢，也就是說，要想把一潭死水給攪動，「必先養志伏意以視間」，我們一定要先養志，要守住心中的靈龜，還要暫時隱藏自己的意念、企圖，然後冷眼旁觀對方的弱點在哪裡。「知其固實者，自養也」，我們自己的意念要固守，善於自我養氣。「讓己者，養人也」，凡是謙遜的人，就是能替他人養氣。人再怎麼強，內功再怎麼深厚，外面不只有競爭的一方，還有要爭取的對象，要孤立你主要的打擊對象，就要爭取其他人。在這種情況下，你要有人家能接受的態度，即要懂得讓，爭取多數力量的支持，這就是「讓己者，養人也」。懂得布施，懂得利益眾生，懂得照顧人，才是「養人」。「固實」，自己真有實力；「讓己」，對人態度很謙虛。這樣的人說出來的話才有說服力。《易經》中的頤卦（䷚）說「聖人養賢以及萬民」，既自養，還要養人。孔老夫子也懂得這一套，《論語．學而篇》說：

子禽問於子貢曰：「夫子至於是邦也，必聞其政；求之與？抑與之與？」子貢曰：「夫子溫、良、恭、儉、讓以得之；夫子之求之也，其諸異乎人之求之與！」

子禽看到老師很厲害，每到一國，並沒有花太多的調查工夫，一定會把對方的政事搞得很清楚，於是向子貢請教，這是老師自己主動去找的，還是別人主動給他提供的？子貢認為，老師是靠為人溫和、善良、恭謹、節制、謙退，才會有很多當地的重要人物去跟他彙報，而且老師善聽，能夠抓住要點，與別人的方式大不相同。你看，孔子憑著溫、良、恭、儉、讓可以得到重要的情報。這就是「知其固實者，自養也；讓己者，養人也」。自己有名望，但是又不傲慢，別人當然樂意和你分享他所知道的。

做到自養養人這一點，「故神存兵亡，乃為之形勢」。「神存」，神永遠存在，還影響到子孫萬代。「兵亡」，即不必動手打，已經征服一切。鬼谷子的「神存兵亡」，純屬動腦、鬥智，就像孫子所提倡的「不戰而屈人之兵」，不會有戰禍、兵災，一切爭戰都化掉了。然後你就可以來導演，「乃為之形勢」，就可以造形、造勢，塑造對你有利的形勢，以及對主要競爭對手不利的形勢。如果在跟人家較量的過程中，自志養得不夠固實，養人不夠謙讓，神就不存了，刀兵之爭自然難免，何談對形勢的佈局、操縱呢？如果你的實力完整，沒有受到任何破壞，還給很多人都留下好的印象，就可以創造有利的形勢。神存兵亡，哪裡需要動武呢？不會成為人家打擊的對象，刀兵入庫，馬放南山。

這就是「分威法伏熊」。它的宗旨就是《易經》大壯卦第二爻「貞吉」，大壯看起來氣壯山河，但是絕不輕舉妄動，固守本位。爻變為豐卦（䷶），豐卦「明以動」，對天地人鬼神都可以創造極豐沛的氣勢。第二爻是大壯卦最好的一個爻，也是最不惹禍的一個爻。在天地人鬼神之間取得最佳的平衡效果，不該動的時候絕不動，但是氣勢擺在那裡。這就是真正的頂尖高手，不隨便出手，不隨便講話，不隨便提案，但是他的存在令人家不敢忽視。

散勢法鷙鳥

散勢者，神之使也。用之，必循間而動。威肅內盛，推間而行之，則勢散。夫散勢者，心虛志溢；意衰威失，精神不專，其言外而多變。故觀其志意，為度數，乃以揣說圖事，盡圓方，齊短長。無間則不散勢，散勢者，待間而動，動而勢分矣。故善思間者，必內精五氣，外視虛實，動而不失分散之實。動則隨其志意，知其計謀。勢者，利害之決，權變之威。勢敗者，不以神肅察也。

太公兵法《六韜》說：「鷙鳥將擊，卑飛斂翼；猛獸將搏，弭耳俯伏；聖人將動，必有愚色。」說的是英雄豪傑行動之前，顯得特別低調，以愚弄對方。猛禽要攻擊的時候，一定是飛得低低的，翅膀也收起來了，因為牠正在計算攻擊的最佳距離。越低調，越恐怖，因為是攻擊的前兆。猛獸要撲擊獵物的時候，耳朵低垂，全身也趴在地上，積蓄兇猛一跳的力量。聖人也是如此，他要展開大的行動時，臉上看起來是很愚笨的樣子。這些都屬於典型的扮豬吃老虎，看起來笨笨的，一動就出殺手。這就是「散勢法鷙鳥」。鬼谷子告訴我們，要學鷙鳥的生存技巧。「散勢」，首先自己要有威勢，其次是造勢之後要發散出去，動搖對方的意志；即讓你的勢傳達出去，使對方不可能動。像美國，本來就很強盛了，但它還是在全球散勢，發揮美國人的影響力，軍隊出遠洋，介入國際事務，無時無刻不想發揮其影響力。散掉對方的勢，破掉對方的勢，使自己的影響力無遠弗屆，這就要學鷙鳥，撲擊前「卑飛斂翼」。

「散勢者，神之使也」，神又來了，為什麼能夠散勢？因為我們有神，可以推動勢。勢如果是裝出來的，色厲內荏唬不住人，萬一被人家揭露了，還想散勢，發揮你的影響力？狐假虎威的寓言大家都聽過，狐狸沒有什麼勢，但牠跟著老虎走，就可以借老虎的威嚇唬百獸。如果沒有跟著老虎，牠只是一隻狐狸，就不能裝模作樣了。所以，要散發威力，神必須發揮作用。

「用之，必循間而動」，我們要運用散勢，一定要尋找對方的矛盾或弱點而行動。也就是說，要離間人，必須找人家的矛盾所在，不然散勢的威力就不夠了。

「威肅內盛，推間而行之，則勢散」，威武嚴肅的氣勢在內蓄積很盛，就算是沒有那麼強，也要找機會，找阻力最小的管道、最小的空隙，把你的威勢推出去。再怎麼強大的對手，也絕不可能無懈可擊，對方力所不及的地方，就是我們下手的地方。美國跑到西太平洋來，要組織對抗中國的聯盟，中國就可以迂迴到美國後院，去南美洲、中美洲，甚至跑到英國這個和美國哥倆好的地方，這就是「循間而動」，「推間而行之，則勢散」。還有市場佔有率也是如此，優先佔有市場主導權的，不可能佔滿，那麼我還可以「循間而動」，「推間而行之」，找縫隙去推而行之，勢就能散播出去。媒體戰爭也是一樣，宣傳工作同樣可以「推間而行之」。所以，一定要「循間而動」，沒有間，就碰到鐵板，勢就散不出去。

「夫散勢者，心虛志溢」，散發你的威勢、影響力時，志氣要飽滿，內心要虛靜。也就是說，精神的力量非常重要，精神一到，何事不成？做事情要有精神，要有志氣，才可散勢。「意衰威失，精神不專」，如果你的意是衰微的，威就會失，精神不專一，你擁有實力也沒有辦法發揮影響力。精神不專一，「其言外而多變」，在這種精神不專注的狀況下，「其言外」，你在談判場合說的話、提的案，會顯得太外行，你沒有進入狀態、切中要點，人家當然聽不進去。「而多變」，你講話人家不聽，再怎麼調整也不行，越調整越糟，始終掌握不到要點。在這種情況下，就不能夠如你的願，施展你的影響力，塑造對你有利的形勢。可見，講話沒有威信，就沒有可信度，在別人眼裡顯得外行，就算是多變，前途也很難講了。當然，造成這個狀況主要就是

「意衰威失，精神不專」，在重要場合中談判、對峙的時候，精神很重要，必須養足精神、氣力，不然注意力很難集中，以致「言外而多變」，那就很糟糕。

「故觀其志意，為度數，乃以揣說圖事，盡圓方，齊短長。」所以瞭解上述原因了，談判的時候，一定要用心冷靜觀察對方的想法和意圖。談判有很多策略，剛開始寫在紙上提出來，不見得是要點，如果你們不能獲得共識，那麼一定想辦法瞭解對方的底線是什麼，對方也想知道你的底線是什麼。雙方還會製造一些煙霧，所以我們得「觀其志意」，瞭解對方想要什麼，他想達成什麼目的。「為度數」，不能光是一些虛無縹緲的想法，要量化，要設定一些指標，要有法度。設立度數，就知道應該怎麼做，什麼狀況暫時擱置，什麼情況可以稍微讓步，一定要瞭解對方真正的意圖，然後設定指標，指標還得是靈活的。如果雙方要議價，你的底價跟對方的底價彈性空間各有多大，可以讓步到什麼程度呢？這些都需要人為制定一些「度數」。「乃以揣說圖事」，一旦掌握對方真正的意圖，就可以進行揣摩遊說，圖謀大事。「盡圓方，齊短長」，人在談判遊說的時候，極盡方圓之理，齊乎短長變化法則。「盡圓方」，天道曰圓，地道曰方，方是有規矩，圓是圓融無礙。我們有時候要考慮圓，即周旋，也要方，即折旋。方有棱角，圓沒有任何棱角，圓轉如意。該圓的時候就圓，該方的時候就方，沒有一定的方法，怎樣都能達到目的。這就是談判的技巧。「齊短長」，該短的時候能短，該長的時候能長，對方用長、用短的時候你都可以對付。「齊」也是準備充足的意思，應有盡有，什麼東西都齊備了。不管對方如何，我都有辦法對付，因為我解決問題的工具箱中圓方、短長應有盡有，我都是以平常心去應對。「齊短長」也可以說是準備周全，思考緻密。「齊」屬於安排周到，故儒家說「齊家」，家事絕不容易，嚴格講沒有什麼真正的是非，反正都是冤親債主聚一家，只能齊，不講治，要是太認真就好笑了。如果受一點老婆氣，現在也沒有什麼「七出」條款，搞不好休夫，就要忍氣吞聲，裝著沒聽到。這就叫「齊」，能軟能硬，能屈能伸，啥事也沒有。一家人有什麼是非呢？在家人面前還要裝，那太苦了。你有什麼弱點，在家人面前統統露出來算了，沒必要裝。「齊短長」，應有盡有，你來短的我也可以，來長的我也可以。事情要處理得圓滿，投石問路，引蛇出洞，都可以。

總要找到對方的弱點，如果對方防守得很周嚴，千萬不要輕舉妄動。「無間則不散勢，散勢者，待間而動，動而勢分矣」。要掌握出手的時間，如果對方沒有任何縫隙，勢就不要散出去，免得撞牆。對方有「間」的時候，勢才可以滲透、突破。對方如果防守謹嚴，沒有弱點，就要「待間而動」，等對方出現破綻；對方即使出現破綻，還要確定他是不是故意賣一個破綻給你。對方一旦真的出現氣勢不連續的地方，就採取行動，達到你的目的。一舉而成，你的勢就分出去了，對方的勢就打折了。「待間而動」，也是《易經》節卦（䷻）的智慧，出手的節奏，有「不出戶庭、不出門庭」，還有「不節、安節、甘節、苦節」，一旦掌握出手的節奏，該出手時就出手。其實，人生任何大戰，出手的時間一定是很少的，出手的機會也不多，大部分時間是冷戰的，所以要耐心等待機會，不要亂動，有絕對把握了再動。什麼情況下是在「待間而動」呢？隨機應變：敵不動，我不動；敵欲動，我先動。由被動轉變為掌握主動，完全像太極拳的推手，要讓人感覺虛實難測，原則性跟靈活性俱備。《易經》隨卦（䷐）初爻稱：「官有渝，貞吉。出門交，有功。」一爻變為萃卦（䷬），就是集中一切優秀資源，籌備那一出手的雷霆萬鈞。「萃」也代表要絕對專注，不然怎麼逮到那個稍縱即逝的出手機會？「出門交有功，不失也」，絕對不能夠失之交臂，就在那一剎那。

「故善思間者，必內精五氣，外視虛實，動而不失分散之實」。所以，善於發現對方漏洞的人，必須修煉自己的五氣，觀察對方的虛實，行動時才能達到分散使用力量的效果。也就是說，要善於思考，找對方的間隙，等待出手的機會，一定要「內精五氣」，外看虛實，有的是虛招，有的是誘敵。一旦採取行動，絕對不失分散之勢。要散自己的勢，一定要掌握上述原則，不能有錯。

「動則隨其志意，知其計謀」，當我們採取行動的時候，因為中間有變化，在確定結果之前，還要追蹤對方的志意，才能知道對方的計謀。「勢者，利害之決，權變之威」，氣勢，決定利害的關鍵因素，也是靈活運用權變之術的威懾力量。有些人為什麼跟人家較量的時候會輸呢？因為在氣勢上就先輸了。

「勢敗者，不以神肅察也」，在氣勢上輸了的人，平常的修為不夠，不用神來肅穆地考察自己。反聞聞自性，才能夠修成無上道。要懂得造勢，要懂得用氣勢，勢為什麼敗呢？下的工夫不夠。對方棋高一著就縛手縛腳，你比人家低，就沒有辦法突破，被對方完全縛住。

「散勢法鷙鳥」的主旨，用《易經》來說，就是震卦（䷲）的初爻和四爻。把雙方較量、對峙的氣勢、震懾人的關係，表達得非常清楚。震卦初爻就是你這一方，中心有主宰，「震來隙隙，後笑言啞啞」；對方就是外卦第四爻，「震遂泥」，「未光也」。震卦的初爻非常強勢，非常有力道，而且中心有主宰，就可以震懾人。第四爻就被威勢震得如泥掉下來。這兩爻齊變就是坤卦，具備善用勢、懂得順勢而為的智慧。

轉圓法猛獸

轉圓者，無窮之計也。無窮者，必有聖人之心，以原不測之智，以不測之智而通心術。而神道混沌為一，以變論萬類，說義無窮。智略計謀，各有形容，或圓或方，或陰或陽，或吉或凶，事類不同。故聖人懷此，用轉圓而求其合。故與造化者為始，動作無不包大道，以觀神明之域。

天地無極，人事無窮，各以成其類；見其計謀，必知其吉凶成敗之所終也。轉圓者，或轉而吉，或轉而凶，聖人以道，先知存亡，乃知轉圓而從方。圓者，所以合語；方者，所以錯事。轉化者，所以觀計謀；接物者，所以觀進退之意。皆見其會，乃為要結以接其說也。

「轉圓法猛獸」，實施轉圓，要效法猛獸撲食，行動迅速。也就是說，人的智慧像不停轉動的圓珠，操縱自如，類似猛獸的寓動於靜，先伏後動，一旦躍起威猛無比。動物要撲殺對方，沒有把握時，不會隨便動，確定有機會了，再撲擊。

「轉圓者」，懂得繞圈，懂得迂迴，懂得不硬碰硬。「無窮之計也」，圓周旋無礙，所以能構想無窮計謀。如果是方的，有稜有角，肯定是有窮的，就像程咬金就那三斧頭，一下就看破手腳了。無窮才不斷有新招，招式不會用老。

「無窮者，必有聖人之心」，能構想出無窮計謀的人，必定有聖人之心。「以原不測之智」，「原」就是追本溯源，找出深不可測的智慧。聖人隨機應變，但凡出手必出人意料，每一招都像新招，針對目標採取的都是最合適的招式，無法預料，這才是活的智慧。「以不測之智而通心術」，讓對方永遠沒有辦法猜中我們的下一步，修到了這種高深難測的智慧時，我們就能洞察對手的起心動念，瞭解其真正的意圖。

「而神道混沌為一」，而且大自然之道，神妙莫測與混沌是一個整體。「以變論萬類，說義無窮」，以變化之理研討萬物，內容是無窮無盡的。這就太厲害了，見什麼人就講什麼話，而且滔滔不絕，口若懸河，說得人家還不倦。不管他是哪一類，我們都能周旋、應對，能給對方一個恰當的定位、論說。瞭解對象之後，因人說法，沒有一成不變的，即使是萬類，也可以應對，而且很快就可以瞭解對方的真實企圖，然後根據這個設計說法，達到說服的目的。這是講結果，前面就是要修，即修「聖人之心」，去「原不測之智」，以「不測之智」，就能通心術。把智慧錘煉到那個地步，一切創意的源頭如長江大河，沒有人能在你眼皮底下搞鬼。神道和混沌是一個整體不可分割的狀態，不管對象是哪一類，都可以應付，圓融無礙。這些都不是與生俱來的，而是修煉出來的，是腳踏實地一步一步修出來的。

「智略計謀，各有形容」，「形」跟「容」不同，輪廓曰「形」，表情曰「容」；因事而生成計謀也各有不同的形式樣貌。人生在鬼谷子看來就是鬥智，每個人都有一個樣子，神仙老虎狗，王八兔子賊，龜有龜樣，兔有兔樣。有智慧的人，什麼人都能對付，見人說人話，見鬼說鬼話。「形」又代表事情的大概，如果需要深入瞭解，就要掌握「容」；「容」一直在變，不是靜態的，是動態的。

「或圓或方，或陰或陽，或吉或凶，事類不同」，或有圓謀，或有方略，有陰謀、有陽謀、有吉策、有凶智，事事各不相同。這就是人事，人際關係錯綜複雜，真的不能掉以輕心。掉以輕心，你不是被騙，就是被糊弄。

「故聖人懷此，用轉圓而求其合」，「此」就是前面講的那些東西，即「轉圓法猛獸」一路下來的這種能量、智慧、心神。所以，聖人以此為法，在處理事情時就像不停轉動圓圈一樣，設計出許多合適的計謀，以求切合實際，解決問題。人事多複雜，多難搞，形形色色，要想解決很多問題、紛爭，就要用轉圓法，知彼知己，探對方的底線，找到共識；像猛獸一樣，不到關鍵時刻，千萬不要亂動，沒有找到恰當的應對方法就不斷調整姿勢、角度，多轉幾圈，這就是「用轉圓而求其合」，才能談得攏，談出一個結果來。

「故與造化者為始，動作無不包大道，以觀神明之域」，所以，開始參與造化的聖人，其行為無不合乎自然大道，並且能看到別人無法看到的神明奧妙領域。這就不得了，到這麼高的境界了。「神明」，「神」偏自然天道造化的陰陽不測，「明」就要靠我們人的智慧、努力，顯現宇宙的真理，如文明。神明之德就是天人之德。

「天地無極，人事無窮」，天地之大無極無垠，人事之繁無窮無盡。天地這個大宇宙無極，人事這個小宇宙悲歡離合的紛擾也是無窮無盡，學一輩子也不見得能夠處理圓滿。《易經》上經三十個卦從乾、坤到坎、離，可以說是「天地無極」；下經三十四個卦從咸、恒到既濟、未濟，尤其到最後的未濟，不就是「人事無窮」嗎？「各以成其類」，人事的變化跟天地一樣無窮無盡，要瞭解天地之變化和人間種種的紛爭、問題、事物，需要掌握一個「類」的法則。方以類聚，物以群分，「各以成其類」，這是一定的，同一類的東西容易在一起，陰陽和可以生生，發展出一個族類、族群。《易經》睽卦（䷥）說「天地睽而其事同也，男女睽而其志通也，萬物睽而其事類也」，要掌握類的概念，一類是一個陰陽合的概念，有陰有陽才會發展成一個類。《易經・乾卦・文言》稱：「同聲相應，同氣相求。水流濕，火就燥，雲從龍，風從虎。聖人作而萬物睹。本乎天者親上，本乎地者親下，則各從其類也。」可見，類的原則很重要。世間這麼多紛紛擾擾，我們至少要懂得分類，才能掌握那些形形色色的變化。如果漫無頭緒，完全搞不清楚裡面的脈絡，就沒有「類」的思考。在無極無邊的天地人事的繁複變化中，要有一個分類的系統、類比的思考，才能掌握萬事萬物的共通性。

既然以類相聚，我們就可以進一步深入瞭解，即「見其計謀，必知其吉凶成敗之所終也」，看到對方各種計謀，一定知道其結果的凶吉成敗。我們一旦掌握了「類」的思考，就能看出對方的招數屬於哪一類，是剛還是柔，是陰還是陽，我們就可以斷言其結果是吉凶還是成敗。「見其計謀」，就是一眼看到底，一出手就知道最後可能的結果。每個人都趨吉避凶，希望給自己加分，讓對手減分。但是妖孽有妖孽的氣場，禎祥有禎祥的氣場，善必先知之，不善必先知之。

「轉圓者」，用轉圓方式的人，「或轉而吉，或轉而凶」，有的轉為吉祥，有的轉為凶險。本來預先知道事態的吉凶成敗，「轉圓者」有辦法讓它調回來。這就是轉圓的厲害。吉凶禍福，就靠轉圓而變。看到態勢不對，趕快調整，踩到霜了，絕對不會讓霜成為堅冰。

「聖人以道，先知存亡，乃知轉圓而從方」，聖人掌握了道，先知道存亡之理，然後再「轉圓」、「從方」，順應規律。因為瞭解道，就比人家早看到存亡的態勢，所以藉著轉圓的方式，希望有一個對自己比較好的結果。在談判中，看態勢不對了，就一定要想辦法斡旋，「轉圓而從方」。「圓」就是不斷調整，「方」就是定案，得出大家都能接受的有規有矩的結論。可見，「轉圓」的目的就是為了「從方」。我們希望確定的方案是好的，就要在轉圓的時候，把不利的因素轉掉，這也是一種鬥智手段。「圓」是過程，「方」是結果。就像我們用蓍草占卦的過程，「蓍之德圓而神」，陰陽不測，但是「卦之德方以知」，有一定的範疇，結果出來了。在十有八變的過程中，三變決定一個爻的時候，結果呼之欲出，就是由圓慢慢往方走。

「圓者，所以合語；方者，所以錯事」，所謂「轉圓」，就是要語言靈活，合乎對方的要求，所謂「從方」，就是使事物依規矩而行。「錯」是措，即應該怎麼做，最後按照固定的方案、結論來做。在沒有出結論的時候，我們要想辦法「合語」，藉著兩方會談的討論，找出可以共事的空間、契合點。談不攏並不代表最後不會有結果，所以要有耐心，不要焦慮，一焦慮就會著急，人家就會利用你的著急壓縮你的談判空間，不急的人就可能爭取到更好的條件。《易經》比卦（䷇）稱「不寧方來，後夫凶」，兌卦（䷹）第四爻「商兌未寧」，比卦是外交談判，兌卦也是言語交鋒，都是在談的場合中，都有一個心態不安寧的因素。假定你心裡真的慌，覺得談不攏，結果會很糟糕，那麼也不能讓人家感覺到你的焦慮。我們生命開展、事業開展，希望有所成時，往往就很急切，像屯卦（䷂），剛剛創業，就說「宜建侯而不寧」，也是不寧。談判高手，就等著對方著急，誰著急就已經輸了。總之，圓者是談判過程中的試探，方者是大家接受的方案。

「轉化者，所以觀計謀」，「轉化」，中間不斷調整，像猛獸繞圈子一樣，用言語迂迴試探、旁敲側擊，甚至故意隱沒一些主題，希望引蛇出洞，就是要看清對方的談判策略是什麼。中間不斷轉，突然講一句話試探之後，大概就知道結果了，這個主題就不談了，又換一個主題談。有時候還投石問路，或者拋一塊肉，看看對方要不要吃。這就是「轉化者，所以觀計謀」。

「接物者，所以觀進退之意」，物包括人、包括事，我們一天到晚都在接觸。在接物中，要怎麼做呢？中間得眼觀四面、耳聽八方，此即「所以觀進退之意」。不是光看對方的動作，還要看動作後面的「意」是什麼。「意」是催生一切的東西。我們要觀對方是進或者退，談判的時候相應地或進或退，就是這麼過招。可見，在接物的時候，需要全神貫注。轉化是為了觀計謀，接物是為了觀進退。過一過招，接觸接觸，試探試探，大概就知道是怎麼回事了。「意」決定一切，有時你談判的人未必是老闆，可是老闆的「意」在談判中始終是主控，如果對方的底線沒搞清楚，你就永遠沒有辦法達到目的。

「皆見其會，乃為要結以接其說也」，我們一定要找到雙方會談的交匯點，所有的談判，不管怎樣，總要有結果。我們的意見沒有焦點，那還談什麼？不要談了。「皆見其會」，雙方談判還容易做到，要是多方談判就難了。「乃為要結」，在這一點上，大家是有共通性的，以這個地方作為繼續談下去的關鍵。「以接其說也」，接著往下談。大家有共識，大家希望以此為基礎來談，不是漫無要點地亂談。可見，我們面對一個漫長的談判，抓住要點，才有可能接著往下談。如果要點沒出現，「會」沒出現，還談什麼呢？對牛彈琴！

損兌法靈蓍

損兌者，機危之決也。事有適然，物有成敗，機危之動，不可不察。故聖人以無為待有德，言察辭，合於事。兌者，知之也；損者，行之也。損之兌之，物有不可者，聖人不為之辭。故智者不以言失人之言，故辭不煩而心不虛，志不亂而意不邪。當其難易，而後為之謀；因自然之道以為實。圓者不行，方者不止，是謂大功。益之損之，皆為之辭。用分威散勢之權，以見其兌威，其機危乃為之決。故善損兌者，譬若決水於千仞之堤，轉圓石於萬仞之溪。而能行此者，形勢不得不然也。

「損兌法靈蓍」，在《易經》中，「損」代表懲忿窒欲，「兌」代表談判，說話能夠打動人家的心坎，讓人忘勞忘死地追隨，又是有情慾開竅口的象，有時得意忘形，有時一廂情願。「靈蓍」，就是神機妙算的蓍草，前面有靈龜，這裡有靈蓍；龜是卜具，蓍是占具。「損兌法」，兌偏向於談判，損則小心翼翼，字斟句酌，最後還不要受欲望的左右，不該講的不要講出來，不該做的不要做出來，要充分內斂，甚至要無為，即在理性談判的過程中，精打細算。不但斟酌損益，還與時偕行，才可能像蓍草一樣靈，有一個好結果。也就是說，要知道事物的吉凶，可以效法靈蓍變化之法。

「損兌者，機危之決也」，所謂的「損兌」，是抓住時機和處理危險的關鍵。很多事情的完成就是「機」，很多問題的出現就是「危」，而且都逼著我們做決定、決策，還不能錯、不能拖。在有限的時間內做出重要的決定時，可能危機四伏，也可能機會稍縱即逝，需要當機立斷、見機而作、隨機應變。商機、兵機、天機都是如此，損兌就用在這裡。需要特別機靈、敏感地對待，該講話的時候講話，要言不煩，而且直接打中人心；不該講話的時候，含章括囊，這樣的損兌才能做「機危之決」。

「事有適然，物有成敗，機危之動，不可不察。」為什麼事情會這麼發展，有其道理存在。有時候看似不期而遇，其實是累積到一定程度的結果。《易經》中的夬卦（䷪）就是不斷地累積，到一定程度後宣洩，就造成了姤卦（䷫）的不期而遇。這就是「事有適然」，凡存在即有合理性。你不要覺得很荒謬，因為前面已經醞釀好長一段時間了，剛好時機一到，就「有隕自天」，如同隕石從天而降。「適然」，說明一定有其道理，沒有你想像得那麼荒謬。那麼，你就要研究了，這是怎麼回事呢？還有「物有成敗」，「物」包括人、事、物。人事物因為有徵兆，故決定其有成敗。「機危之動，不可不察」，對事物露出的機危的變化，不能不仔細觀察。機危動的時候，可能是一點點，但是後面的一大堆問題就是那一點點造成的，所以要早下手，要留心「機危之動」，不能放過那一點點的徵兆，須知堅冰由履霜而來。

「故聖人以無為待有德，言察辭，合於事」，什麼叫「無為待有德」？「無為」就是道家的工夫，無為就是損，要懲忿窒欲，要絕對冷靜，老子說「為道日損，損之又損，以至於無為」。想要完全冷靜地看世態變化，一定要清靜無為，才能夠看得清楚。如果自己有很多的欲望、主觀的想法，看到的是自己想要的東西，而看不到那些細微的變化。所以，一定要清靜無為，懲忿窒欲，無為才能無不為。人有時候淨做些糊塗事，看著很聰明的人，做出了最糊塗的事情，這就是當局者迷，因為他心中被欲望填滿了。他的邏輯就是：「我一定成功，我一定要得到我要得到的東西。」所以，他就不會觀察到重要的資訊，只看到他要的目標，其他的都看不到。看到自己想要的就千方百計要得到，至於旁邊有員警，沒看到。這就是欲望蒙蔽了理智，只看到自己要的東西，沒看到周遭的情勢，沒顧及人家的看法、想法，也沒看到競爭和風險。可見，聖人一定要修清靜無為，學「懲忿窒欲」的損。要靠別人來完成時，就要用賢，用有德的人。皇帝要無為，就要找一個有德的宰相。要瞭解清楚，就要清靜無為，才能夠虛心觀察，看清對方的德、對方的本領、對方的才華在哪裡。怎麼察呢？「言察辭」，你講一些話，看看對方怎麼回應。光會講不行，還要給他一點事情做做看，這就是「合於事」。「事」是做事、事功的事。言要察辭，有時候光聽人講不行，還要看他是否會這樣做。這需要觀察。「言」是看他說什麼，「察」則是讓他實際做，看他是否眼高手低，會講不會做。要「合於事」，才知道是吹牛的還是實幹的，或者這個人又能說又能做。從這兩方面去考核和鑒驗，用人才、觀察對手都得這樣，而且要絕對冷靜。

「兌者，知之也」，兌就是講我們的心聲，我們在交流切磋的過程中，可以大概瞭解雙方關切什麼。「損者，行之也」，做事的時候，就得損益盈虛，該簡化就簡化，做事的成本和時間，以及耗費的心力，都要納入考量，千萬不要浪費。「三人行，則損一人」（《易經．損卦》），要專注，不要備多力分。一段時間內鎖定一個主要目標，把它做好就不容易了。「行之也」，行的時候也要低調、內斂，不要張牙舞爪，唯恐天下人不知道。

下面則是冷靜的表現，做事情有經驗的人都是這樣：「損之兌之，物有不可者，聖人不為之辭。」人、事、物發現行不通了，「聖人不為之辭」，就是下面不說了。這就是非常理性的，說放下就放下，拿得起放得下。事情明顯是不能突破的，不可能辦成的，聖人還花什麼腦筋、挖空心思談什麼呢？要知道立「辭」多花心思啊！剛開始並不知道，進行一段時間發現沒有希望辦成了，那就到此為止。既然已經錯了，就不要存什麼僥倖心理，菩薩顯靈的機會太少。這就是理性思考，絕對不可能辦成的事情，不要說談了，想都不要想，何必浪費時間。我們一般人一定要損一點，不然放不下的。人生又不是只有這件事情能辦，還有許多別的事情，不可能的事情何必固執呢？「酒逢知己千杯少，話不投機半句多」，不要存僥倖心理。這就是「損」在發揮作用，如果是兌的話，通常捨不得放棄。「不為之辭」，可謂斬釘截鐵。通常是多少經過一些挫折、歷練的人，才知道什麼事情可為，什麼事情完全不可為。我的老師生前常常講一句話，大意是，如果以理性判斷不可能的事情，那麼想都不要想。這樣就可以節省很多心力，放在其他可能辦成的事情上。孔老夫子晚年其實也很辛苦，體氣日衰，兩個大弟子——顏回、子路一個接一個死。他們死後，孔子都是痛哭流涕。他知道周遊列國實現自己的政治抱負是不可能的事情，那就回魯國，坐下來整理經典。他除了刪《詩》、《書》，訂《禮》、《樂》，贊《周易》，還創作了一部《春秋》經，在短短的幾年間完成了這些事情。可能的事情才去做，生命寶貴，花那麼多時間耗費在不可能的事情上，何必呢？

有一定的閱歷之後，對於時間有緊迫感，才知道如何抓大放小，對於有些東西不再纏繼；年輕的時候，即兌卦的形態，辦不到這一點。失戀的平均痛苦時間為三個月，這三個月做別的事，說不定都交完朋友要談婚論嫁了。可是那時候年輕，想不通，很痛苦，每天早上醒來第一個念頭就是：「哎呀！我失戀了！」明明已經不可能挽回，何必還在那想呢？但是這是老年人的想法，年輕人不這麼想，總覺得還有挽回的機會。年輕人跟老年人就是不一樣。《易經》中的中孚卦（䷼）第三爻「得敵，或鼓或罷，或泣或歌」，就是拿不起放不下；第四爻「月幾望，馬匹亡，无咎」，則是說放下就放下。你看，只差一個爻，迥然有別。中孚第三爻斷不掉，就是兌之情慾開竅口，沒得到就放不下，想甩又甩不了。故這一爻爻變小畜卦（䷈），變成「密雲不雨」，更加鬱悶了。第四爻就冷靜了，說斷就斷，「絕類上也」，爻變履卦（䷉），馬上就付諸實踐。我們看，「物有不可者，聖人不為之辭」，這句看似很平常的一句話，卻含有極大的人生智慧。

「故智者不以言失人之言」，在談判過程中，一個聰明的人不會因為自己講話，就漏聽到人家重要的話；也不會說：你們都不要講，就聽我講。這就變成了政令宣告，而不是外交談判。一些非常主觀的人就是這樣，只有他可以講，對別人講的都懶得聽，他就是聽也聽不真切，因為他心中都是主觀的想法。這不是智者所為。「故辭不煩而心不虛」，所以自己在說的時候就不會惹人煩，心裡也不會空蕩蕩。如果你做到「不以言失人之言」，你的辭就不會煩，心就不會虛，會覺得很踏實，那麼「志不亂而意不邪」，志就不會亂，意就不會邪。

「當其難易，而後為之謀」，事情總是有比較困難和比較簡單的，但是都要恰到好處，所有我們的謀劃、謀慮都要針對那件事情的難度。這就代表聽到人家的回饋、人家的想法，你自己也想交流，然後才能夠「當其難易」。如果發現你講的跟他講的實在是差太遠，可能比較難，你就要針對這個「難」來為之謀，不能急，慢慢化解。如果你發現他講的跟你講的差不多，那事情處理起來就比較容易。要針對事情的難易度，做出最恰當的處理，為之設計、謀劃。「因自然之道以為實」，因順自然，不要強求，順著那個勢，心中就會很踏實，計畫的事情也可以落實。也就是說，有具體的方案，就要做實在的準備，提出實在的解決辦法，要遵循自然之道。有些情況超乎常情，就會讓人感覺很突兀，所以還不如自然一點，因順自然之道步步落實。做出一些非常人的舉動，也不是不可以，但是總是有傷害或者遺憾；如果順著自然的態勢，按人之常情就可以辦到，就比較合適。顏回、子路死了，孔子哭得非常傷心，這是人之常情，因為孔子與這兩位相處幾十年，不知貫注了多少心血，結果落空了。顏回死可能是因為營養不良，子路卻死得很慘，被剁成肉醬。子路死後，孔子叫服侍的學生把吃的東西統統撤掉，因為看到就會想起子路的死而嘔吐，這就叫自然之道、人之常情。孔子的大弟子，傳經的子夏，做帝王師，後來活到八九十歲，修為很深，可是他兒子死了，他哭瞎了眼睛。很多師兄弟說：你怎麼修的？不懂得節哀順變。其實這就是自然之道，白髮人送黑髮人，誰不傷心？

「因自然之道以為實」，我們立論立說，不要胡扯，不要講人辦不到的事情，就算是一兩個人辦到了，絕大部分人辦不到，那還是空。自然的人情不要抹殺。年輕的時候，失戀了，哭一哭，也是很自然的。如果馬上就想開了，立刻又去展開新的約會，那就不自然了，有點妖了。所以，人生應該因應自然之道，不要標新立異。「當其難易，而後為之謀」，所有的謀略不要落空，要因自然以為實。對付小鳥，就不要用大炮去打，用鳥槍就可以了。對付龐然大物，鳥槍就不行。

「圓者不行，方者不止，是謂大功」，圓的計謀實施不利，方的謀略就不能停止，這就是大功告成的前提。對付強悍的對手，要懂得方圓。圓的才會繼續滾，是要行的，方的就不可能滾，就會停在那邊。對方用圓的時候就是想繼續行，我就不上套，他用圓的方式就行不通。他想用方的方式趕快得到結論，我們就得拖，說還沒結論，不能到此為止。對方施展圓的時候我們不行，對方施展方的時候我們也不止。他都不能達成目的，這就是你的大成功。

「益之損之，皆為之辭」，不管是增益，還是減損，都能言之成理。整個談判是一個動態的過程，中間是要調節的。不管你原先的方案是什麼，中間需要不斷調整，斟酌損益。

「用分威散勢之權，以見其兌威，其機危乃為之決」。這句話等於是為前面的「分威法伏熊」和「散勢法鷙鳥」做總結。分敵人之威，不管敵人再強，依然能夠把自己的實力散發開來。我們用說話來表達內心中感情、想法的威勢，憑三寸不爛之舌，舌戰群儒，達到目的，讓人忘勞忘死，這就叫「兌威」。言辭是很有威力的，有時候比刀槍還有力度。你能夠分敵人之威，散自己之勢，實力一天天強大，每個人都不敢忽略你的存在。「益之損之」是活的，會分威，會散勢，會斟酌損益，對於碰到的危機就可以做出有效的決策。

「故善損兌者，譬若決水於千仞之堤，轉圓石於萬仞之溪。」這句話完全是套用《孫子兵法》〈形篇〉、〈勢篇〉最後的話。意思是，所以善於掌握損益變化的人，就像在千仞的大堤上決堤，又如在萬仞溪上滾動圓石。「決積水於千仞之堤」和「轉圓石於萬仞之溪」，都是位能轉成動能，這就是「形勢」。不出手則已，一出手一定衝垮一切。這就是善於創造形勢，不管是舌戰，還是刀兵之戰，都有這個力量。「而能行此者」，能做到這一點的，「形勢不得不然也」，乃形勢使然。打仗要創造形勢，談判也要創造形勢，沒有人能擋得住千仞之堤上放下來的水，沒有人能擋住萬仞之溪上滾下來的石頭。石頭如果是在平地上，沒有勢，根本就不用害怕。可是從那麼高的地方滾下來，就不得了了。如果是「有隕自天」，那就毀滅了。這裡用一個意境和象，來講最高的理的運用。長期的佈局在一瞬間激發出來，沒有人受得了。這裡到底是鬼谷子抄孫武，還是孫武抄鬼谷子呢？應該是孫武在先。

「損兌法靈蓍」，用《易經》中的一個卦來對應，就是君臨天下的臨卦（䷒）。身臨其境，有居高臨下的態勢，如「決水於千仞之堤，轉圓石於萬仞之溪」。臨有大震（☳）之象，說明一個人要有大局觀，才看得清形勢。其所掌握的力量不發則已，一發驚人；而且力量不發時，讓人感覺到不寒而慄，覺得最好不要發。

持樞

持樞，謂春生、夏長、秋收、冬藏，天之正也；不可干而逆之。逆之者，雖成必敗。故人君亦有天樞，生、養、成、藏，亦復不可干而逆之；逆之者，雖盛必衰。此天道、人君之大綱也。

「持樞」，「樞」，原指門軸，「持樞」意即抓住關鍵以控制事物的運轉。陶弘景注頗有道理，他說：「樞者，居中以運外，處近而制遠，主於轉動者也。故天之北辰，謂之天樞；門之運轉者，謂之戶樞。然而持樞者，執運動之柄以制物者也。」另外，這一篇似乎有殘缺，主旨與結構無法窺全。總之，一定要把持恰當，不要抓枝節，要抓關鍵。

「持樞，謂春生、夏長、秋收、冬藏，天之正也」，這裡講的是春夏秋冬四時的變化，是自然之道，任何人都沒有辦法違逆。「持樞」，把自然之道的關鍵抓住，不同的時間要做不同的合適的事情。如果沒有前面的春生，就沒有後面的夏長，更不會有後面的秋收，冬藏也不可能了，天道本來就是這樣。「四時變化而能久成」（《易經．恒卦》），這就是要點中的要點。「持樞」，任何事情都有它的春夏秋冬，都有開始、發展、壯大、結束。只要抓住中心軸，就不會偏離。

「不可干而逆之」，絕對不可以干犯，逆天行事。「干」，是想求一些東西，有進取心，但是求的時候先要求自保，要立於不敗之地，所以不能只準備攻擊武器，還要有防守的盾牌。「干」就是盾牌，要防範自己不受攻擊，才能進一步出手去攻擊人家。為什麼要攻擊人家？有所求。干也是「求」，《論語》中子張學干祿，他毫不諱言想做官，做官就有俸祿。但是凡事有個度，不能撈過界了，過界就是干涉、干犯。天時就是春夏秋冬，沒有辦法縮短，也沒有辦法變成夏天在春天之前。節氣、曆法是天則，「不可干而逆之」。一定要到秋天才能收穫，問：可不可以在春天就收穫？辦不到。

「逆之者，雖成必敗」，違反自然的發展，短時間內僥倖可以得逞，但絕不會長久。違反自然的一時成功，馬上就敗。根基不穩，加上不是順時而生，暫時的成功也避免不了將來必敗的局面。所以，《易經》第六十三卦既濟卦（䷾）只是暫時的成功——「初吉終亂」，後面就是重新開始的未濟卦（䷿），一切從頭再來。中國的諸多學問都是講順自然，尤其長期看來，一定是順自然才能有所成就。沒有中長期的眼光，短期就會出問題。沒有全局觀，不把握整體，怎能知道下一步要做什麼呢？打一槍換一個地方，不會積累資源和成績，永遠偏離中心軸，根本就沒有方向，怎麼能夠成功？像《易經》的第三卦屯卦（䷂），是生命開始、事業開創的時候，必先「磐桓，利居貞」，打下基礎，然後「勿用，有攸往」，短期勿用，中長期有所往。所以在屯卦的時候，就要有中長期的發展觀點，短期的考量絕對不可能成功。

「故人君亦有天樞」，這句話比較好懂。即人君為政、治國的關鍵就是順應自然之道，必須遵循客觀規律。人法天，法自然，「生、養、成、藏，亦復不可干而逆之」。生了就要養，養到發育成熟，成了之後還要藏，藏了之後再生。生命也是這樣，不可違背。在人生的奮鬥過程中，一定是生、養、成、藏，就如《易經》所說的「元亨利貞」，缺什麼補什麼。

「逆之者，雖盛必衰」，要干犯自然，向天道挑戰，即使一時興盛最終必然走向衰敗。「此天道、人君之大綱也」，這就是天道，也是人君必要遵守的原則。

中經

〈中經〉是與〈本經陰符七術〉相對而言。〈本經〉講的是內在修煉，而〈中經〉講的是御世的策略。經就是經營、經略，我們做事情要掌握經緯，知道該怎麼做。經的本意是把不同類別的線分類再統合，貫穿就叫綸。部門要分類，人才要分類，經就是我們對事情有經營的企圖心，要把它縱橫交織的工作做好，故內在的修為很重要。這就是陶弘景注解所說的：「由中以經外，發於本心，以彌縫於物者也。」「中經」就是借助你的修為、實力去經營、處理外面的事情。意思就是說，外面的事情要處理得好，裡面的「中」很重要。實力不足、修為不夠，外面一定是稀裡糊塗，往往是挖東牆、補西牆，到處救火。

要闡述得更細一點的話，「中」就有持中之道的意思了。「持樞」、「中經」合而言之就是所謂的中樞。做一切事情，中樞最重要，主要路線要把持，也就是我們所謂的中長期規劃。人無遠慮，必有近憂，如果淨看短，不知道自己在整個大局中的定位，那麼永遠都是白忙一場。

(一)

中經，謂振窮趨急，施之能言、厚德之人；救拘執，窮者不忘恩也。能言者，儔善博惠；施德者，依道；而救拘執者，養使小人。蓋士遭世異時危，或當因免闐坑，或當伐害能言，或當破德為雄，或當抑拘成罪，或當戚戚自善，或當敗敗自立。

「中經，謂振窮趨急」，「中經」，所說的是救人危難。這就是王道思想，鰥寡孤獨廢疾者有難，急急忙忙跑去幫忙。「振」，就是精神抖擻，把對方扶起來，讓他充滿再幹下去的信心。我們對於那些困窮的人，要幫扶，使其振作，這就是「振窮」。人有急難的時候，我們在自身有實力的情況下去幫忙，這就是「趨急」。「鰥寡孤獨廢疾者，皆有所養」（《禮記．禮運》），《中經》講的不是霸道，而是王道，是仁心仁政，是佛家的布施功德、慈悲，幫人家消災解厄。霸道是強淩弱、眾暴寡，王道是濟弱扶傾。當然，要「振窮趨急」，首先要有實力，實力才是做好事的後盾，即要「中經」。我們只有自己充實，才能去經外。

「施之能言、厚德之人」，布施也要看對象，要能說會道和德行深厚的人。「能言」，講得確實動人，才能發揮效力。「能言」的人和「厚德」的人，有時可能窮，可能急，也可能遭嫉、被打壓迫害。這些人陷入急困的狀況，我們要幫他忙，將來要是他感恩，就幫我們能言，幫我們做很多事。這樣的人才是我們要布施、幫忙的對象。

「救拘執，窮者不忘恩也」，有些人更倒楣，還惹上了官非，被抓起來了，或者很落魄，擺脫不了苦命的人生。這些就叫「拘執」，不是入牢房，就是被現實套牢，或他們迫切需要我們去拯救，因為他一身的本領施展不開，被卡死了。我們去幫他，好處是什麼呢？你看鬼谷子就是很功利，但是也合乎人情。我們對別人有恩，受人點滴之恩，要湧泉以報。你在他最需要的時候，懂得雪中送炭，人家會永遠記得你。如果是錦上添花，人家根本就不記得你。他覺得自己不應該遭受那麼慘的待遇，他能言、厚德，結果倒楣，但是他目前落魄，被環境卡死，我們去救「能言、厚德、拘執」這三種人，「窮者不忘恩也」。他會不會感恩圖報？雖然不一定對所有人都這麼冀望，但是從人情之常來看，你布施，別人自然會回報，這是善的循環。「窮者不忘恩」，他在最需要的時候、最落魄的時候，你適時伸出援手，幫他忙了，幫這些能言、厚德、拘執的人脫困，他怎麼會忘恩呢？

「能言者，儔善博惠」，能言的人，能行善而廣施恩惠。「儔」就是類，「儔善」，善類。能言的人，他有善心。他也會盡力幫助別人，即「博惠」，幫助別人他沒有太多分別心，只要是有人陷於困窮之境，他就會幫助對方。

「施德者，依道」，有德之人，行事按照一定的道義準則。有德之人對別人的幫助，完全是依據本源的道，即按照自然的大道來施德。「而救拘執者，養使小人」，「小人」不一定是壞人，但是他可能就是拘執於事。假定小人陷於拘執的狀況，我們去幫他，等於是去養他，將來就可以用他。「養使小人」，是講對方會感恩圖報。有時候你的幫助看似不起眼，在你來講是舉手之勞，但對方認為是大事，他要報答你一輩子。「養使小人」，雖然不一定都會知恩圖報，但至少有這個可能性。從人之常情來講，在別人最需要幫助的時候，你沒有因為他沒有分量、無權無勢而不幫他，你幫了他，這種善意有時候你都忘了，但人家確實永記在心，在你面臨生死危機的時候人家出來幫忙了。「養使小人」，就說明要多行善，即使是無權無勢的人你也要去救助。要像《易經》解卦（䷧）的君位一樣——「君子維有解，吉，有孚於小人」，說明不要帶有功利的觀念，不要計較眼前的得失。誰說小人不能用？人都有陷入窮極的時候，你能夠幫忙就幫一下，說不定將來你也可能會陷入窮極境地，這時小人反而幫了你大忙。中國人的觀點，就是對於一草一木，都要存善意。

下面講的則是對時代的感慨。「蓋士遭世異時危」，知識分子在亂世之中往往會遇到生不逢時的危險處境。我們這個時代越來越奇怪，殺氣很重，天災人禍一天到晚發生。因為環境劇變，很多東西變得不合常理，應付不當，就會一塌糊塗，有很多悲慘的遭遇。整個世界如果積不善，就有餘殃。到處都是共業，要是你碰到不就倒楣嗎？有道德良知的知識分子，遇到「世異時危」，可能會發生什麼呢？

「或當因免闐坑」，有的人在亂世裡僥倖免遭兵亂。「闐」，即「填」，滿、盛的意思。「闐坑」，就是死於戰禍、災禍。陶弘景注解說：「闐坑，謂時有兵難，轉死溝壑，士或有所因，而能免斯禍者。」有兵難，有戰爭，就算這一場戰爭你避免了，下一場說不定你就吃不到晚飯了，這在戰國時代是經常有的事情。如果百戰之後也打不死，那真的是運氣或者福報。戰國時期，趙國軍隊投降的四十幾萬人本來想有條活路，卻被白起填坑活埋。「轉死溝壑」，這樣的事情天天都發生，像海嘯、地震、槍擊案，你往哪兒走？就是死在溝壑裡也無人知。「因免」，真的是走運。抗戰勝利都七十年了，健在的老兵，他一輩子也忘不掉死去的戰友。好多戰友都死了，就他在槍林彈雨中活下來了。他們每當想起死去的戰友，內心一定很難過。人在遭逢亂世的時候，就算不死，也夠難過的了，因為要靠運氣，才可免於填坑。

「或當伐害能言，或當破德為雄，或當抑拘成罪，或當戚戚自善，或當敗敗自立」，有的因能說會道而受殘害，有的放棄平常的德操成為英雄，有的懷才不遇反而遭受陷害，有的雖然處境艱難卻恪守善道，有的雖遭失敗，卻能自強自立。這裡說的是知識分子在亂世中的各種遭遇。這一段對於一般人來說，有點費解。其實整個《鬼谷子》坦白講，比一般的書都令人費解。鬼谷子不是專門訓練人講話的嗎？文辭怎麼那麼艱澀呢？有時候每一個字你都認識，但是它到底在講什麼，不一定知道。讀《孫子兵法》會有這個感覺嗎？絕對不會有。這個鬼老頭真是鬼，我們還是參考陶弘景的注解吧。

「伐害能言」是指什麼呢？陶弘景認為：「謂小人之道，讒人罔極，故能言之士，多被殘害。」這是典型的小人道長，能言的人，引人嫉害，人家想辦法對付你，所以能言的人太愛表現，容易惹禍上身。《易經》的否卦（䷋）之「否」就是「不口」，不要講話，故說「儉德辟難」，因為多言賈禍，大家日子已經夠難受的了，彼此溝通都困難，你何必一天到晚「否之匪人」呢？

什麼叫「破德為雄」呢？這一句最有意思。德、雄不同，德就是仁德、仁心等，雄就是霸道，在戰國之世，輸贏最重要。否卦為什麼要「儉德辟難」？因為行德會給自己找麻煩，所以有時候逼著人在亂世破德，破了你該守的規矩。這時就要改弦更張，「為雄」，跟大家一樣去爭霸，對付人、算計人，要不然就會挨打，而且根本沒有還手的餘地。有些人乾脆遁隱，守自己的德，有些人乾脆就下海，「破德為雄」。這就是環境劇變造成人的性情大變，以致放棄了平常的德操，開始爭雄天下。故陶弘景說：「破德為雄，謂毀文德，崇兵戰。」文德毀壞，迷信武力，皆因時代環境不是仁德的時代，而是爭雄的時代。為什麼稱「戰國七雄」，沒有講「戰國七德」？因為德沒有辦法維持，只有為雄。

再看「抑拘成罪」，何解呢？陶弘景說：「謂賢人不辜，橫被縲絏。」賢良的人惹上了官非，進了牢獄。要知道，在亂世，被關監牢的不一定是壞人，尤其是政治犯。《論語》中，孔子說其弟子兼女婿公治長：「可妻也。雖在縲絏之中，非其罪也。」公治長被關起來，孔子不但不怪罪他，還把女兒嫁給他。這一點很有意思，孔子很有抗爭精神，不懼當局的權勢。換句話說，公治長雖然被關起來，但不是他有罪，只是他的言論有問題。「抑拘成罪」的人，遭橫禍，大多是被人家誣告，結果無辜入監牢。

「戚戚自善」為何呢？陶注說：「謂天下蕩蕩，無復綱紀，而賢者守死善道，真心不渝，所謂『歲寒然後知松柏之後凋』，『風雨如晦，雞鳴不已』者也。」戰國時期，整個中原板蕩，社會太亂，沒有辦法約束任何人，賢者不願意放棄自己的原則，永遠不改初衷。「歲寒然後知松柏之後凋」出自《論語》，「風雨如晦，雞鳴不已」出自《詩經》，這都是引用經典上的話。這種人能夠在亂世的時候堅持原則，但是環境太苦，不可能有任何發揮，這當然是非常哀戚的事情。君子照講應該坦蕩蕩，但是環境太壞了，你不做壞事，也要一天到晚面對受不了的事情，所以沒有辦法兼善天下，只能夠獨善其身。這就是對大環境完全無能為力，故稱「戚戚自善」。有良心的知識分子碰到亂世，就是這樣，失去了應有的作用，只能管好他自己。環境一點都沒有辦法改變，真的是天機不轉，人力難回天，充滿了無奈感。

再看最後一個「敗敗自立」，在危敗的情形中謀得自立。陶注說：「謂天未悔過，危敗相仍，君子窮而必通，終能自立，若管仲者也。」天沒有悔過，事情還越來越糟，到處都是這種亂象，但是知識分子在這種情況下，還要能夠自立。這比「戚戚自善」，只能管理好自己，而且天天歎氣，要更進一步。自立在「敗敗」中，不斷遭遇失敗、挫折，環境不理想，世風日下，做什麼也不成，他還能夠站起來，絕對不被摧毀，像管仲就是如此。

好，我們再回顧一下。「或當因免闐坑，或當伐害能言」，這就是《易經》坤卦要我們「含章括囊」的緣故，要懂得保護自己，在最敏感的地方，不能講的時候絕不講。「或當破德為雄」，環境是一個霸道無比的社會，有的人守，有的人就破，整個環境絕不標榜德，而是標榜誰贏，那就「為雄」。「或當抑拘成罪」，只有進監牢。「或當戚戚自善」，要管好自己。「或當敗敗自立」，倒了要能夠站起來，打不倒。

(二)

故道貴制人，不貴制於人也。制人者，握權；制於人者，失命。是以「見形為容，象體為貌」，「聞聲知音」，「解仇鬥郄」，「綴去」，「卻語」，「攝心」，「守義」。本經紀事者，紀道數，其變要在〈持樞〉、〈中經〉。

「故道貴制人，不貴制於人也」，所以為人處世，貴在道施於人，而不要被他人控制。我們一定要掌握主動權，做我們自己命運的主人。道就是要能夠制人，而不能制於人，不能被掐死。「制人者，握權；制於人者，失命」，制人者就掌握天下大權，受制於人，就失去性命、天命。

接下來作者就列舉了七術：「是以『見形為容，象體為貌』，『聞聲知音』，『解仇鬥郄』，『綴去』，『卻語』，『攝心』，『守義』。」這七術，後面有專門的解釋，這裡暫不解釋。

「本經紀事者，紀道數，其變要在〈持樞〉、〈中經〉」，〈本經〉七術記載運用這些方法的道理，權變的要旨均在〈持樞〉、〈中經〉兩篇中。

在正式進入〈中經〉時，我們先做一個簡短的概括。

其一，「見形為容，象體為貌」。從一個人外在的形貌、行動、表情、言語，探知人的內心世界。

其二，「聞聲知音」。自己講話的聲音能夠打動對方，讓對方視為知己。聲音的學問是很重要的，「聲」比較粗，「音」則比較有內涵，表現心聲。我們說好不容易交到志趣相投的朋友，引為知音。只有稱「知音」的，沒有說「知聲」的。伯牙鼓琴，鍾子期就能知音，也就是他們之間特別能夠起共鳴。我們都希望找到自己的知音，知音能聽到人家真正的心聲。一般人都會掩藏自己，通常發在外面的是比較粗糙的「聲」，是表象，而「聞聲知音」，能從表象看到內在，從比較粗的現象看到比較細膩的內情。這都跟人說話有關。

其三，「解仇鬥郄」。「郄」，同「卻」，就是縫隙。你要挑撥離間，總要尋得對方的縫隙，才能有縫可鑽。人情複雜，裡面有很多裂縫，要去鑽縫，才有活動的空間。庖丁解牛，也就是找牛的骨頭跟筋肉之間的縫隙處下刀，刀才十九年不會捲，像新的一樣。因此，人不要硬碰硬，一定要找對方的縫隙（弱點），辦起事來阻力才小。我們要跟人家鬥，一定要找到他的弱點、罩門，我們的刀才好進去，這就是「鬥郄」。「解仇」顯然跟「鬥郄」相關，只是做法不同而已，冤家宜解不宜結，不要一天到晚製造敵人，要儘量把敵人變成朋友。小恩小怨就算了，不值得把它變成大仇。碰到那種值得一鬥、沒法善了、要分出勝負的強敵，那就一定要找他的弱點。能夠「解仇」，就能少很多敵人，多一些朋友。不能夠放過的，就要尋找對方的弱點下手。

其四，「綴去」。此言當我們身邊之人將要離開時，怎樣收買其心，使其人走心在。「綴」就是要聯繫上，不要斷掉。「去」是人家要離我們而去，像員工要跟你辭職，老婆要跟你離婚，合夥的要跟你拆夥，沒有辦法繼續合作或者生活下去，那就放他去。他要去，不管是雙方的問題，還是單方的問題，你要珍惜你們曾經的過去。人生交一個朋友，尤其是交一個關係那麼近的人很不容易，不要一下子切斷，要儘量挽留，讓你們的關係能夠連續。這就是「綴去」。有的時候可以慰留，至少可以少一個可怕的敵人，甚至是最可怕的敵人。過去那麼久的相處，至少還是有感情的。懂得珍惜很不容易，一旦要分開、決裂，還是要想辦法補綴，不要隨便放棄。不要以為放棄還可以重來，要知道，發展這麼久的關係，你怎麼有把握重建呢？所以，能挽留的儘量挽留，實在不能挽留了，也要表現出溫情，不要一副苦大仇深的樣子，讓人家離開得不痛快。講好聽的，還要留一些去思，人走了之後，人還會想著你的好，緣分盡了，至少也不是視之如寇仇的關係。這一點很重要。很多這種離的關係，搞得一輩子都是恨，何必呢？我倒不是說一定要藕斷絲連，過去的總有一定的意義，不要輕易一刀兩斷、全部歸零。留下來，重拾舊歡或者破鏡重圓、化敵為友最好；留不住，不要化友為敵。有的人分開之後，一輩子都不願意再想兩人過去合作的事。其實，好的回憶總是有的，不會淨是讓人糟心的事吧？老想著曾經親密的人的壞處，這就是做人失敗、沒風度。鬼谷子清楚人情的建立很不容易，破壞則很容易，所以他在這裡給大家提出「綴去」的建議。

其五，「卻語」。善於抓住別人話語中的短處，加以安撫利用。「語」是說話，「卻」就是仔細聽別人說話，找出有毛病、不符合邏輯的地方，或者是對方感情用事以致說出不合理的話來，但是找到之後，並不是要針對他的話抓住毛病不放，而是要安撫他。一天到晚挑人家話語上的毛病，這是讓人家最痛恨的，是刻薄之人。誰不說錯幾句話呢？抓到人家話語上的毛病，不是見獵心喜、大肆宣揚，反而是採取一個厚道的方式，說一些溫暖的話，幫其遮掩，這就叫「卻語」。

其六，「攝心」。這屬於籠絡人心，讓人為我服務。其實和前面講的都差不多，「綴去」、「卻語」，都是儘量爭取朋友、維繫人心，不管是哪一種方式，總希望能同心，而不是製造仇恨。「攝心」，就要會籠絡，維繫人心的工夫很重要，如帶兵要帶心，交友要交心，知人要知心。

第七術就是「守義」。謹守內心的分寸和社會的道義準則。「義」就是合宜、合適。這就涉及價值觀和基本的守則。不管我們在人世中如何打拚，都有一些日久形成的共識即規則要守，要謹守規則，不要隨便破壞。

這就是「中經」，井井有條，由內以經外，合乎時中之道。

見形為容，象體為貌

「見形為容，象體為貌」者，謂爻為之生也。可以影響、形容、象貌而得之也。有守之人，目不視非，耳不聽邪，言必《詩》、《書》，行不淫僻，以道為形，以德為容，貌莊色溫，不可象貌而得之。如是，隱情塞郄而去之。

「『見形為容，象體為貌』者，謂爻為之生也」。「見形為容，象體為貌」，我們一天到晚接觸的人，要看他的形容笑貌，貌似好人還是壞人，要怎麼對付、怎麼交往，甚至怎麼防範。「形容」，「形」是外形，「容」就是臉上的表情。「見形為容」，靜態的外形和動態的表情是顯現出來的。但是這些真不真實呢？《金剛經》說，我們世俗人一般都是「以色見我，以音聲見我」，故「是人行邪道，不能見如來」。你會雕刻佛像，惟妙惟肖，可是你雕刻不了佛心；雕得再華麗，可能並不真實。老子也說：「五色令人目盲，五音令人耳聾，五味令人口爽，馳騁畋獵令人心發狂。」這些有智慧、有經驗的人，都告訴我們不要迷於表象。可是，表象我們不能不要，因為我們要透過表象去掌握真實。只是不要被表象誤導，要像一面鏡子一樣，佛來佛現，魔來魔現。

「謂爻為之生也」，「爻」字是《易經》專用字，有的版本認為是一個錯字，其實未必，因為在鬼谷子時代，《易經》已經有了很久的傳承。「爻」是怎麼回事呢？「爻」就是兩股繩結，表示人世種種複雜的問題，人們希望找到答案。問題接連不斷發生，人與人之間也有很多的心結，故要交往解決。爻也是交，也是效。我們占卦時出現了卦，也出現爻，爻的動變，就顯現你探測的趨勢。「爻為之生也」，就像我們占卦想要瞭解某人到底是何居心，結果從生出來的那些卦爻之中瞭解到了。我們想問題，想「見形為容」，爻就像外面的形容笑貌一樣，表現內在的真情。我們心中想什麼，外面就顯現為爻，所以如響斯應，這就是《易經．繫辭傳》所說的「是以君子將有為也，將有行也，問焉而以言，其受命也如嚮」。你想什麼，卦象、爻象就顯現出來了。換句話說，鬼谷子要求，看人家的形容笑貌，馬上就能夠知道其內心的實情，就像爻一樣不騙人，就這麼靈準、這麼自然地顯現。爻能夠反映他心中的念頭，我們就希望他的形容體貌完全能夠顯現他內心真實的想法。「可以影響、形容、象貌而得之也」，可以通過光影、聲響、外形、表情、容貌探知其內心世界。可見，要知人心沒有那麼難，就是要訓練。我們會碰到不同的人，一般人很難掩飾內心的真情，我們透過他外在的表情、容貌、聲音，大概可以抓到其內心的想法。可是，有一些人是受過訓練的，很深沉。這種人懂得保護自己，喜怒不形於色，有點陰陽不測，這就不容易對付。

我們與人接觸，自己也得修煉這種工夫，不要讓人一眼就看透。講假話，讓人家聽起來像真話一樣。這就叫「有守之人」，把自己守得密不透風，不會讓人家一眼看到底。

「有守之人，目不視非，耳不聽邪，言必《詩》、《書》，行不淫僻，以道為形，以德為容，貌莊色溫，不可象貌而得之。」「貌莊色溫」，很莊重，但是又很溫和。就像孔子一樣，「望之儼然，即之也溫」，很溫和，並沒有一幅凶相，但是凜然不可侵犯。「不可象貌而得之」，這種人光從外表無法知道他心裡真正想什麼，因為他訓練有素，有涵養。碰到這種人怎麼辦？碰到前面的那些還容易，對方的一舉一動、肢體語言，完全把心思洩露出來，很容易瞭解，但是碰到這種有修為、有守的人，無法憑你看上三兩眼就測知。換句話說，碰到這種人，不要隨便下結論，那麼，最好你也要練習有守。「有守之人，目不視非」，這就是孔子所說「非禮勿視」，有修為的人目不視非正當的東西。接著，因為五音令人耳聾，故「耳不聽邪」。「言必《詩》、《書》」，一講話，都是引經據典，不是引用《詩經》就是引用《書經》的內容。這就很有教養了，不會把喜怒哀懼愛惡欲隨便發出來。「行不淫僻」，絕對不會做淫亂、怪僻的事情，即過分、失禮的事情絕對不做。然後「以道為形，以德為容」，形模仿道，容顯示德，「形容」顯現在外面就跟別人不一樣，顯得很有道德。「貌莊色溫，不可象貌而得之」，上面已講過。

有修為的人，不容易一眼看透。「如是」，如果真做到這一點，就可以「隱情塞郄而去之。」「去之」，就是躲掉人家的偵測，就可以遠離被人家看透的禍害，這就是《易經．繫辭傳》所說的「損以遠害」，因為懲忿窒欲，就能夠遠離那些害。可見，人生很難，要懂得「隱情塞郄」，把你所有可能的弱點、罩門、缺陷統統補上，讓人家沒有辦法鑽縫子。此外，把你的真情隱匿起來，所有的人事糾紛、禍害都遠離你，人家要打你的算盤，都不可能了。一般的人則完全陷在人事糾紛中，天天在那裡面鬥。「有守之人」，也是長期修養所至，耳濡目染，慢慢訓練出來，這樣才能免於禍害。

聞聲知音

「聞聲知音」者，謂聲氣不同，恩愛不接。故商、角不二合，徵、羽不相配，能為四聲主者，其唯宮乎？故音不和則悲，是以聲散、傷、醜、害者，言必逆於耳也。雖有美行、盛譽，不可比目、合翼相須也。此乃氣不合、音不調者也。

「『聞聲知音』者，謂聲氣不同，恩愛不接。故商、角不二合，徵、羽不相配，能為四聲主者，其唯宮乎？」這裡講「四聲」──商、角、徵、羽，把「宮」拿出來了。「其唯宮乎」，一群人各有各的調、各有各的主張，整個團隊就需要主事的，就像「宮」「能為四聲主者」，能夠調和其他聲。這是因為「宮」的音比較厚實，故能起到調和的作用。古代音樂五聲中，「商、角、徵、羽」四聲比較高亢，它們互相就不和，就像越有才華的人越容易與周圍的人不和，那就不能做領導。要知道，同聲相應，同氣相求，聲氣不同，就沒有辦法協調、合作。所以，人總是要找聲氣相通的人合作。「聞聲知音」，就是處理「聲氣不同，恩愛不接」的方法，即處理雙方意氣不合，彼此施恩和友愛不通的方法。「商、角不二合，徵、羽不相配」，第二音商和第三音角不和諧，沒有辦法共鳴、共奏；還有徵、羽也不相配，只有拿作為四聲的主導者──宮來協調了。一個團隊中，各有各的聲音，這就需要一個共同信服的領導人，這位領導人能夠包容這個團隊中的人，才可以主導整個團隊。商、角、徵、羽統統不適合做領導人。

「故音不和則悲」，所以音調不協調就會產生悲聲。音不和，沒有辦法勉強，不必瞎湊合。「是以聲散、傷、醜、害者，言必逆於耳也」，散、傷、醜、害都是不和之音，如果把它表現出來一定是很難入耳的。這是比喻，用音之間的不契合來談人際的不協調。悲聲彼此不協調，只會發「商、角、徵、羽」這些音，很難相處，所以就會產生散漫的情緒。人跟人在一起，一旦離心離德，就沒有辦法專心致志地做事。因為看了就討厭，聽了就不喜歡，沒有耐心去聽別人講什麼，只有敷衍應付。這就是「散」，不能合作。聲一旦顯得「散」，還會「傷」──互相傷害，就像刀子嘴，拚命想發出什麼聲音或者挑人家毛病來傷害人。因為不喜歡對方，就會「醜」——抹黑、嫌棄。「害」就更進一步了，想辦法坑人、害人。言詞傷人、傳播謠言、進讒言不都是這樣嗎？因為你們實在不是一路人，不是一家人，就不入一家門。最終的結果就是「言必逆於耳也」，這個「逆」可不是「忠言逆於耳」的「逆」，而是講話難聽刺耳，雙方都沒有辦法接受。這就是不協調所造成的惡果。如果有「宮」聲的介入，五聲齊全，即使有很多不同的聲音，也可以協調統合得很好，那麼就可以成為一個很有競爭力、士氣高昂的團隊。「言必逆於耳也」，不和諧的音太多，聽不下去，這也是沒有辦法的。就像《易經》中萃卦的精英團隊，特別難磨合，因為都是精英，誰也不服誰。所以，為了使一個團隊能夠很好地配合，事先就要弄清楚能否和諧，能和就和，調解之後還是不能和，就不要搞到一起。

「雖有美行盛譽，不可比目、合翼相須也」，雖然有美好的言行、高尚的聲譽，也不能像比目魚、比翼鳥那樣親密無間、互相配合。也就是說，即使你們都是精英，外界都盛讚你們有才，但是你們不能合作，沒有辦法共事，彼此不能相容，那就算了，不要勉強。「比目」是魚，這種魚的眼睛都長在一側，不是左側就是右側，故要兩條眼睛不同側的魚游在一起。「合翼」是中國古代傳說中的鳥，僅一目一翼，故雌雄須並翼飛行，常用來比喻恩愛夫妻或者形影不離的朋友。夫妻、情侶、朋友、合夥人等，沒有辦法合作，就不能像比目魚、合翼鳥一樣「焦不離孟，孟不離焦」。都是好人，都有才華，但是不能夠來往，這就是「雖有美行盛譽，不可比目、合翼相須也」，「相須」就是你需要我、我需要你，雙方互補。雖然每一個人都有美行盛譽，但是不能組成一個合作、互補的團隊，甚至還衝突。

不管在天上飛，在水中游，還是在人間奮鬥，不能合作，「此乃氣不合、音不調者也」，這都是由於意氣不相投、音調不協調的緣故。我們平常講夫妻之間如調琴瑟，琴瑟和鳴才可以和諧相處，要是不能和鳴，就會過得太苦了。我們都有自己的聲音，接觸的任何新的人或者舊的朋友，也有他的聲音，和他們相處就要注意協調問題。如果經過努力之後，結論是無法調和，或者調和成本太高，那就算了，不必勉強。既然不是我們的知音，何必勉強呢？

解仇鬥郄

「解仇鬥郄」，謂解羸微之仇；鬥郄者，鬥強也。強郄既鬥，稱勝者高其功，盛其勢也。弱者哀其負，傷其卑，汙其名，恥其宗。故勝者聞其功勢，苟進而不知退；弱者聞哀其負，見其傷，則強大力倍，死而是也。郄無強大，御無強大，則皆可脅而並。

下面就是處理人際關係了。「解仇」，小怨千萬不要結，否則會發展成大怨。一旦結下大怨，就算是因為某種現實原因暫時和解，也不是真和解。俗話說，「好的刀口藥，不如不拉口」。傷痕猶在，和解總是暫時的。既然大怨是小怨積就，千萬不要讓小怨發展成大怨。就像「履霜堅冰至」一樣，早一點除霜，就不會有後面難解的堅冰了。「解仇」，就是不要讓仇恨滋長。

「『解仇鬥郄』，謂解羸微之仇」，「羸」就是羸弱，仇怨很細微，但是已經現出了徵兆，這種仇恨，就不要計較，趕快化解，免得變成大仇。要見機早，矛盾能夠化解的趕快化解，千萬不要添油加醋釀成仇怨。因為它還很弱，好處理。「羸徵」，已現徵兆。和人交談時，突然發現對方講話不對勁、不友善，那就要研究什麼地方出現問題了，趕快把它處理掉。老子講「報怨以德」，就是說小怨要用德去包容，不要讓小怨發展成大怨。當然，他不是說所有的怨都要以德報怨，而是說小的不痛快，應一笑了之，不要日積月累成冰山一樣的仇，不可化解。

「鬥郄者，鬥強也」。「鬥郄」，就是仇怨已經不可能化解，那麼你就要想辦法勝過他，不要再擺出和善的態度。現在既然是生死大仇了，那就不能輸，要鬥強。鬥強也是一種氣魄，對方再強，總有瑕疵（郄），那就找出對方的瑕疵，照樣把他鬥垮。以小博大，以弱擊強，柔弱還可以勝剛強，怕什麼呢？

對「解仇」、「鬥郄」這兩種處理方式，有兩種層次的看法。

「強郄既鬥，稱勝者，高其功，盛其勢也」，兩虎相爭，彼此都在找對方的縫隙，希望打倒對方。「既鬥」，已經打起來了，不能和解，那就一定有勝負。「稱勝者，高其功，盛其勢也」，勝利的就得意洋洋，就高揚其功勞，壯大其聲勢。勝利的人大肆宣傳，慶賀他的勝利，那麼輸的那一邊呢？「弱者，哀其負」，打敗了，他一定很哀傷；「傷其卑」，地位一落千丈；「汙其名」，輸了，名聲也不好聽；「恥其宗」，覺得對不起自己的宗族、同志、信仰。弱者在人前抬不起頭來，這是最常見的事情。勝者得意洋洋不知所以。像古羅馬時代，出外征戰的兵團戰勝了，凱旋的時候，盔甲光鮮，洋洋入城；一旦輸了，就非常地沮喪，如喪考妣。人間的勝負，說透了都是這個樣子。人情就是如此。

「故勝者聞其功勢，苟進而不知退」，所以得勝者，一聽到人們稱讚他的威勢，就會輕敵而貿然進攻。看來，勝要有風度，不要驕狂。蘇東坡喜歡下圍棋，但是棋藝實在不怎麼樣，輸的時候多，因此他就說「勝故欣然，敗亦可喜」。你看多麼矯情，輸了也值得高興，我不相信。這種勝負的遊戲，輸的時候滿臉都像火山在燒一樣。蘇東坡就是因為棋藝不高，才說勝也高興，敗也高興。後來發現說不過去了，就自己創造了一種棋，叫「東坡棋」，結果還是被人一下子破局。

「弱者聞哀其負」，失敗者聽到有人同情他的失利；「見其傷」，看到了損傷；「則強大力倍，死而是也」，反而會努力支撐，拚死抵抗，那麼結果可能會改變。這就是哀兵必勝。這一場輸了，那就想辦法整軍經武。一個人在面對哀痛挫折的時候，反而激發出自己的潛力，這就很可怕。《孫子兵法．九地篇》就說「死地則戰」，一旦進入死地，人會破釜沉舟、背水一戰，這就是置之死地而後生，反而激發了軍隊不怕死的潛能。這是輸的好處：能夠化悲憤為力量。為什麼說哀兵必勝？「則強大力倍」，潛力發揮出來，會超過平常表現的好幾倍。「死而是也」，不怕死，拚命的力量是很可怕的。故兵家都說「窮寇莫追」，不要讓他拚命，困獸猶鬥，力量爆發出來，那是很可怕的。

「郄無強大，御無強大，則皆可脅而並」。敵人雖然強大，但往往有弱點；敵人雖說有防禦，但實際力量並不一定強大，我方可以用強大的兵勢脅迫對方，讓他們服從，吞併其國家。這句話好有禪理。人都害怕強大的對手，但是你還可以併吞強大的，對強大的敵人造成很大的威脅，甚至可以把它吞滅。這是怎麼做到的呢？一個弱小的輸家，他拚命的時候可以贏過強大的對手。其實，這是在說，人家強大，真的是面面都強大嗎？他如果有縫隙、有弱點，你只要抓住他的弱點，就會發現他一點也不強大，那你怕他幹什麼？你有機會反敗為勝，所以不要看對方貌似強大，就覺得很怕，其實一樣可以對他造成致命的威脅，甚至可以吞併他。鬼谷子真的是把人生的強弱、大小、輸贏看透了。強大的敵人也會敗，因為他可能驕傲，驕兵必敗。而弱小的一方能戰勝，因為會拚命，哀兵必勝。所以，有弱點，甚至是有致命的弱點，就談不上強大。但是人常常會畏懼對方的強大，在對方的淫威之下不敢反抗，其實不見得。可見，人際、國際，不要那麼在乎，有時候故意去鬥他，製造些緊張氣氛，就夠對方折騰一陣了。

綴去術

「綴去」者，謂綴己之系言，使有餘思也。故接貞信者，稱其行，厲其志，言可為可復，會之期喜。以他人之庶引驗以結往，明款款而去之。

「綴去」，鬼谷子的用詞都是比較怪的。「『綴去』者，謂綴己之系言，使有餘思也。」「綴去」之意，在於用言語連綴將離開的人，使其心裡有餘思，還能回想起曾經待過的地方。「系」，把人牽著、留著，始終維繫。不管以後怎樣，大家就算是天各一方，但是還會懷念過去在一起的日子，這就叫「餘思」。離去的時候，沒有想頭，想起來就咬牙切齒，那就糟糕了。「綴己之系言」，就說明你講的話能夠維繫、重視那種溫情，這在佛教中叫「柔軟語」，講話很柔軟，不是那種絕情的、粗暴的語言。系，就不會斷，而且「使有餘思」，讓對方還會懷念、回想。

「故接貞信者」，所以要交接守正道、講誠信的好人。好人還要講「貞信」，不然也不一定能相處到底。既然我們可以確定他有貞、有信，「稱其行，厲其志」，不要吝於讚美他的行為，還要鼓勵、激勵他實現其志向。說對方好，就是離開了還說對方的好，甚至希望他的未來更好。老闆慰留員工，對員工溫言軟語，或者是說他的好，這樣還有幾個員工想走？

「言可為、可復」，稱讚對方的志和行是可以有作為的，還可以長久做下去。「復」，意義包括很多方面，當然一定是正面的。如果關係短期內有問題，長期還是會好，即「可復」。佛教講的業因果報也是一樣，最後有好報，也是「可復」。「言可復」，是講一個人說話算數，最後可以應驗。「言可為、可復」，就是談人家值得讚美的地方，不要因為他目前不在你這裡就講一些很難聽的話，或者否認他的志向。「會之期喜」，人與人交往，有一個交會點，彼此能契合，有共識，講話有交集，心意有交會，很重要。人生聚散無常，能夠有一段時間聚在一起，大家都希望能好聚好散，好散說不定將來還可以好聚。大家都希望這是一個值得歡喜的事情，而不是一個很痛苦、很糟糕的事情。「會之期喜」，我們對所有人際的交流、交會，都希望是一個可喜的事情。「聚雖好，離雖悲，世事堪玩味」，要有李叔同這種豁達，不要動不動就苦大仇深。

「以他人之庶引驗以結往」。「引驗以結往」，指過去總是有一段交往，我們來做一個總結，而且是可靠的，不是胡扯，也不是灌米湯。後面還有「明款款而去之」的「款款」也怪，有人解釋成「款款深情」。就是說，過去總是交往過一段，不管未來怎麼樣，現在要分開，還要讓人家思念我們過去那一段日子。這個心意要表明，搞不好這是一輩子最後一面，這就是「明款款而去之」。一點也不後悔，也沒有什麼遺憾，過去所有的交往，要讓人明白，都是出於至誠。那麼，前面的「以他人庶」是什麼意思呢？我們知道，「庶」有眾多的意思，有的解釋就說，離去時，說你好話的不止我一個，還有旁人，別人也大概都是這個想法，我沒有誇張。這就是「以他人庶」來證明我不是矯情。其實，「庶」還有一個意思，即希望，心裡很希望能夠怎樣。《易經・繫辭傳》中，孔老夫子特別激賞學生顏回，他說「顏氏之子，其殆庶幾乎」，沒有一百分，大概也有九十九分了，很接近我教學的理想；「有不善未嘗不知，知之未嘗復行也。」這個太難得了。一個人能夠少犯錯，有錯必改，核心的創造力就出來了，仁心就出來了，這是很高的標準，顏回大概比較接近這個標準吧？他到底有沒有達到這個標準孔子也不知道，但是他希望是這樣。「庶」就是表示我們對一個很難求的東西的希望。這是另外一個說法。這樣的解釋在語句上是比較通的，「以他人庶」，不管你跟誰交往，人總是希望能好聚好散。我們對於緣分都有期望。你離開了，我不希望變成仇家，希望還是像以前那樣如何如何，可能旁邊人也希望這樣。雖然一般來講，可能一時做不到，但是我們希望能夠做到，把過去的事情做一個總結，然後對未來還有這種期盼。

關於「明款款而去之」，有一個版本認為「款款」是「疑疑」，即「明疑疑而去之」。為什麼好端端的他要走，他心裡一定有一些陰影、有一些懷疑，這個懷疑包括懷疑你、懷疑他自己，懷疑你們能不能繼續共事，所以他做了離開的決定。既然要真正離開了，那我們就把陰影，把彼此可能誤會的東西講清楚、說明白，心裡不要存疙瘩，以免以訛傳訛。這樣子說也有道理。

人生的因緣不容易，十年修得同船渡，百年才修得共枕眠，所以我們要重視緣分，不要老是造成傷害。我們跟人家分手之後，要做到還讓人家懷念，給雙方多留一點空間。處理大事也一樣，分分合合，不要心胸狹隘。

卻語術

「卻語」者，察伺短也。故言多必有數短之處，識其短，驗之。動以忌諱，示以時禁。其人恐畏，然後結信，以安其心，收語蓋藏而卻之。無見己之所不能於多方之人。

「『卻語』者，察伺短也」。「卻語」，是說要在暗中觀察他人的短處。任何人都有短處，講話都有漏洞，那你首先要瞭解對方，馬上就能聽出對方講話中的缺失。言多必失，我們自己講話也沒有辦法做到總是嚴謹。「卻語」的人，採取退卻的方式，抓到對方語言上的漏洞，不會見獵心喜。像我的老朋友龔鵬程，有一些人對他說，南懷瑾的書太淺了，而且有很多錯。他就說任何人說話、寫東西都會有錯，南老先生的普及之功要肯定，況且南老先生的書都是錄音整理，當然有錯了，他的作品在推廣國學方面功不可沒。這就叫「卻語」。不像有些人專門尋找別人的毛病，抓住那個毛病拚命渲染，大有取而代之的勢頭。找別人的一些無心之失，其實就是要替自己打市場。蔣勳也遭遇過這樣的事，當時還登過報，但是那個挑錯的人最後紅了沒，就不知道了。蔣勳的作品經過修訂，讀者還是照樣喜歡。人還是厚道一點好，厚德載物不會錯。找到錯誤和弱點是一回事，怎麼處理則是另外一回事。人的厚道跟刻薄在這裡就看出來了。有的人自己不怎麼樣，專門找人家的短，然後大肆宣揚，這種人說透了就是嫉妒。

「故言多必有數短之處，識其短，驗之」，講話講多了，有好多短處，我們要找到有問題的地方，一定要找資料查證、確認。掌握了正確的結果，不是要大肆宣揚，而是找機會私下和人說明。

「視其短，驗之」之後，反而告訴對方，「動以忌諱，示以時禁」，告訴對方哪些觸犯了忌諱，明示哪些是時政所禁止的。每一個時代都有忌諱，有一些話就不能亂說，說了會掉腦袋的。忌諱有很多，為尊者諱，為親者諱，為賢者諱，還有一些忌諱是因時而定的。在敏感的時候，有些話說出來就不合適，會觸霉頭，管事的一定討厭你。時不同，禁就不同，這一點要提醒人家，這是替人家著想，是厚道人所為。

「其人恐畏，然後結信，以安其心，收語蓋藏而卻之」，這樣他就會害怕，同時，對你的提醒感到高興，這一下就可以用誠信結交、安定他的心，因為你沒有把他可能有問題的話語傳出去，而是幫他隱藏，不宣揚。這就是採取「卻」的態度，而不是拚命利用人家的錯處，見獵心喜，於是，通過「收語」結交一位好朋友。「無見己之所不能於多方之人」，我們任何人都有能和不能，不要表現出來，人至少要懂得藏拙，尤其在行家、頂尖高手面前，千萬不要洩漏出來。頂尖高手、見多識廣的高手，就叫「多方之人」。俗話說，孔夫子前面，別賣文章；關公面前，別耍大刀。在行家前面，還天天暴露你的短處，一下子就會被識破。所以，我們至少也要藏拙，「無見己之所不能」，不要強不知以為知，自暴其短，尤其是在「多方之人」面前。「多方之人」如果當場揭你的短，沒有採取「卻語」的態度，你就狼狽了。這就是「防人之心不可有，害人之心不可無」的處世態度。

攝心術

「攝心」者，謂逢好學伎術者，則為之稱遠。方驗之道，驚以奇怪，人繫其心於己。效之於人，驗去亂其前，吾歸誠於己。遭淫酒色者，為之術；音樂動之，以為必死，生日少之憂。喜以自所不見之事，終可以觀漫瀾之命，使有後會。

「攝心」，籠絡、收買人心。「『攝心』者，謂逢好學伎術者，則為之稱遠」，會攝心之術者，遇到那些好學技術的人，會主動為他擴大影響，讓遠方的人都知道他。一些人勤奮好學，多才多藝，碰到這種人，要幫他宣揚，近處大家都知道了，也要讓遠處的人都曉得他在某些方面有專長。這就是《尚書》和《大學》裡面不斷強調的心胸寬：「如有一介臣，斷斷猗，無他技，其心休休，其如有容焉。人之有技，若己有之」。鬼谷子真是好人，除了教我們術之外，還教我們做人。「逢好學伎術者，則為之稱遠」，一定要挺他。你看《論語》中，孔子說，弟子中好學的，就一個顏回，還早死。所以，你碰到一個好學的，不是要當寶嗎？不但要幫，要扶植，還要保護。這種心胸，才能吸納人才。

「方驗之道，驚以奇怪，人繫其心於己」，然後再用自己本身所知曉的驗證他的所學，對他的奇才異能表示驚歎，他將會與自己心連心。幫他宣揚，讓他名聲遠播，對於其好學和技術，驚為天人。這裡除了說明不要嫉妒別人的才能，同時還說明對於別人的多才多藝，自己要懂得，要找資料或者行家來驗證。這樣的話，對方就會掏心窩交我們這個朋友。怎麼辦到的？第一我們看他好，幫他推廣、宣傳；第二，我們希望他能夠精益求精，對這個有才華的人或者有發展潛力的人來講，他對我們感激涕零。任何一門專業中，都有更高的標準。我們遇到有才之人，除了幫他宣揚，還要激勵人家發揚光大，登峰造極。當然，這種情況大多是對懷才不遇者而言，對他來講，他會很高興有人欣賞他，欣賞者同時贏得了他的友誼和信賴。

「效之於人，驗去亂其前，吾歸誠於己。」「效」是效命，既然他已經服你了，就很可能是你事業上或團隊中很好的幫手，可以幫你成就事業。他變成一個好幫手，替你效力，一個很明顯的驗收的效果就是「去亂」，他會盡力幫你去除掉那些亂象，即在你眼皮底下出現的麻煩事，他都能夠幫你處理好，而且「吾歸誠於己」。「歸誠於己」應該懂得，但前面加一個「吾」字，有點怪怪的。這是雙方歸誠，碰到這種高才，用你的資源照顧他，他就幫你處理問題，然後雙方的關係非常好。

但是，你不可能碰到的都是這種人，你也會碰到亂七八糟有問題的人。「遭淫酒色者，為之術」，上面是「逢」，這裡是「遭」，有點不期而遇的意思。要用人，什麼人都可能碰到，可能碰到「好學伎術者」，也可能碰到那些敗德淫酒色的，那你怎麼辦？「淫」就是過分，在酒色這一關，過不去。過不去不代表這個人不能改過、不能造就，他可能有苦處，或者這方面的抵抗力特別弱，所以不要看他沉湎酒色，就認為不用爭取。攝心是要儘量地拉攏人，有些人放浪形骸，可他是大才。在學校裡頭，會讀書的乖乖好學生可能只是個分數機器，最後沒有什麼用；反而那些犯規、留級的，你只要給他一個好路子或者照顧他，結果變成一員猛將。會讀書不一定有用，乖學生不一定有用，有時那種叛逆性格的人反而出類拔萃。《老子》中引用聖人之言稱：「受國之垢，是謂社稷主；受國不祥，是為天下王。」所以你碰到「淫酒色」的，要勸他改正，不要直言傷他，要講技巧。為人師長，為人父母，做人朋友，都懂得人在落魄的時候，一定聽不進勸的，碰到這種「淫酒色」的，要「為之術」，懂得迂迴、引導、分析。怎麼引導呢？「音樂動之」，通常縱情聲色的人，都有生命的熱情，剛好可以用雅樂，用正的藝術來導引他走正途。既然他有激情、熱情，甚至敢為人之所不敢為，放浪形骸，就不要讓邪僻的東西去消耗他的熱情，要用正面的藝術來教化引導他。這就是導入正途的「音樂動之」。「以為必死，生日少之憂」，在音樂的導引下，他會認為活著的時間越來越少了，活一天少一天，那就不要浪費時光，要去發揮生命的熱能。「喜以自所不見之事」，一旦你把他從酒色中拖出來，引導到他過去做夢也想不到的事情上來，他會發現生命如此有意義。「終可以觀漫瀾之命」，生命太美好了，很璀璨，何必在酒色中消耗呢？還不如引導到生命的大創意中來。「使有後會」，他未來就有無窮的機會和希望。所以，我們不要因為一個人一時的失意落魄或者誤入歧途就放棄，要耐心引導他走到有意義的人生道路上，說不定他將來還有大發展的機會。

守義術

「守義」者，謂守以人義，探心在內以合也。探心，深得其主也，從外內，事有繫，曲而隨之。故小人比人，則左道而用之，至能敗家奪國。非賢智不能守家以義，不能守國以道。聖人所貴道微妙者，誠以其可以轉危為安，救亡使存也。

「『守義』者，謂守以人義」，「人義」即仁義。守義之術，就是謹守做人的道義。但是仁義好是好，也不能夠強塞給對方；「探心在內以合也」，要用探的工夫，耐心地循循善誘。內心要契合，他願意跟著你走。前面試探、瞭解他的內心世界，再把他引導到這條路上來。如果沒有這個過程，直接說教是不行的。

「探心，深得其主也」，人的心是很複雜、很深沉的，要探到最裡面，瞭解生命中的主宰。真正深入瞭解對方的心之後，就可以引導他，帶動他，這就叫「從外內，事有繫」，內外兼顧，事情的脈絡就自然而然地形成了。再下面就是「曲而隨之」。「曲而隨之」的主詞是誰呢？即你要曲而隨他，要有耐心，有隨的耐心。「曲成萬物而不遺」（《易經・繫辭傳》），真的不容易。你肯定這人是可造之才，就要有耐心，考慮他的吸收能力。前面下了這麼大的工夫「守義」，對有些人是會有效的，但是社會上什麼人都有，不要把調子唱得太高，也不要在不值得花心思的人身上花太多的工夫。教育的資源、心力是有限的，不要對牛彈琴。

「故小人比人」，不堪造就的人，他就是跟人家交往，也是群居終日，無所事事。「則左道而用之」，效法那些歪道，「至能敗家奪國」，以致國破家亡。小人之間的交往，不能守義。這種不堪造就的人，他跟任何人交往，都是用不正當的心術，自私自利，且破壞性超強，敗事有餘，搞不好還會導致國破家亡。所以下面就提醒我們：「非賢智不能守家以義，不能守國以道」。這種小人，不賢不智，就「不能守家以義，不能守國以道」，不能用義來治家，也不能用道來守國。也就是說，守國家，小人辦不到。他們不是賢智者。

「聖人所貴道微妙者，誠以其可以轉危為安，救亡使存也」，有些人是可造之才，中間曾經很離譜、很落魄，但是最後能夠成功。聖人為什麼重視道呢？因為道是非常微妙的，一旦瞭解這個大的智慧的道，國家有大事情、組織有大問題的時候，能夠使其轉危為安。換句話說，任何團體總要在一些重要的價值觀上形成共識，要統合。不是一家人，不入一家門，必須是同志才行。

〈中經〉到底在講什麼？用《易經》來講，就是蠱卦（䷑）第六爻。前面講的那七種術，就是要幹蠱，而且能夠成功。不隨便放棄可以栽培、造就的人，也不隨便跟人結怨。任何人都有習氣，習氣跟積弊是很深的，那就叫蠱；要為你的組織、社會多造就一些可以做事、正向的人，那就要「幹父之蠱」。蠱卦到最後一爻幹蠱成功，扭轉風氣，造就人才，撥亂反正，即「不事王侯，高尚其事」，「志可則也」。蠱卦的積毒、習氣、業障消除，爻變就是升卦（䷭），據亂世變升平世，而且幹蠱成功，就進入下一卦臨卦（䷒）自由開闊的局面。

附錄　鬼谷子全文

捭闔第一

粵若稽古，聖人之在天地間也，為眾生之先。觀陰陽之開闔以名命物，知存亡之門戶，籌策萬類之終始，達人心之理，見變化之朕焉，而守司其門戶。故聖人之在天下也，自古至今，其道一也。變化無窮，各有所歸，或陰或陽，或柔或剛，或開或閉，或弛或張。是故聖人一守司其門戶，審察其所先後，度權量能，校其伎巧短長。夫賢不肖、智愚、勇怯有差。乃可捭，乃可闔；乃可進，乃可退；乃可賤，乃可貴；無為以牧之。審定有無，與其實虛，隨其嗜欲以見其志意。微排其所言而捭反之，以求其實，貴得其指。闔而捭之，以求其利。或開而示之，或闔而閉之。開而示之者，同其情也；闔而閉之者，異其誠也。可與不可，審明其計謀，以原其同異。離合有守，先從其志。即欲捭之，貴周；即欲闔之，貴密。周密之貴微，而與道相追。捭之者，料其情也；闔之者，結其誠也。皆見其權衡輕重，乃為之度數，聖人因而為之慮；其不中權衡度數，聖人因而自為之慮。故捭者，或捭而出之，或捭而內之。闔者，或闔而取之，或闔而去之。

捭闔者，天地之道。捭闔者，以變動陰陽，四時開閉，以化萬物；縱橫反出，反復反忤，必由此矣。捭闔者，道之大化，說之變也。必豫審其變化，吉凶大命繫焉。口者，心之門戶也。心者，神之主也。志意、喜欲、思慮、智謀，皆由門戶出入。故關之以捭闔，制之以出入。捭之者，開也，言也，陽也；闔之者，閉也，默也，陰也。陰陽其和，終始其義。故言長生、安樂、富貴、尊榮、顯名、愛好、財利、得意、喜欲，為陽，曰始。故言死亡、憂患、貧賤、苦辱、棄損、亡利、失意、有害、刑戮、誅罰，為陰，曰終。諸言法陽之類者，皆曰始，言善以始其事。諸言法陰之類者，皆曰終，言惡以終其謀。捭闔之道，以陰陽試之。故與陽言者，依崇高。與陰言者，依卑小。以下求小，以高求大。由此言之，無所不出，無所不入，無所不可。可以說人，可以說家，可以說國，可以說天下。為小無內，為大無外；益損、去就、倍反，皆以陰陽御其事。陽動而行，陰止而藏；陽動而出，陰隱而入；陽還終陰，陰極反陽。以陽動者，德相生也。以陰靜者，形相成也。以陽求陰，苞以德也；以陰結陽，施以力也。陰陽相求，由捭闔也。此天地陰陽之道，而說人之法也。為萬事之先，是謂圓方之門戶。

反應第二

古之大化者，乃與無形俱生。反以觀往，覆以驗來；反以知古，覆以知今；反以知彼，覆以知己。動靜虛實之理不合於今，反古而求之。事有反而得覆者，聖人之意也，不可不察。人言者，動也；己默者，靜也。因其言，聽其辭。言有不合者，反而求之，其應必出。言有象，事有比；其有象比，以觀其次。象者，象其事；比者，比其辭也。以無形求有聲。其釣語合事，得人實也。其猶張罝而取獸也，多張其會而司之。道合其事，彼自出之，此釣人之網也。常持其網而驅之。其不言無比，乃為之變。以象動之，以報其心、見其情，隨而牧之。己反往，彼覆來，言有象比，因而定基。重之襲之，反之覆之，萬事不失其辭。聖人所誘愚智，事皆不疑。故善反聽者，乃變鬼神以得其情。其變當也，而牧之審也。牧之不審，得情不明。得情不明，定基不審。變象比必有反辭，以還聽之。欲聞其聲，反默；欲張，反斂；欲高，反下；欲取，反與。欲開情者，象而比之，以牧其辭。同聲相呼，實理同歸。或因此，或因彼；或以事上，或以牧下。此聽真偽，知同異，得其情詐也。動作言默，與此出入，喜怒由此以見其式。皆以先定為之法則。以反求覆，觀其所托，故用此者。己欲平靜以聽其辭，察其事、論萬物、別雄雌。雖非其事，見微知類。若探人而居其內，量其能，射其意也。符應不失，如螣蛇之所指，若羿之引矢。故知之始己，自知而後知人也。其相知也，若比目之魚；其見形也，若光之與影。其察言也不失，若磁石之取針，如舌之取燔骨。其與人也微，其見人也疾；如陰與陽，如陽與陰，如圓與方，如方與圓。未見形，圓以道之；既見形，方以事之。進退左右，以是司之。己不先定，牧人不正，事用不巧，是謂忘情失道。己審先定以牧人，策而無形容，莫見其門，是謂天神。

內揵第三

君臣上下之事，有遠而親，近而疏；就之不用，去之反求；日進前而不御，遙聞聲而相思。

事皆有內揵，素結本始。或結以道德，或結以黨友，或結以財貨，或結以采色。用其意，欲入則入，欲出則出；欲親則親，欲疏則疏；欲就則就，欲去則去；欲求則求，欲思則思。若蚨母之從子也；出無間，入無朕。獨往獨來，莫之能止。內者，進說辭也。揵者，揵所謀也。欲說者，務隱度；計事者，務循順。陰慮可否，明言得失，以御其志。方來應時，以合其謀。詳思來揵，往應時當也。夫內有不合者，不可施行也。乃揣切時宜，從便所為，以求其變。以變求內者，若管取揵。言往者，先順辭也；說來者，以變言也。善變者：審知地勢，乃通於天，以化四時，使鬼神，合於陰陽，而牧人民。見其謀事，知其志意。事有不合者，有所未知也。合而不結者，陽親而陰疏。事有不合者，聖人不為謀也。故遠而親者，有陰德也；近而疏者，志不合也。就而不用者，策不得也；去而反求者，事中來也。日進前而不御者，施不合也；遙聞聲而相思者，合於謀以待決事也。故曰：不見其類而為之者，見逆；不得其情而說之者，見非。得其情乃制其術，此用可出可入，可揵可開。故聖人立事，以此先知而揵萬物。由夫道德、仁義、禮樂、忠信、計謀，先取《詩》、《書》，混說損益，議論去就。欲合者用內，欲去者用外。外內者，必明道數。揣測來事，見疑決之。策無失計，立功建德，治名入產業，曰揵而內合。上暗不治，下亂不寤，揵而反之。內自得而外不留，說而飛之，若命自來，已迎而御之。若欲去之，因危與之。環轉因化，莫知所為，退為大儀。

抵巇第四

物有自然，事有合離。有近而不可見，有遠而可知。近而不可見者，不察其辭也；遠而可知者，反往以驗來也。巇者，罅也。罅者，㵎也。㵎者，成大隙也。巇始有朕，可抵而塞，可抵而卻，可抵而息，可抵而匿，可抵而得，此謂抵巇之理也。事之危也，聖人知之，獨保其身，因化說事，通達計謀，以識細微。經起秋毫之末，揮之於太山之本。其施外兆萌牙蘖之謀，皆由抵巇。抵巇之隙，為道術用。天下紛錯，上無明主，公侯無道德，則小人讒賊、賢人不用、聖人竄匿，貪利詐偽者作；君臣相惑，土崩瓦解而相伐射，父子離散，乖亂反目，是謂萌牙巇罅。聖人見萌牙巇罅，則抵之以法。世可以治，則抵而塞之；不可治，則抵而得之；或抵如此，或抵如彼；或抵反之，或抵覆之。五帝之政，抵而塞之；三王之事，抵而得之。諸侯相抵，不可勝數，當此之時，能抵為右。自天地之合離終始，必有巇隙，不可不察也。察之以捭闔，能用此道，聖人也。聖人者，天地之使也。世無可抵，則深隱而待時；時有可抵，則為之謀。此道可以上合，可以檢下。能因能循，為天地守神。

飛箝第五

凡度權量能，所以征遠來近。立勢而制事，必先察同異，別是非之語，見內外之辭，知有無之數，決安危之計，定親疏之事，然後乃權量之。其有隱括，乃可征，乃可求，乃可用。引鉤箝之辭，飛而箝之。鉤箝之語，其說辭也，乍同乍異。其不可善者，或先征之，而後重累；或先重以累，而後毀之；或以重累為毀；或以毀為重累。其用或稱財貨、琦瑋、珠玉、璧帛、采色以事之。或量能立勢以鉤之，或伺候見而箝之，其事用抵巇。將欲用之於天下，必度權量能，見天時之盛衰，制地形之廣狹，岨嶮之難易，人民貨財之多少，諸侯之交孰親孰疏、孰愛孰憎，心意之慮懷。審其意，知其所好惡，乃就說其所重，以飛箝之辭，鉤其所好，乃以箝求之。用之於人，則量智能、權材力、料氣勢，為之樞機，以迎之、隨之，以箝和之，以意宣之，此飛箝之綴也。用之於人，則空往而實來，綴而不失，以究其辭。可箝而從，可箝而橫；可引而東，可引而西，可引而南，可引而北；可引而反，可引而覆，雖覆能復，不失其度。

忤合第六

凡趨合倍反，計有適合。化轉環屬，各有形勢，反覆相求，因事為制。是以聖人居天地之間，立身、御世、施教、揚聲、明名也；必因事物之會，觀天時之宜，因以所多所少，以此先知之，與之轉化。世無常貴，事無常師。聖人無常與，無不與；無所聽，無不聽。成於事而合於計謀，與之為主。合於彼而離於此，計謀不兩忠，必有反忤；反於此，忤於彼；忤於此，反於彼。其術也。用之於天下，必量天下而與之；用之於國，必量國而與之；用之於家，必量家而與之；用之於身，必量身材能氣勢而與之；大小進退，其用一也。必先謀慮計定，而後行之以飛箝之術。古之善背向者，乃協四海，包諸侯，忤合之地而化轉之，然後求合。故伊尹五就湯，五就桀，而不能有所明，然後合於湯。呂尚三就文王，三入殷，而不能有所明，然後合於文王。此知天命之箝，故歸之不疑也。非至聖達奧，不能御世；非勞心苦思，不能原事；不悉心見情，不能成名；材質不惠，不能用兵；忠實無真，不能知人。故忤合之道，己必自度材能知睿，量長短遠近孰不如。乃可以進，乃可以退；乃可以縱，乃可以橫。

揣篇第七

古之善用天下者，必量天下之權，而揣諸侯之情。量權不審，不知強弱輕重之稱；揣情不審，不知隱匿變化之動靜。何謂量權？曰：度於大小，謀於眾寡，稱貨財有無之數，料人民多少、饒乏、有餘不足幾何？辨地形之險易，孰利孰害？謀慮孰長孰短？揆君臣之親疏，孰賢孰不肖？與賓客之智慧，孰少孰多？觀天時之禍福，孰吉孰凶？諸侯之交，孰用孰不用？百姓之心，去就變化，孰安孰危？孰好孰憎？反側孰辨？能知此者，是謂量權。揣情者，必以其甚喜之時，往而極其欲也；其有欲也，不能隱其情。必以其甚懼之時，往而極其惡也；其有惡也，不能隱其情。情欲必出其變。感動而不知其變者，乃且錯其人，勿與語，而更問其所親，知其所安。夫情變於內者，形見於外，故常必以其見者而知其隱者，此所謂測深揣情。故計國事者，則當審量權；說人主，則當審揣情。謀慮情欲，必出於此。乃可貴，乃可賤；乃可重，乃可輕；乃可利，乃可害；乃可成，乃可敗：其數一也。故雖有先王之道，聖智之謀，非揣情，隱匿無可索之。此謀之大本也，而說之法也。常有事於人，人莫能先，先事而至，此最難為。故曰揣情最難守司。

言必時有謀慮，故觀蜎飛蠕動，無不有利害，可以生事美。生事者，幾之勢也。此揣情飾言成文章而後論之也。

摩篇第八

摩者，揣之術也；內符者，揣之主也。用之有道，其道必隱。微摩之，以其所欲，測而探之，內符必應。其所應也，必有為之。故微而去之，是謂塞窌匿端，隱貌逃情，而人不知，故能成其事而無患。摩之在此，符應在彼，從而用之，事無不可。古之善摩者，如操鉤而臨深淵，餌而投之，必得魚焉。故曰：主事日成，而人不知；主兵日勝，而人不畏也。聖人謀之於陰，故曰神；成之於陽，故曰明。所謂主事日成者，積德也，而民安之，不知其所以利；積善也，而民道之，不知其所以然；而天下比之神明也。主兵日勝者，常戰於不爭不費，而民不知所以服，不知所以畏，而天下比之神明。其摩者，有以平，有以正；有以喜，有以怒；有以名，有以行；有以廉，有以信；有以利，有以卑。平者，靜也。正者，宜也。喜者，悅也。怒者，動也。名者，發也。行者，成也。廉者，潔也。信者，期也。利者，求也。卑者，諂也。故聖人所以獨用者，眾人皆有之；然無成功者，其用之非也。故謀莫難於周密，說莫難於悉聽，事莫難於必成。此三者，唯聖人然後能任之。故謀必欲周密，必擇其所與通者說也。故曰或結而無隙也。夫事成必合於數，故曰道數與時相偶者也。說者聽，必合於情，故曰情合者聽。故物歸類，抱薪趨火，燥者先燃；平地注水，濕者先濡；此物類相應，於勢譬猶是也。此言內符之應外摩也如是。故曰摩之以其類焉，有不相應者，乃摩之以其欲，焉有不聽者？故曰獨行之道。夫幾者不晚，成而不拘，久而化成。

權篇第九

說者，說之也；說之者，資之也。飾言者，假之也；假之者，益損也。應對者，利辭也；利辭者，輕論也。成義者，明之也；明之者，符驗也。難言者，卻論也；卻論者，釣幾也。佞言者，諂而干忠。諛言者，博而干智。平言者，決而干勇。戚言者，權而干信。靜言者，反而干勝。先意承欲者，諂也。繁稱文辭者，博也。縱舍不疑者，決也。策選進謀者，權也。先分不足以窒非者，反也。故口者，機關也，所以開閉情意也；耳目者，心之佐助也，所以窺瞯奸邪。故曰參調而應，利道而動。故繁言而不亂、翱翔而不迷、變易而不危者，睹要得理。故無目者不可示以五色，無耳者不可告以五音。故不可以往者，無所開之也；不可以來者，無所受之也。物有不通者，聖人故不事也。古人有言曰：「口可以食，不可以言。」言者，有諱忌也。「眾口爍金」，言有曲故也。人之情，出言則欲聽，舉事則欲成。是故，智者不用其所短，而用愚人之所長；不用其所拙，而用愚人之所工：故不困也。言其有利者，從其所長也；言其有害者，避其所短也。故介蟲之捍也，必以堅厚；螫蟲之動也，必以毒螫。故禽獸知用其長，而談者知其用也。故曰辭言有五：曰病，曰恐，曰憂，曰怒，曰喜。病者，感衰氣而不神也；恐者，腸絕而無主也；憂者，閉塞而不泄也；怒者，妄動而不治也；喜者，宣散而無要也。此五者，精則用之，利則行之。故與智者言，依於博；與博者言，依於辯；與辯者言，依於要。與貴者言，依於勢；與富者言，依於高；與貧者言，依於利；與賤者言，依於謙；與勇者言，依於敢；與愚者言，依於銳：此其術也，而人常反之。是故，與智者言，將此以明之；與不智者言，將此以教之；而甚難為也。故言多類，事多變。故終日言不失其類，故此不亂；終日不變，而不失其主。故智貴不妄、聽貴聰、智貴明、辭貴奇。

謀篇第十

凡謀有道，必得其所因，以求其情；審得其情，乃立三儀。三儀者：曰上，曰中，曰下。參以立焉，以生奇；奇不知其所雍，始於古之所從。故鄭人之取玉也，載司南之車，為其不惑也。夫度材、量能、揣情者，亦事之司南也。故同情而相親者，其俱成者也；同欲而相疏者，其偏成者也；同惡而相親者，其俱害者也；同惡而相疏者，其偏害者也。故相益則親，相損則疏，其數行也，此所以察異同之分也。故牆壞於其隙，木毀於其節，斯蓋其分也。故變生事，事生謀，謀生計，計生議，議生說，說生進，進生退，退生制；因以制於事，故百事一道，而百度一數也。夫仁人輕貨，不可誘以利，可使出費；勇士輕難，不可懼以患，可使據危；智者達於數、明於理，不可欺以不誠，可示以道理，可使立功，是三才也。故愚者易蔽也，不肖者易懼也，貪者易誘也，是因事而裁之。故為強者，積於弱也；為直者，積於曲也；有餘者，積於不足也：此其道術行也。故外親而內疏者，說內；內親而外疏者，說外。故因其疑以變之，因其見以然之，因其說以要之，因其勢以成之，因其惡以權之，因其患以斥之；摩而恐之，高而動之，微而證之，符而應之，擁而塞之，亂而惑之，是謂計謀。計謀之用，公不如私，私不如結；結比而無隙者也。正不如奇，奇流而不止者也。故說人主者，必與之言奇；說人臣者，必與之言私。其身內，其言外者，疏；其身外，其言深者，危。無以人之所不欲而強之於人，無以人之所不知而教之於人。人之有好也，學而順之；人之有惡也，避而諱之：故陰道而陽取之也。故去之者縱之，縱之者乘之。貌者不美又不惡，故至情托焉。可知者，可用也；不可知者，謀者所不用也。故曰：事貴制人，而不貴見制於人。制人者，握權也；見制於人者，制命也。故聖人之道陰，愚人之道陽；智者事易，而不智者事難。以此觀之，亡不可以為存，而危不可以為安；然而無為而貴智矣。智用於眾人之所不能知，而能用於眾人之所不能見。既用，見可否，擇事而為之，所以自為也。見不可，擇事而為之，所以為人也。故先王之道陰。言有之曰：「天地之化，在高與深；聖人制道，在隱與匿。」非獨忠信仁義也，中正而已矣。道理達於此之義，則可與語。由能得此，則可以穀遠近之誘。

決篇第十一

凡決物，必托於疑者。善其用福，惡其有患。善至於誘也，終無惑偏。有利焉，去其利，則不受也；奇之所托。若有利於善者，隱托於惡，則不受矣，致疏遠。故其有使失利者，有使離害者，此事之失。聖人所以能成其事者有五：有以陽德之者，有以陰賊之者，有以信誠之者，有以蔽匿之者，有以平素之者。陽勵於一言，陰勵於二言，平素、樞機以用；四者微而施之。於是度之往事，驗之來事，參之平素，可則決之。王公大人之事也，危而美名者，可則決之；不用費力而易成者，可則決之；用力犯勤苦，然而不得已而得之者，可則決之；去患者，可則決之；從福者，可則決之。故夫決情定疑，萬事之基。以正治亂，決成敗，難為者。故先王乃用蓍龜者，以自決也。

符言第十二

安徐正靜，其被節無不肉。善與而不靜，虛心平意，以待傾損。右主位。目貴明，耳貴聰，心貴智。以天下之目視者，則無不見；以天下之耳聽者，則無不聞；以天下之心思慮者，則無不知；輻輳並進，則明不可塞。右主明。德之術曰：勿堅而拒之，許之則防守，拒之則閉塞。高山仰之可極，深淵度之可測，神明之德術正靜，其莫之極。右主德。用賞貴信，用刑貴正。賞賜貴信，必驗耳目之所聞見，其所不聞見者，莫不暗化矣。誠暢於天下神明，而況奸者干君。右主賞。一曰天之，二曰地之，三曰人之。四方上下，左右前後，熒惑之處安在。右主問。心為九竅之治，君為五官之長。為善者，君與之賞；為非者，君與之罰。君因其政之所以求，因與之，則不勞。聖人用之，故能賞之。因之循理，故能久長。右主因。人主不可不周。人主不周，則群臣生亂，寂乎其無常也，內外不通，安知所開？開閉不善，不見原也。右主周。一曰長目，二曰飛耳，三曰樹明。明知千里之外，隱微之中，是謂洞天下奸，莫不暗變。右主參。循名而督實，按實而定名。名實相生，反相為情，故曰：名當則生於實，實生於理，理生於名實之德，德生於和，和生於當。右主名。

轉丸第十三（缺）

胠亂第十四（缺）

本經陰符七術

盛神中有五氣，神為之長，心為之舍，德為之大，養神之所歸諸道。道者，天地之始，一其紀也。物之所造，天之所生，包宏無形，化氣先天地而成，莫見其形，莫知其名，謂之神靈。故道者，神明之源，一其化端，是以德養五氣，心能得一，乃有其術。術者，心氣之道所由舍者，神乃為之使。九竅十二舍者，氣之門戶，心之總攝也。

生受於天，謂之真人；真人者，與天為一。內修練而知之，謂之聖人；聖人者，以類知之。故人與生出於化物。知類在竅，有所疑惑，通於心術，心無其術，必有不通。其通也，五氣得養，務在舍神，此謂之化。化有五氣者，志也、思也、神也、德也；神其一長也。靜和者，養氣。氣得其和，四者不衰。四邊威勢無不為，存而舍之，是謂神化。歸於身，謂之真人。真人者，同天而合道，執一而養產萬類，懷天心，施德養，無為以包志、慮、思、意而行威勢者也。士者通達之，神盛乃能養志。

養志者，心氣之思不達也。有所欲，志存而思之。志者，欲之使也。欲多則心散，心散則志衰，志衰則思不達。故心氣一則欲不徨，欲不徨則志意不衰，志意不衰則思理達矣。理達則和通，和通則亂氣不煩於胸中，故內以養氣，外以知人。養志則心通矣，知人則職分明矣。

將欲用之於人，必先知其養氣志。知人氣盛衰，而養其志氣，察其所安，以知其所能。志不養，則心氣不固；心氣不固，則思慮不達；思慮不達，則志意不實。志意不實，則應對不猛；應對不猛，則志失而心氣虛；志失而心氣虛，則喪其神矣；神喪，則仿佛；仿佛，則參會不一。養志之始，務在安己；己安，則志意實堅；志意實堅，則威勢不分，神明常固守，乃能分之。

實意者，氣之慮也。心欲安靜，慮欲深遠。心安靜則神策生，慮深遠則計謀成。神策生則志不可亂，計謀成則功不可間。意慮定則心遂安，心遂安則所行不錯，神自得矣。得則凝，識氣寄，奸邪得而倚之，詐謀得而惑之，言無由心矣。

故信心術守真一而不化，待人意慮之交會，聽之候之也。計謀者，存亡之樞機。慮不會，則聽不審矣；候之不得，計謀失矣，則意無所信、虛而無實。故計謀之慮，務在實意；實意必從心術始。無為而求，安靜五臟，和通六腑，精神魂魄固守不動，乃能內視反聽，定志慮之太虛，待神往來。以觀天地開闢，知萬物所造化，見陰陽之終始，原人事之政理。不出戶而知天下，不窺牖而見天道；不見而命，不行而至。是謂道知，以通神明，應於無方，而神宿矣。

分威者，神之覆也。故靜意固志，神歸其舍，則威覆盛矣。威覆盛，則內實堅；內實堅，則莫當；莫當，則能以分人之威而動其勢，如其天。以實取虛，以有取無，若以鎰稱銖。

故動者必隨，唱者必和。撓其一指，觀其餘次，動變見形，無能間者。審於唱和，以間見間，動變明而威可分。將欲動變，必先養志伏意以視間。知其固實者，自養也；讓己者，養人也。故神存兵亡，乃為之形勢。

散勢者，神之使也。用之，必循間而動。威肅內盛，推間而行之，則勢散。夫散勢者，心虛志溢；意衰威失，精神不專，其言外而多變。故觀其志意，為度數，乃以揣說圖事，盡圓方，齊短長。無間則不散勢，散勢者，待間而動，動而勢分矣。故善思間者，必內精五氣，外視虛實，動而不失分散之實。動則隨其志意，知其計謀。勢者，利害之決，權變之威。勢敗者，不以神肅察也。

轉圓者，無窮之計也。無窮者，必有聖人之心，以原不測之智，以不測之智而通心術。而神道混沌為一，以變論萬類，說義無窮。智略計謀，各有形容，或圓或方，或陰或陽，或吉或凶，事類不同。故聖人懷此，用轉圓而求其合。故與造化者為始，動作無不包大道，以觀神明之域。

天地無極，人事無窮，各以成其類；見其計謀，必知其吉凶成敗之所終也。轉圓者，或轉而吉，或轉而凶，聖人以道，先知存亡，乃知轉圓而從方。圓者，所以合語；方者，所以錯事。轉化者，所以觀計謀；接物者，所以觀進退之意。皆見其會，乃為要結以接其說也。

損兌者，機危之決也。事有適然，物有成敗，機危之動，不可不察。故聖人以無為待有德，言察辭，合於事。兌者，知之也；損者，行之也。損之兌之，物有不可者，聖人不為之辭。故智者不以言失人之言，故辭不煩而心不虛，志不亂而意不邪。

當其難易，而後為之謀；因自然之道以為實。圓者不行，方者不止，是謂大功。益之損之，皆為之辭。用分威散勢之權，以見其兌威，其機危乃為之決。故善損兌者，譬若決水於千仞之堤，轉圓石於萬仞之溪。而能行此者，形勢不得不然也。

持樞

持樞，謂春生、夏長、秋收、冬藏，天之正也；不可干而逆之。逆之者，雖成必敗。故人君亦有天樞，生、養、成、藏，亦復不可干而逆之；逆之者，雖盛必衰。此天道、人君之大綱也。

中經

中經，謂振窮趨急，施之能言、厚德之人；救拘執，窮者不忘恩也。能言者，儔善博惠；施德者，依道；而救拘執者，養使小人。蓋士遭世異時危，或當因免闐坑，或當伐害能言，或當破德為雄，或當抑拘成罪，或當戚戚自善，或當敗敗自立。

故道貴制人，不貴制於人也。制人者，握權；制於人者，失命。是以「見形為容，象體為貌」，「聞聲知音」，「解仇鬥郄」，「綴去」，「卻語」，「攝心」，「守義」。本經紀事者，紀道數，其變要在〈持樞〉、〈中經〉。

「見形為容，象體為貌」者，謂爻為之生也。可以影響、形容、象貌而得之也。有守之人，目不視非，耳不聽邪，言必《詩》、《書》，行不淫僻，以道為形，以德為容，貌莊色溫，不可象貌而得之。如是，隱情塞郄而去之。

「聞聲知音」者，謂聲氣不同，恩愛不接。故商、角不二合，徵、羽不相配，能為四聲主者，其唯宮乎？故音不和則悲，是以聲散、傷、醜、害者，言必逆於耳也。雖有美行、盛譽，不可比目、合翼相須也。此乃氣不合、音不調者也。

「解仇鬥郄」，謂解羸徵之仇；鬥郄者，鬥強也。強郄既鬥，稱勝者高其功，盛其勢也。弱者哀其負，傷其卑，汙其名，恥其宗。故勝者聞其功勢，苟進而不知退；弱者聞哀其負，見其傷，則強大力倍，死而是也。郄無強大，御無強大，則皆可脅而並。

「綴去」者，謂綴己之系言，使有餘思也。故接貞信者，稱其行，厲其志，言可為可復，會之期喜。以他人之庶引驗以結往，明款款而去之。

「卻語」者，察伺短也。故言多必有數短之處，識其短，驗之。動以忌諱，示以時禁。其人恐畏，然後結信，以安其心，收語蓋藏而卻之。無見己之所不能於多方之人。

「攝心」者，謂逢好學伎術者，則為之稱遠。方驗之道，驚以奇怪，人繫其心於己。效之於人，驗去亂其前，吾歸誠於己。遭淫酒色者，為之術；音樂動之，以為必死，生日少之憂。喜以自所不見之事，終可以觀漫瀾之命，使有後會。

「守義」者，謂守以人義，探心在內以合也。探心，深得其主也，從外內，事有系，曲而隨之。故小人比人，則左道而用之，至能敗家奪國。非賢智不能守家以義，不能守國以道。聖人所貴道微妙者，誠以其可以轉危為安，救亡使存也。

劉君祖易經世界17

從易經看鬼谷子

作　者：劉君祖
封面繪圖：林崇漢
責任編輯：李濰美
封面設計：林育鋒
校　對：趙曼如、鄧美玲、劉君祖
法律顧問：董安丹律師、顧慕堯律師
出　版：大塊文化出版股份有限公司
地　址：台北市 105022 南京東路四段二十五號十一樓
網　址：www.locuspublishing.com
讀者服務專線：0800-006689
電　話：(02) 87123898　傳眞：(02) 87123897
郵撥帳號：18955675　戶名：大塊文化出版股份有限公司
總 經 銷：大和書報圖書股份有限公司
地　址：新北市 24890 新莊區五工五路二號
電　話：(02) 89902588（代表號）　傳眞：(02) 22901658
初版一刷：二〇一九年五月
初版七刷：二〇二一年七月
定　價：新台幣四八〇元
Printed in Taiwan

從易經看鬼谷子 / 劉君祖著 . -- 初版 . -- 臺北市
大塊文化，2019.05
面；　公分 . --（劉君祖易經世界 ；17）
ISBN 978-986-213-972-1（平裝）
1. 鬼谷子　2. 研究
121.887　　108004014